四川省扬雄研究会 编

扬子学刊

· 第六辑 ·

YANGZIXUEKAN

巴蜀书社

《扬子学刊》编辑委员会

顾　　问：郑万耕　谭继和　刘树根　李秋实　周超毅
主　　任：潘殊闲
委　　员（按姓氏笔画排序）：
　　　　　卫志中　王　川　王　方　王生琪　王红霞
　　　　　［美国］孔旭荣　刘韶军　纪国泰　［新加坡］苏瑞隆
　　　　　李　君　张　彦　陈雪奇　［中国台湾］陈福斌
　　　　　范子烨　岳　鹏　金生杨　郭君铭　粟品孝
　　　　　舒大刚　谢应光　［日本］嘉濑达男　潘殊闲
主　　编：纪国泰
编辑部主任：王　方
编　　务：李文娴

目　录

扬子著述研究

扬雄《太玄》的历代注疏及《太玄》若干语句的考释 …………… 刘韶军（3）

扬雄《反离骚》品读及探析 …………………………………………… 刘文传（17）

关于扬雄《法言》的人学建构 ………………………………………… 李品林（24）

扬雄作品中的蜀地书写 ………………………………………………… 张力凡（35）

扬雄笔下的汉代成都工商业 …………………………………………… 邓紫文（44）

扬雄《法言》对《论语》教育思想的继承和发展 …………………… 廖和雨（53）

扬雄《法言》的"变易"思想 ………………………………………… 邓　涛（63）

扬雄《解嘲》对杜甫的影响 …………………………………………… 徐成龙（73）

扬子思想研究

扬雄：魏晋时尚的引领者 ……………………………………………… 邓经武（83）

"天地人一体"的宇宙观是巴蜀文化的主体性特征
　　——以李冰、扬雄、刘沅为考察对象 …………………………… 刘平中（90）

扬雄辞赋观刍议 ………………………………………………………… 唐佳宁（97）

扬子文化研究

汉代蜀学的闪耀与"西道孔子"扬雄的崛起 ………………………… 粟品孝（107）

汉代的高禖神与民间神禖习俗 ………………………………………… 黄剑华（128）

绵阳西山隋唐宋道教题记辑注 ………………………………………… 李德书（136）

李白评扬雄草《太玄》管见 …………………………………………… 沈曙东（139）

"西蜀子云亭"的文化意涵及其开掘 ………………………………… 蒲玉春（147）

关于城市文化地标打造问题的思考
　　——以绵阳建市初期的"子云亭热"为例 …………… 肖佳忆（157）
关于在西山公园建立"子云书院"的几点思考 …………… 刘仲平（169）
关于创建"子云耕读农业主题公园"的设想 ……………… 肖庆国（176）
扬雄对杜甫诗赋创作的影响 …………………………………… 黄子珂（182）
犍为县"子云亭"简介 ………………………………………… 罗家祥（192）
中国古代书法作品中的"扬雄" ……………………………… 唐　林（198）

扬子生平研究

扬雄与绵阳 ……………………………………… 潘殊闲　林晓畅（213）
从扬雄的"圣"与"非圣"说起
　　——以东汉初期桓谭、王充、班固的评价为中心 …… 杨胜宽（230）
扬雄历史际遇与价值取向探析 …………………… 罗建军　向清玉（247）
扬雄侨寓涪县时间考 …………………………………………… 蒲玉春（260）
稿　约 ………………………………………………………………（267）

扬子著述研究

扬雄《太玄》的历代注疏及《太玄》若干语句的考释

刘韶军

内容提要：本文首先简要说明了历代学者关于扬雄《太玄》的注疏情况，由此说明历史上众多的学者对于《太玄》的研究情况，然后对《太玄》的若干语句的语义加以考释，借以说明在理解《太玄》原文上还存在着不少的问题，值得今天的学者们加以研究。本文所提供的若干语句的考释，只不过是提供一个示例，期望借此引起学者们的注意，且关注这方面的专门研究。

关键词：《太玄》；历代注疏；语句考释

一、《太玄》历代注释简述

扬雄，西汉末年人，生于汉宣帝甘露元年（前53），卒于王莽天凤五年（18）[①]，是中国历史上有名的思想家、文学家、文字训诂学家，著作颇多，而《太玄》一书是他的精心之作，他本人也很自负于此书。直到今天，《太玄》仍被视为研究扬雄哲学思想的重要资料。早在20世纪80年代，国务院古籍整理出版规划小组就把《太玄》作为《新编诸子集成》的一种，列入1982年至1990年古籍整理出版规划，由此可知此书的学术价值。

《太玄》一书问世当时，人已谓之"抗辞幽说，闳意眇指"，"泰曼漶而不可知"，故"观之者难知，学之者难成"，"历览者兹年矣，而殊不寤"。扬雄自己也说《太玄》

---

① 扬雄的姓是作"扬"还是作"杨"，清代乾嘉学者王念孙等人已有充分的考证，不少学者已采用王氏的意见，但人们一般还是采用作"扬"的处理方式。为了便于人们阅读此文，本人也从众作"扬"。但在笔者的相关专门论著中，则采用王念孙的意见，认为应当作"杨"。具体论证可参见拙著《扬雄与〈太玄〉研究》（人民出版社2011年版）中相关章节。扬雄的生卒年问题，笔者也有专门考证，参见《扬雄与〈太玄〉研究》的相关章节。

是"闳言崇议，幽微之涂，盖难与览者同也"①。此书的深奥难解，由此可见一斑。扬雄至今，时已有两千多年，其书经后人屡屡转写翻刻，讹误衍脱甚多，且扬雄在书中喜用古文奇字，多有字书不载者，故其书读之益难，甚而至于有人称《太玄》"许多文句都在可解与不可解之间"（张岱年语）。

扬雄《太玄》书成，当时人皆忽之，以为无用，唯钜鹿侯芭从而学之。其后至东汉已有人为《太玄》作注。今据历代史书的艺文志及其他文献著录书的相关记载，查明扬雄之后直到清代，为《太玄》作注的近七十家，详见下表。

朝代	人名	书名	卷数	存佚	备注
汉	侯芭	太玄经注		佚	
	邹邠	玄思		佚	
	张衡	太玄经注 太玄图	一卷	佚 佚	
	崔瑗	太玄经注		佚	
	宋衷	太玄经注	九卷	佚	隋志九卷，新唐书十二卷，明徐氏红雨楼书目六卷，今散见于晋范望解赞中，清王仁俊辑有太玄宋氏注一卷，在玉函山房辑佚书续编中
晋	陆凯	太玄经注	十三卷	佚	
	李譔	太玄指归		佚	
	陆绩	太玄经注	十卷	佚	隋志十卷，旧唐书十二卷，今散见于范望解赞中
	王肃	太玄经注	七卷	佚	书名称太玄解
	虞翻	太玄经注	十四卷	佚	隋志十三卷，旧唐书十四卷
	范望	太玄解赞	十卷	存	或曰十二卷，见旧唐书，四库十卷，书目答问十六卷，述古堂书目九卷，今有明万玉堂本
	蔡文邵	太玄经注	十卷	佚	宋崇文总目尚有著录，其后未见著录
唐	王涯	太玄经注 说玄	六卷 一卷	佚 存	附于明万玉堂本范望解赞后
	员俶	太玄幽赞	十卷	佚	

---

① 以上引文均见《汉书·扬雄传》。

续表

朝代	人名	书名	卷数	存佚	备注
五代	张易	太玄经注		佚	
宋	司马光	太玄经集注	六卷	存	或曰十卷，乃误合许翰玄解四卷而言，今有道藏本、明代影宋抄本、嘉庆间五柳居本、近代四部备要本等
	许翰	玄解 玄历	四卷 一卷	存 存	附于司马光集注后，同上
	张行成	翼玄	十二卷	存	今有四库本、函海本
	林瑀	太玄经注 太玄经释文	十卷 一卷	佚 存	释文附于范望解赞本后，是否林作尚有疑问，暂依前人说
	章察	太玄图 太玄讲疏 太玄经发隐	一卷 四十六卷 三卷	佚 佚 佚	或曰太玄经注十四卷，太玄经疏三十卷，或作章詧
	杜元颖	太玄经传	三卷	佚	
	宋惟幹	太玄经解	十卷	佚	今散见于司马光集注中
	郭元亨	太玄经疏	十八卷	佚	
	张揆	太玄渊旨 太玄经集解	一卷	佚 佚	
	陈渐	演玄	十卷	佚	或曰一卷，今散见于司马光集注中
	晁迥	易玄星纪谱	一卷	佚	或称易元星纪图
	徐庸	太玄经解	十卷	佚	
	冯元	太玄音训	一卷	佚	
	李沂	太玄集解义诀	十卷	佚	
	范谔昌	补正太玄经	十卷	佚	
	宋咸	太玄音	一卷	佚	
	孔旼	太玄图	一卷	佚	
	张齐	太玄正义统论 释文、玄说	一卷 二卷	佚 佚	
	许洞	演玄	十卷	佚	
	王鸿	太玄经注		佚	
	师望	玄鉴	十卷	佚	

续表

朝代	人名	书名	卷数	存佚	备注
	吴秘	太玄经注 太玄音义		佚 佚	今散见于司马光集注中
	苏洵	太玄论	3篇	存	在苏洵文集内
	邵雍	太玄准易图		佚	
	程贲	太玄经手音	一卷	佚	或称太玄经义训
	孙胄	太玄正义 太玄叩键	一卷 一卷	佚 佚	
	曾元忠	太玄经解		佚	
	林希逸	太玄精语	三卷	佚	
	吴霞举	太玄潜虚图说	十卷	佚	
	徐君平	扬子义	一卷	佚	
	刘绛	扬子大义	一卷	佚	
	释全莹	太玄略例	一卷	佚	
元	胡次和	太玄集注 太玄索隐	十二卷 四卷	存 佚	在永乐大典残本中
	吴澄	校正太玄经		佚	
金	赵秉文	太玄笺赞	六卷	佚	或称笺太玄赞一卷
明	叶子奇	太玄本旨	九卷	存	或称五卷，今在四库全书内，亦有单行本
	叶良珮	太玄经集解		佚	
	刘瑄	玄干	二卷	佚	
	屠本畯	太玄阐	一卷	佚	
	许世卿	太玄玄言		佚	
	陈梁	太玄经测	一卷	佚	
清	焦袁熹	太玄解	一卷	存	今在艺海珠尘丛书土集内
	刘斯组	太玄别训	五卷	存	在四库全书内
	孙滋	太玄经补注	四卷	未见	疑即孙澍增补太玄集注
	孙澍	增补太玄经集注	四卷	存	有孙氏自刊本
	陈本礼	太玄阐秘	十卷	存	有聚学轩丛书本，在第四集内
	许桂林	太玄后知	六卷	未见	存佚不详
	郑维驹	太玄经易补注	六卷	存	有单行本

续表

朝代	人名	书名	卷数	存佚	备注
	卢文弨	扬雄太玄经校正	一卷	存	在绍兴先正遗书第二集内
	俞樾	太玄平议	一卷	存	在俞氏诸子平议内
	孙诒让	札迻	一卷	存	在孙氏札迻内

注：详细的考证，参见笔者《杨雄与〈太玄〉研究》的相关章节。

此外还有宋代林共《太玄图》一卷，无名氏的《玄测》一卷，《太玄事类》一卷，皆佚，见朱彝尊《经义考》。范宁注《太玄解》十卷，不知年代，见明陈第《世善堂藏书志》。以上是注疏类。其中以宋人为多，今存者仅十余家而已。其中以范望的注为现存注本中最古者，对《太玄》字义多有训释，且保存不少古义，为他书所未见。司马光《太玄经集注》（以下简称"《集注》"）采宋衷、陆绩、范望、王涯、宋惟幹、吴秘、陈渐七家注，阐以己意，复据七家本对校，记有各本异文，保存了宋以前古本的异同。许翰《玄解》附于司马光《集注》后，其注文中也保存了宋人的校语，计有宋衷本、陆绩本、范望本、丁谓本、丁谓别本、许昂本、王涯本、黄伯思本、林瑀本、陈渐本、吴秘本、郭元亨本、章察本、宋代监本、张颙本、田告本等共十六种版本，有一些版本是历代著录中没有记载的。可知这三家注本价值最高。其余几种皆不能比拟，如张行成《翼玄》，纯属律历之数，已非《太玄》原意，离题太远。苏洵的《太玄论》，则是借题发挥的论说文。叶子奇及清人的几种注释，皆未着力于校释文字，且刊刻甚晚，于校勘考证之事作用不大。

如《四库全书总目提要》于《太玄本旨》云"子奇独谓《太玄》附会律历节候而强其合，不无臆见"，于《翼玄》云"《太玄》已赘，《翼》更蛇之足矣"，于《太玄别训》云"是编解释扬雄《太玄》，各以韵语发挥其义，意欲以奥崛配雄，然原书词意艰深，所以待注，注又僻涩，使人不解，是何取丁注乎？"

笔者在研究《太玄》的过程中，利用各家注释的相关资料，以及校对多种版本，对《太玄》中一些疑难语句的文字异同及文意做了比较深入的考察。其中主要利用的注本有范望的注与司马光的《集注》，相关版本则采用明万玉堂翻刻南宋范注本（《四部丛刊》影印本）与《明正统道藏》本（以下简称"道藏本"）、嘉庆三年五柳居本①（以下简称"嘉本"）对校。

此外参考清卢文弨《扬雄太玄经校正》、吴汝纶《点勘太玄读本》、俞樾《太玄平议》、孙诒让《札迻》有关《太玄》的札记，对《太玄》中的疑难字句校勘考证三百

---

① 此二种属司马光《集注》本，前六卷是司马光《集注》，后四卷为许翰《玄解》，共十卷。

余条。笔者最近把这些考证重新整理了一遍,订正了其中的文字,已与笔者多年整理的《太玄集义》(现存历代《太玄》注释的汇集)合并为一书,现从中抽取一小部分,整理成文,以便求教于方家。

二、《太玄》若干语句文字及语意考证

(一)《玄首》序文字句考释

驯乎玄

范望《太玄解赞》(以下简称"范注"):"玄,天也。"《玄首》序云:"驯乎玄,浑行无穷正象天。"若依范注训玄为天,则谓天正象天也,不辞。"玄"虽可训"天"(见《广雅·释言》),然此处"玄"字不当训天。《太玄》之"玄",乃扬雄自创的最高思想范畴,包括天、地、人及一切物质之存在,如《玄图》"夫玄也者,天道也,地道也,人道也,兼三道而天名之"可证,则知太玄所说的玄,已非自然之天,已非具体之物,已无具体之名。然不可无名,以物无大于天者,故聊取天之名而名之为玄。此仅取天之名,以命名其最高思想范畴,已非天名之原义,故不可将此处的"驯乎玄"之"玄"训为"天"。

阴阳𡵂参

𡵂,《太玄经释文》(见明万玉堂本卷后所附,作者不详,或以为宋林瑀作,以下简称"释文"):"陆(绩)曰:'当作枇,字之误。'"

清卢文弨《扬雄太玄经校勘记》(《群书拾补·补遗三》,以下简称"卢校"):"何(焯)云:'𡵂,即陛字之省。'"

此二说非是。《说文》:"枇,枇杷木也。""陛,升高阶也。"皆与《太玄》此处语意无涉。𡵂,当即"坒"字之异体,《正字通》所谓"𡵂同坒"是也。

"坒"字,金文皆为左右结构,如下表所列字样:

𦦵	图1
𦦵	图2

然则当以"𡵂"为正体。《说文》收"坒",不收"𡵂",是许慎以"坒"为正,

后世皆沿之,而作"阯"者反而罕见。扬雄通晓文字之学,喜用古字,此处用"阯"而不用"坒",即为一例。《说文·土部》:"坒,地相次比也。"《广雅·释诂三》:"坒,次也。"范注:"阯,比也,以阴阳相次。"正用比次之义为解,得《太玄》之意。他如宋衷训二,王涯训配合,司马光谓配而三之,何焯谓配合而升,皆未得《太玄》意,不如范注为善。卢文弨言范注此解本之《说文》,但"不必借'陛'字为说",又曰:阯为"配合而升,亦可备一说也",如此两可态度,而究为何意,亦不曾确定。

一阳乘一统

《玄首》序:"一阳乘一统,万物资形。"司马光《集注》:"一阳谓冬至也。"又曰:"凡千五百三十九岁为一统,三统为一元,一统朔分尽,一元六甲尽。"此乃汉《太初历》"章会统元"之"统"。一统一千五百三十九岁,如此漫长岁月,与序文所说"万物资形"有何关系?《集注》并未说明。

范注:"阴阳阯参以为三方,一阳即一方,一统则天统也。举一方一统,则二方二统可知也,三统相承,以生①万物,故万物取形于是也。"范以《太玄》八十一首分为三方三统之说释之,有理,然犹有未尽。

《太玄》八十一首分为天玄、地玄、人玄三方,亦即三统,以配一年之数。阴阳运行,万物生长盛衰,亦以一年为周期。阴阳以阳为主,言阳则兼阴,万物取形于阴阳之运动,随阳气而生而盛而衰。八十一首,三方、三统之安排,阴阳、万物之运动,皆以一年之数为周期,周而复始,年年如此。《太玄》即据此而建立其体系,其关系如下表。

11月	12月	1月	2月	3月	4月	5月	6月	7月	8月	9月	10月
子	丑	寅	卯	辰	巳	午	未	申	酉	戌	亥
阳生于子						阳盛于午					阳尽于亥
万物随阳而生			万物随阳而盛			万物随阳而衰				
阴由盛而衰			阴尽于巳, 阴生于午,阴由衰而生			阴由生而盛				
天玄(一方一统)			地玄(二方二统)			人玄(三方三统)				
中首至事首(27首)			更首至昆首(27首)			减首至养首(27首)				

---

① "生",范注本已讹为"主"字,此据清陈本礼《太玄阐秘》改正。

此即以一年为轴，统系阴阳万物及太玄三方八十一首，而建立太玄体系者也。《玄首》序曰"一阳乘一统，万物资形"，意谓太玄体系之形成。此亦与上文"阴阳玭参"句相承应，言阴阳二气之运动，故万物得以取形于其中矣。

方州部家

嘉庆五柳居本云："一玄都覆三方，方同九州，枝载庶部，分正群家。"道藏本"邦"作"部"，"群"作"郡"。按：当以"部""群"为是。嘉本、道藏本各讹一字。《集注》此句，乃引《玄图》之语。查《玄图》原文，正作"部""群"，可证。

三位疏成

《玄首》序："方州部家，三位疏成。"范注本（据四部丛刊影印明万玉堂本）"疏"作"疎"，道藏本作"疏"，王涯及宋惟幹（以下简称"小宋"）本作"统"，司马光从宋衷、陆绩本作"疏"。

"疎""疏"乃"疏"之异体，宋代刻书"疏"多作"疏"，王涯及小宋本作"统"，无理。

疏，布也，《集注》"以一、二、三错布于方州部家而八十一首成矣"可证。范训"疎"为大，释为三统之位大成之意，非是。典籍无训"疏"为大者，范注无据。

"方州部家，三位疏成"者，谓《太玄》在方、州、部、家为四重体系，每重皆以一、二、三之位分布之，而成一玄、三方、九州、二十七部、八十一家（首）之体系。疏布之语正与三位之语相应，言《太玄》四重体系之形成。若依范注大成之说，则四重体系如何形成便不明了，可知范注非是。

赞上群纲，乃综乎名

范注"赞"皆作"賛"，《说文》："赞，见也，从贝从兟。"然则"赞"为正体，"賛"为俗体。《集注》又曰："故曰：'赞上群纲，乃总乎名'也。首者，凡赞之端首也。"道藏本"总"作"综"，是。此引正文，可证。"凡赞"的"凡"字当作"九"，形近而误。道藏本作"九"，不误。"首者"以下八字，当为下文"八十一首，岁事咸贞"句之注。"赞上"句无"首"字，此八字即为"八十一首"之"首"字而发。《太玄》每首各为九赞，故曰"九赞之端首也"。九赞合为一首，若云"凡赞之端首"，则谓每赞之端首矣。

（二）《玄测》序文字句考释

丙明离章

范注作"丙"，《集注》作"炳"。按：当作"丙"。汉代通以"丙"言"炳"，如《说文》："丙，位南方，万物成炳然。"《释名·释天》："丙，炳也。物生炳然皆著见也。"《白虎通·五行》："丙者，其物炳明。"《礼记·月令》："其日丙丁。"郑注："丙之言炳也。"《集注》作"炳"者，乃后人所改。

嘉本此句注末有"旧本炳作丙"五字，道藏本无此五字。按：《集注》于诸本异同，皆记于注语之前，言某本某作某，今作某，是其通例，绝无记于注语之末而概言旧本者。可知此五字非《集注》原文，必为后人所补。

然则《集注》此处原无校语，可知《集注》与范注原皆作"丙"，故《集注》不言异同。且嘉本时尚谓"旧本作丙"，亦可证《集注》原当作"丙"。刻书者不知"丙""炳"古通，而臆改作"炳"也。

离，范注："散也。"《集注》："文也。"按：当训文，文谓章，此句"丙明"皆指光明，"离章"则皆言文章，谓彩色斑斓。下句"五色淳光"，"五色"即与文章相应，"淳光"则与"丙明"相应。二句文章相贯，句例相同。若作"离散"，则与"章"字不合，亦与"五色"无涉，且与句例不符，游离于文章之外，由此可知当以训文为善。

夜则测阴，昼则测阳

此句下嘉本注语仅有"一日两赞，前赞为昼，后赞为夜"十二字，道藏本又有"凡日法八十一分，昼赞直前半日，夜赞直后半日"十九字。按：道藏本是，嘉本误脱。然嘉本中首初一注末忽有"凡日法"以下十九字（其中"日"讹为"曰"，今据道藏本改正），道藏本则无此十九字，知"夜则"句注十九字错简于中之初一注末。"凡日法"以下十九字，意与"夜则"句相合，而与中之初一"昆仑旁薄幽"之意不符，知道藏本是，嘉本误，当据道藏本改正。

然《四部备要》校刊《太玄集注》时，校之不精，仍沿而不改，知其未悟此处讹误。亦可知《四部备要》本印制虽精，却不甚可靠。然道藏本亦非善本，其错简者不让嘉本。如《礥》首本当在《周》首之下，而道藏本误将《礥》首初一注语"阳气未见，犹在地之中也"以下至次五注"王曰：或山或渊，道之险者，五为一首之方"，共二百六十二字之文插在《周》首次六及次七之间，致使《礥》首初一之注有首无尾，之后又一跃而至次五注中，无首有尾，中间次二、次三、次四则一片空白。而《周》首文中却突兀插入《礥》首之文，使读者茫然不知所云，亦错简之尤甚者。

升降相关，大贞乃通

嘉本曰："升降相关，然后三仪大正之道乃通，明二者不可偏废，偏废则正道否塞而不行也。"

"否塞"，道藏本作"不塞"，误，当依嘉本作"否塞"。否，闭也；塞，隔也，不通也，不交也。否塞，谓闭塞阻隔而不通也。升降相交相通，偏废则不相交而闭塞不通。"否塞"正与上文之"交通"相承应。若作"不"，则"交"亦通，"偏废不交"亦通，此自相矛盾，不成文意，又下言"不行"，闭塞故不行，若作"不塞"，岂亦"不行"乎？知必不可作"不"。

"否""不"形声皆近，易相讹误。否，亦可训"不"，以声近故可通。《周易·象上传》："大人否亨。"虞注："否，不也。"《尚书·尧典》："否德忝帝位。"《释文》："否，不也。"皆其例也。然二字词性不一，不可混用，当视具体句意而定。如此例，便不可训为"不"。

百谷时雍

范注："时，调也；雍，和也。"言"百谷调和也"。《集注》："宋衷曰：'雍，和也。'事不失时而百谷和熟。"二家于"雍"训"和"，是。而于"时"字则有异义，范以为"调和"，光以为"不失时"，皆未得其意。

时雍，乃古之常语，时当训是。《尚书·尧典》："黎民于变时雍。"孔颖达《正义》："时，是也。"《汉书·王莽传上》："黎民时雍。"皆其用例。《太玄》"百谷时雍"，即脱胎于此，可知"时"当训为"是"。

（三）**中首字句考释**

龙出于中

中首次三："龙出于中，首尾信，可以为庸。"宋衷、陆绩、王涯本"可"下有"罔"字，非是。可罔，不辞。罔，不也，不以为庸，亦与"龙出于中""首尾信"及测辞"见其造也"诸语不合，知"罔"为衍文。《集注》、范注不从宋、陆、王本，是。

"信"当读为"伸"。《荀子·不苟》："刚强猛毅，靡所不信。"《臣道》："谏争辅拂之人信，则君过不远。"《天论》："老子有见于诎，无见于信。"扬注并谓"信"读为"伸"，古字通用。《易·系辞》："以求信也。"《释文》："信，本作伸。"是其例也。《集注》曰："信乎可以为人常法也。"以"信"为副词，亦非。又以"信"字属下，亦非。"信"若属下，则"首尾"二字无属。若"首尾"亦属下，则"首尾"为法（庸），亦为不辞。知"信"当读为"伸"，连"首尾"三字为句，方可与上下文意相贯通。

庸，范注"法也"，亦非。"庸""用"古通，典籍中例证极多，兹不备列。此句意谓龙出于中，首尾伸展，可以为用。《玄文》："龙出乎中何为也，曰龙德始著也。"又曰："龙出于中，事从也。"意皆相合，是其证。

《太玄》此赞，盖用《周易》乾卦之义，乾卦初九为"潜龙勿用"，九二为"见龙在田，利见大人"，九五为"飞龙在天，利见大人"。《太玄·中首》初一赞辞"昆仑旁薄幽"，谓尚幽隐不见，与"潜龙勿用"意同。次三赞辞"龙出于中，首尾信，可以为庸"，与"见龙在田，利见大人"意同。次五赞辞"日正于天，利用其辰作主"，与"飞龙在天"意同。《易》由"潜龙""见龙"而至"飞龙"，由"勿用""见用"而至"用之极"。《太玄》亦由"幽隐""为用"而至"作主"，其意一也。

清焦袁熹《太玄》解曰："潜龙故勿用，首尾信则可以为庸矣。庸，用也。"即以《易》解《玄》，得其意。范注与《集注》所说均不合乎《太玄》之意。

又，测辞曰："龙出于中，见其造也。"造，陆绩曰："作也。"焦袁熹同，又曰："与'大人造也'之'造'同。"其说是。范注："首出庶物，造成之也。"解为"造成庶物"之"造"。唐王涯曰："造物之功始见。"沿用范说，不如陆、焦训为"作"更合语意。作犹兴，《易·乾象》曰："飞龙在天，大人造也。"清陈梦雷《周易浅述》曰："造，作也，圣人兴起。"是其意也。《玄》之"见其造也"，意与《易》同，盖谓龙德始著，可以用事，见其造作兴起也。正与赞辞"龙出于中，首尾信，可以为庸"相应。可知当据赞辞与测辞合并观之，乃能得其语意。

库虚无因

范注《中》首次四测辞曰："库虚无因，不能大受也。"《集注》本"无"作"之"，卢校："旧作'无'，今从司马本（即'集注'）作'之'。"卢校是，当作"之"。次四赞辞曰："库虚无因，大受性命，否。"测辞作"库虚之否"，即赞辞三句之省文，此乃《太玄》测辞通例。如《中》首次七赞辞："酋酋，火魁颐，水包贞。"测辞则作"酋酋之包"。上九赞辞："颠灵气形反。"测辞作"颠灵之反。"《周》首初一赞辞："还于天心，何德之僣，否。"测辞作："还心之否。"诸如此类，皆赞辞繁而测辞省作某某之某之例。此赞之测辞当亦属此例。

又据《玄文》"库虚之否，不公也"，"库虚之否，臣道不当"，此类说法亦可证当作"库虚之否"。若作"库虚无否"，则与赞辞"无因而受之否"意相反。知作"无否"无理。范注"之"讹"无"者，恐涉赞辞"库虚无因"之"无"而讹。司马光《集注》时，尚未言与范注有异，然则此讹误当在北宋以后亦可知矣。

月阙其博

《中》首次六：“月阙其博，不如开明于西。”范注作"博"。《集注》作"抟"。范本《释文》作"搏"，曰：“古'團（团）'字。”《集注》曰：“范本'抟'作'搏'。”然则今本范本作"博"者，乃"搏"之讹（从十从扌可通）。

又，范注：“生明于西，日以就盛，到十六毁圜于东方。”此言月自生明而至成圆（团圜皆圆），又至毁圆。赞辞：“月阙其博，不如开明于西。”测辞：“月阙其抟，明始退也。”亦言月之生明发光圆缺变化之事，据此亦可知范注不当作"博"，以"博"无圆圜之义故也。然"搏"亦无圆圜之义，《尔雅·释训》：“搏搏，忧也。”《诗·素冠》：“劳心搏搏兮。”毛《传》：“搏搏，忧劳也。”是"搏"训忧，不训圆圜。然则范注作"搏"者亦非。王涯本作"塼"，乃"甎"之异体。《广韵》：“甎，甎瓦。”《古史考》曰：“乌曹作甎。”《集韵》：“甎，塼，烧墼也，或从土。”是"甎""塼"为一字之异体。"甎"或作"抟"，《说文·手部》：“抟，圜也，从手，专声。”口部："团，圜也"，"圆，圜全也"，"圜，天体也"。天体谓日月等象，亦圆圜也。此数字义皆谓圆圜。然则"抟"字正与《太玄》之义相合，知《太玄》原文当即作"抟"。"塼"与"抟"形近易讹，《荀子·正论》：“譬之是犹以塼涂塞江海也。”卢文弨曰："塼，俗字，《荀》书本作抟。"《诗·斯干》：“载弄之瓦。”毛《传》：“瓦，纺塼也。”阮元《毛诗校勘记》曰：“小字本'塼'作'抟'，乃形近之讹。”此皆"塼""抟"形讹之例。王涯注曰：“象月之过望而阙其团。”则王本原亦当作"抟"，必为后之抄者笔误而讹为"塼"。范注作"博"者，亦形近而讹者，乃后又讹为"搏"。《玄文》两次引用"月阙其抟"，范注并讹为"博"，并当改正。《集注》本作"抟"是，然又曰"'抟''博''塼'皆与'团'同"，此则非是。"博""塼"二字皆无圆圜之义，前已明之，故不得谓与"团"同，唯"抟"字可训圆圜之义，义与"团"同，故可通用。《太玄》用"抟"不用"团"，扬雄喜用僻字故也。

明始退也

《中》首次六测辞曰：“月阙其抟，明始退也。”《集注》"明"作"贱"，范注作"明"。按：《集注》以宋衷、陆绩本作"贱"，是。"贱始退"之"贱"，与《中》首次五测辞"贵当位也"之"贵"字相对为文，若作"明"，则不对矣，是其证。又，次五赞辞：“日正于天。”次六赞辞则曰：“月阙其抟。”正以"日""月"相对，可知次五次六赞辞测辞俱为对文，此亦可证。

大魁颐

范注《中》首次七赞辞："酋酋，大魁颐，水包贞。"《集注》"大"作"火"。按：当作"火"。此二句对文，水火相对成文，犹魁（训藏，说详后）对包，颐对贞。《玄数》："二七为火。"指次二、次七为五行之火。范注："火二废七王。"是火至次七始为王，言其得时也，故次七之赞言"火"。又据测辞："酋酋之包，任臣则也。"言火刚为猛，水柔为宽，宽猛相济，乃任用臣子之法则，亦兼水火而言。此皆可证当作"火"。若作"大"，则与此数事不符。

魁，范注："藏也。"《集注》："斗之首也。"范注是，俞樾《诸子平议》已辨之，可参见。包即藏，魁对包，义相近。《集注》"斗之首也"，乃与全句文意不相联贯，不足取。《玄文》曰："酋酋之包，何为也？曰：仁疾乎不仁，谊疾乎不谊，君子宽裕足以长众，和柔足以安物，天地无不容也。不容乎天地者，其唯不仁不谊乎？故水包贞。"此一节亦言天地君子宽裕和柔包容之广博，正与赞辞包藏之义相应。末止言"水包贞"，不言"火魁颐"者，言水包贞，则火魁颐即在其中矣，此亦可知。犹测辞"酋酋之包，任臣则也"，言一"包"字，则火藏水包之义皆在也。火猛而藏颐养之道，水柔而包贞正之德，兼此二者，此正君主任臣之则也。测辞正承赞辞"火魁颐，水包贞"语意而言也。此皆可互证其意。

卢校："冯（复京）曰：'魁，魁蛤也，七为甲魁之象，大蛤有甲满胡。七火而其象大蛤者，《庄子》所谓火中有水也。方诸取月中之津，故曰大魁颐水。'何焯云：'《士冠礼》以魁柎之，注：魁，蜃蛤，则魁为大蛤明矣。注训魁为藏，陋甚。'"此据冯、何之说，则以"大魁颐水"四字为句，谓大蛤养水也。此说甚无理。《玄数》："二七为火，类为羽，为戈，为甲。"然则二七为羽虫之象，而非甲虫之象。为甲之甲，为戈甲之甲，即甲胄之甲，范注谓"叶自覆也"，则为植物孚甲之甲，皆非甲虫之甲。《玄数》："一六为水，类为介。"范注："介，甲也，甲虫之类。"然则一六方为甲虫之象。而冯以七为甲虫之象，此其误一也。即使可训为大蛤，则大蛤颐水之说究为何意，甚不可解，亦与测辞"任臣则也"之意毫无关涉，此其不通二也。又据冯说，以"大魁颐水"四字为句，然《玄文》言"水包贞"，明当以"水"字属下，不当属上而言"大魁颐水"也。然则冯氏断句与扬氏原读不合，亦可证其说之误。何焯沿用冯氏魁蛤之说，亦非。由此三者，可知冯与何之说皆不足取。

任臣则也

《中》首次七测辞曰："酋酋之包，任臣则也。"范注："臣主收敛，故任臣则。"意谓任用臣子收敛之法则。陆绩曰："则，法也。任臣用典法也。"嘉本和《四部备要》本"则法"二字误倒,道藏本"法"讹"去",今据《道藏》乙正嘉本与《四部备要》本,据"则法也"改"去"为"法"。《集注》曰:"(七)有秋之象。……又有刑罚之象。……君之驭臣,必资于法。子产曰:'太上以德抚民,其次莫如猛,火烈,人望而畏之,故鲜死焉。水懦弱,人狎而玩之,故多死焉。'人君之心,执法无私,如火烈烈,人不敢犯,以为物之首,然不可失养人之道。宽而容物,如水之浮天载地,无所不包,然不可懦而失正。故曰'火魁颐,水包贞',此人君用臣之大法也。"陆与司马光之意,谓"任臣则"为"任臣之法则",范读"任臣则"为"任/臣之则",陆与司马光读为"任臣/之则"。依范氏读,则犹言七火始王,万物皆成,当用臣子收敛之则,以包藏收敛万物而养之,使各得其正。依陆与司马光读,则犹言任臣当用子产所谓宽猛相济之法,火猛水宽,各有其弊,当兼采而互补之。猛而不失养人之柔,宽而不失贞正之刚。所读不同,而意大异。然依赞辞"火魁颐,水包贞"之语,当以陆与司马光兼采水火之说为长。《玄文》亦曰:"酋酋之包,能任乎刑德。""刑德"云云,即司马光所谓水火刚柔、宽猛相济之意。据《玄文》此语,可知司马光注得扬氏本意。

巅灵气形反

范注《中》首上九赞辞:"巅灵气形反。"《集注》"巅"作"颠",按:当作"颠"。司马光《集注》不言诸本文字异同,知其所见各本原皆作"颠",故注中无校语记其异同,然则范注原亦当作"颠"。又据范注"颠,下也",是范注当时正作"颠"也,今明万玉堂本作"巅"者,乃后人不明文意而臆添"山"字头。王涯注:"灵魂以颠坠矣。"司马光谓"灵已陨矣",三家以下坠、陨为训,此正"颠"字之义,亦可证当作"颠"也。《玄文》引此句作"颠",是又一证。《说文》:"颠,顶也,从页,真声。"而无"巅"字,是古人言颠坠之义,皆用"颠"字。从山者乃后起字,专用于巅顶之义,而以"颠"言颠坠之义。颠灵,谓人死。人生在世,有灵有形,灵在形内,二者合而不散离。一旦命绝人死,则二者分离,灵出其形,犹自形体颠坠于下然,故曰"颠灵"。灵离体而为魂,无灵之形为魄,魂清扬而上登于天,魄浊沉而下归于地,二者相离,所归相反,故曰"颠灵气形反"。

(作者单位:华中师范大学历史文献研究所)

扬雄《反离骚》品读及探析

刘文传

内容提要：扬雄的重要著作《反离骚》，见载于《汉书》，或称《反骚》，是一篇影响深远的辞赋大作。对其进行品读和探析，是扬雄文化研究的一个重要组成部分。据《汉书·扬雄传》引其"自序"言：扬雄每读屈原文"未尝不流涕……乃作书，往往摭《离骚》文而反之，自岷山投诸江流以吊屈原，名曰《反离骚》；又旁《离骚》作重一篇，名曰《广骚》；又旁《惜诵》以下至《怀沙》一卷，名曰《畔牢愁》"。《汉书》记载的这后两篇扬雄的文章现在已经找不到了，但他的《反离骚》却独存于世。《反离骚》是扬雄早期的作品，写于阳朔元年，即公元前24年，很有可能就是他在家乡蛰居时，面对滔滔东去的岷江而吟就的。

关键词：扬雄；《反离骚》；探析

一、《反离骚》原文及简介

（雄）又怪屈原文过相如，至不容，作《离骚》，自投江而死，悲其文，读之未尝不流涕也。以为君子得时则大行，不得时则龙蛇，遇不遇命也，何必湛身哉！乃作书，往往摭《离骚》文而反之，自岷山投诸江流以吊屈原，名曰《反离骚》；又旁《离骚》作重一篇，名曰《广骚》；又旁《惜诵》以下至《怀沙》一卷，名曰《畔牢愁》。《畔牢愁》《广骚》文多不载，独载《反离骚》，其辞曰：

有周氏之蝉嫣兮，或鼻祖于汾隅，灵宗初谍伯侨兮，流于末之扬侯。淑周楚之丰烈兮，超既离虖皇波，因江潭而㴋记兮，钦吊楚之湘累。

惟天轨之不辟兮，何纯洁而离纷！纷累以其淟涊兮，暗累以其缤纷。

汉十世之阳朔兮，招摇纪于周正，正皇天之清则兮，度后土之方贞。图累承彼洪族兮，又览累之昌辞，带钩矩而佩衡兮，履櫏枪以为綦。素初贮厥丽服兮，何文肆而质䨱！资娥娃之珍髢兮，鬻九戎而索赖。

凤皇翔于蓬陼兮，岂驾鹅之能捷！骋骅骝以曲囏兮，驴骡连蹇而齐足。枳棘之榛榛兮，蝯貁拟而不敢下，灵修既信椒、兰之唼佞兮，吾累忽焉而不蚤睹？

衿芰茄之绿衣兮，被夫容之朱裳，芳酷烈而莫闻兮，（固）不如襞而幽之离房。闺中容竞淖约兮，相态以丽佳，知众婢之嫉妒兮，何必飏累之蛾眉？

懿神龙之渊潜，俟庆云而将举，亡春风之被离兮，孰焉知龙之所处？愍吾累之众芬兮，飏烨烨之芳苓，遭季夏之凝霜兮，庆夭顁而丧荣。

横江、湘以南泩兮，云走乎彼苍吾，驰江潭之泛溢兮，将折衷虖重华。舒中情之烦或兮，恐重华之不累与，陵阳侯之素波兮，岂吾累之独见许？

精琼靡与秋菊兮，将以延夫天年；临汨罗而自陨兮，恐日薄于西山。解扶桑之总辔兮，纵令之遂奔驰，鸾皇腾而不属兮，岂独飞廉与云师！

卷薜芷与若蕙兮，临湘渊而投之；梱申椒与菌桂兮，赴江湖而沤之。费椒稰以要神兮，又勤索彼琼茅，违灵氛而不从兮，反湛身于江皋！

累既攀夫傅说兮，奚不信而遂行？徒恐鹈鴂之将鸣兮，顾先百草为不芳！

初累弃彼虙妃兮，更思瑶台之逸女，抨雄鸠以作媒兮，何百离而曾不壹耦！乘云蜺之旖柅兮，望昆仑以樛流，览四荒而顾怀兮，奚必云女彼高丘？

既亡鸾车之幽蔼兮，（焉）驾八龙之委蛇？临江濒而掩涕兮，何有《九招》与《九歌》？夫圣哲之（不）遭兮，固时命之所有；虽增欷以於邑兮，吾恐灵修之不累改。昔仲尼之去鲁兮，斐斐迟迟而周迈，终回复于旧都兮，何必湘渊与涛濑！溷渔父之铺歠兮，洁沐浴之振衣，弃由、聃之所珍兮，跖彭咸之所遗！

"屈原辞赋悬日月"，独步诗坛；尤其一曲《离骚》，遂成千古绝唱。屈原以战国楚地民歌的形式，浪漫主义的手法，抒发愤世嫉俗、忧国忧民之思，"信而见疑，忠而被谤"之愤，慷慨激越、执着坚贞的爱国主义之情，反映他"苏世独立，横而不流"（屈原《橘颂》）的伟大人格，遂使《离骚》成为中国文学史上第一首长篇抒情诗。千百年来，无数骚人词客、仁人志士，景仰这位诗坛圣哲，无不为之激愤扼腕，一掬同情之泪。但是百年之后的汉代，却有一位生于西蜀的哲学家和大辞赋家扬雄，在"悲其文，读之未尝不流涕"之余，"又怪屈原文过相如，至不容，作《离骚》，自投江而死"，就摘引《离骚》的文句及其意而用之，写成了这篇《反离骚》的骚体诗，并把它投入岷江来祭吊屈原。

在《反离骚》里,扬雄对屈原的不幸遭遇深表同情和悼念,对他的劲节坚操深致敬佩颂扬,但对他忠君爱国、生死不渝之诚,沉江自尽、以死明志的行为极表反对,篇中就《离骚》文句原意对屈原提出了大量的驳难和诘责。以吊屈原为动因而写出这样的篇章,的确算是一篇别具风格的奇文。扬子云为什么写这首《反离骚》呢?谨抒管见,聊作赏"奇"析"疑"的引玉之砖,并通过对它的评析以探讨扬雄的政治思想和艺术风格。

二、《反离骚》的创作背景

扬雄祖辈自汾而楚,最后定居西蜀的郫县(今成都市郫都区),世代以农为业。他幼而好学,博览群书,"默而好深湛之思","不汲汲于富贵,不戚戚于贫贱","自有大度,非圣哲之书不好也;非其意,富贵不事也",是一个"恬于势利"的耿介之士。然而扬雄直到四十余岁依然是一介布衣,默默无闻。当时正当西汉末世,面对帝王暗弱、外戚专权、奸权当道的政治局面,经济凋敝,灾害频仍,民不聊生、盗贼蜂起的社会现实,他怀有满腔愤世嫉邪的忧愤而又无可奈何,心情是痛苦的。眼见韶华暗逝,人过中年,仍然一事无成,作为一个封建时代的文士,自然是非常失意的。他酷爱辞赋,对于屈原的作品更有精深的研究。除作吊屈原的《反离骚》外,又仿《离骚》作重一篇,名曰《广骚》,又仿《九歌》的《惜诵》以下至《怀沙》作一卷,名曰《畔牢愁》,足见他满腹勃郁不平之气。怀才不遇,报国无门,不能一展抱负和才华,使他对屈原的不幸遭遇抱有同感,由景仰屈原的人品和才气,进而心心相印、同气相投、热烈地爱眷屈原,自是理所必然的了。

三、《反离骚》的写作命意

扬雄为什么写《反离骚》这样的奇文呢?首先,扬雄生当乱世,"谗人高张,贤士无名"的现实,与屈原异代而遭际相同,所以他愤慨地喊出:"惟天轨之不辟兮,何纯洁而离纷!"以此借古讽今,曲折地表达自己的身世之感。

其次,是扬雄对屈原伟大人格的仰慕和悲剧命运的深切同情。他称颂具有芳香"酷烈"的"内美",凤凰翱翔、骥骝驰骋的"修能",然而邪佞之徒却横加谣诼,"泱泱""缤纷",受谗毁而放逐,以致"百离而曾不壹耦"。屈原坚持规矩平正的高节,却走着被当作恶人而遭放逐的道路,这是何等令人痛心的不幸:"卷薜芷与若蕙兮,临湘渊而投之；椴申椒与菌桂兮，赴江湖而沤之。"屈原这样美质清操的旷代奇才竟如此横遭摧残，真令他抚膺大恸，无限哀惋。

再次，是借题发挥，表达愤世嫉俗之情。"骋骅骝以曲囏兮，驴骡连蹇而齐足。"即驱策骏马在坎坷险阻的道路上行走，就是那驽劣的驴骡也能与之并驾齐驱。如此不分贤愚智不肖，牛骥同皂，等量齐观，压抑坑害人才，这样的社会有公平正义吗？更重要的是，扬雄写此文时，"往往摭《离骚》文而反之"，即反其意而用。反了些什么呢？他在篇中向屈原提出了十多次诘问，有的甚至是强烈的诘难和切责。诘责屈原：你素来是注重内美和修能的，为什么你的文章那么宏肆而气质如此狭隘竟去投江？你明知邪佞之徒都在妒忌你，为什么不守拙若愚，韬晦待时？你有那样的美德和才能，尽可远仕他国，何必一定要出仕楚都？尤其是对屈原自相矛盾的心态一一加以驳诘：你既然要以玉屑落英为食，想用来益寿延年，为什么却临江自沉？你既然说过"总余辔于扶桑""聊消遥以相羊"，留住太阳，让你年寿不老，为什么又要"解扶桑之总辔兮，纵令之遂奔驰"？既然你一再请神巫灵氛、巫咸占卜吉凶，指示前程，为什么又不听他们叫你远游他国、择仕贤君的忠告却去沉身江潭？你既然援引傅说筑版以待贤君的故事以自励，为什么又不坚信而实行之？你既然怕伯劳鸟先叫、秋天早到而百草不芳，为什么却先自沉而不惜芳草和年华？你曾有"弃彼宓妃""更思瑶台之逸女"，即择主而仕的念头，为什么又反顾掩涕，总是眷恋楚国，不胜嘘唏？你曾说要"奏《九歌》以舞《韶》"，自寻欢娱，为什么又"临江掩涕""哀乐不相副"？一连串的穷诘责问，措辞激烈，看似态度偏颇，然而究其实质，并不是要批判和贬损屈原。班固曾正确地指出了扬雄作《反离骚》的用意："以为君子得时则大行，不得时则龙蛇，遇不遇命也，何必湛身哉！"换句话说，"反其意"的立意就是痛惜屈原才德盖世竟至不容于世，应该像许由、老聃那样守道自高，不为时俗所污，又能保己全身，而不应投江自尽。扬雄对屈原的人格和才华是敬仰的，对他的不幸遭遇是叹惋悲怆的，而不是讥刺指责。可以说，这篇奇文是对屈原深情的纪念，是一曲悲愤的挽歌。

四、《反离骚》的思想探源

扬雄的思想体系，是以儒学为主，并杂以道家观点的，因而在《反离骚》里，也有儒道相杂的表述。我们探索这篇奇文的思想渊源，也可以清楚地寻到这种思想轨迹。扬雄《反离骚》的命意，首先来自贾谊的《吊屈原赋》。贾谊哀叹屈原"逢时不祥"，生活在"谗谀得志""方正倒植"的乱世，国人既然不理解我，空自抑郁而无可告诉，应该像凤凰那样飘然高举而远逝，神龙潜渊以自珍："所贵圣人之神德兮，远浊世而自藏"，"历九州而相其君兮，何必怀此都也？"《反离骚》中说"懿神龙之渊潜，俟庆云而将举"，正是和贾谊同一用意。贾谊深怪屈原身居乱世不能远世自珍，"般纷纷其离此尤兮，亦夫子之故也！"等于说屈原的悲剧实是咎由自取。表面上看似是对屈原的切责，实际上是对屈原的同情和痛悼。其次，扬雄也受到司马迁的启迪。司马迁曾到长沙，凭吊屈原所自沉渊，太息流涕，想见其为人，"又怪屈原以彼其才游诸侯，何国不容，而自令若是？"《反离骚》中说："乘云蜺之旖柅兮，望昆仑以樛流，览四荒而顾怀兮，奚必云女彼高丘？"也正是这个意思。在对屈原的缅怀伤悼中寄寓身世之感，对屈原的悲剧由痛惜而切责之情，扬雄和贾谊、司马迁是完全一致的。

臣之仕君，合则留，不合则去，"天下有道则见，无道则隐"，"用之则行，舍之则藏"，"邦有道，则仕；邦无道，则卷而怀之"，得志则泽加于民，不得志则独善其身。这些传统的儒家思想，在《反离骚》中都有体现。扬雄赞许屈原效法傅说忍受艰辛以待贤君的愿望，反对自沉，是儒家积极用世的思想。他用"枳棘之榛榛兮，蝯貁拟而不敢下"比喻贤者处世应该是"危邦不入，乱邦不居"，"贤者避世，其次避地"，这是孔子所肯定的。屈原生于黑暗而衰败的楚国，正是危邦、乱邦，就应该高举远游，"鸿飞冥冥，弋人何篡？"自然不会有悲剧的结局了。"灵修既信椒、兰之唼佞兮，吾累忽焉而不蚤睹"，"虽增欷以於邑兮，吾恐灵修之不累改"，是说屈原"虽放流，眷顾楚国，系心怀王，不忘欲返"，"冀幸君之一悟，俗之一改"。然而无论楚怀王还是楚顷襄王都很昏庸，忠奸莫辨，一再黜退和打击屈原，这样的昏君乱国，怎能对之耿耿怀忠？孤臣的愚忠是不可取的。"夫圣哲之（不）遭兮，固时命之所有"，这又是儒家"知命""安命"的宿命思想的反映了。同时，文中也夹杂着道家趋利避害、清静无为、消极避世的思想，如"芳酷烈而莫闻兮，（固）不如襞而幽之离房"。人莫我知，有才能闻达，不如弃置而不用，并批评屈原"漂渔父之铺歠兮，洁沐浴之振衣，弃由、聃之所珍兮，跖彭咸之所遗"，则是要屈原与时俯仰，和光同尘，以"养生、全身、尽年"。这些思想自是从敬仰和爱护屈原出发的，但由此而产生了作家人生哲学上的矛盾：既主张屈原远游以避乱邦，登昆仑，览四荒，又以孔子去鲁国而周游列国，复加旧都为范例，指责屈原"何独不怀鄢郢而赴江湘"；既主张屈原养晦待时，或远适他国以事明君和积极用世，又主张恬退无为以全身、尽年的消极避世。一个作家在同一篇作品里，对同一对象的表达，思想上出现这种扞格抵牾的状态，表明了扬雄深切同情屈原的不幸遭遇，惋惜旷代奇才的屈死，因而切责屈原的愚忠，设想如易地而处，则当取如是的态度来处世立身。又对屈原"独立不迁""好修为常"的伟大人格和执着眷恋的忠君爱国精神至为感动，深致哀惋。扬雄既切责愚忠，又抚慰忠魂，这种矛盾的心理不自觉地流露于笔端，读者决不会以为他逻辑混乱，反而能深受感染，这也是这篇奇文的一奇吧。

五、《反离骚》的社会意义

《史记·屈原列传》载：屈原死后，楚国有宋玉等人都以辞赋见称，效法屈原的从容辞令，但"终莫敢直谏。其后楚日以削，数十年竟为秦所灭"。司马迁写了这样一笔，意在表明屈原一生心系社稷安危，他的在位与放逐、死亡，对楚国对屈原的哀悼怀念，从后来演化为端午以物投江、龙舟竞渡的民俗，即可想见。百世而下，先有贾谊在长沙凭吊湘水，写《吊屈原赋》以致哀，后有司马迁写《屈原列传》称颂他忠君爱国、特立独行之志可"与日月争光"，在论赞中说读屈赋而"悲其志"，并到"所自沉渊"流涕凭吊，足见屈原志行高洁，感人至深。更值得注意的是，贾谊、司马迁对屈原的伤悼，也寄寓着怀才不遇、感事伤时的身世之感。正如文评家吴楚材、吴调侯所说，司马迁"即用他吊屈原之意，以叹贾生"，又以"自悲自吊"，"穷愁著书，史公与屈子实有同心"。

而扬雄据《离骚》写了《反离骚》等三篇，他的用意是显而易见的。"《离骚》者，犹离忧也。"扬雄铺藻摘辞写这些骚体诗，抒写他处在季世危邦中抑郁于心的忧愁，足见他身居乱世而无法从容淡静，反而牢骚太甚，忧愤深广，却又无言论自由，不敢直抒胸臆，不能已于言。因此，扬雄对《离骚》反其意而作，实际上是用反题正做，曲折达意的手法，寄托对衰世危邦的慨叹，借屈原的悲剧折射当时黑暗的社会现实。后人读了这篇奇文，觉得它像哈哈镜一样反映了封建社会扭曲变形的影子，照见了诗人扭曲而痛苦的灵魂。"凄怆呜咽，望溪宗伯所论，最得子云用意深处"，方苞、姚鼐的评论，真是一语中的，卓有见地。

六、《反离骚》的艺术特色

《反离骚》是骚体的抒情诗。扬雄本是汉代大辞赋家，作赋本是他的专长，他之所以仅用骚体写下这一篇，固然因为屈原的《离骚》就是骚体诗，他要用其体而反其意。更主要的是"骚则长于言幽怨之情"，而赋的特点在"铺采摘文"（袁行霈《中国诗歌艺术研究·屈原的人格美及其诗歌的艺术美》），重在铺陈事物，"比骚体抒情的成分少，咏物说理的成分多"（王力《古代汉语·古汉语通论》二十七）。屈原所创造的骚诗所形成的骚型美，"代表战国时代一种新的审美观念"，它"带有强烈的传奇色彩和悲剧性的英雄色彩"；而"骚型美又是屈原的美好人格在艺术上的体现"（袁行霈《中国诗歌艺术研究·屈原的人格美及其诗歌的艺术美》)。扬雄正是用便于抒情的骚体来发吊古伤今之思，曲折地表达怀才不遇之感。全篇悲怆地伤悼屈原，沉郁顿挫，九转回肠，情致哀惋凄恻，展示了情胜于理的特色。作家还运用仿拟手法，不仅从辞藻、句式、章法上仿《离骚》的格调，而且也仿拟《离骚》的开篇，自述宗支渊源和家世，以表明都是三皇五帝的苗裔，秉赋不凡，"正皇天之清则兮，度后土之方贞"，取法天地，坚持高节清操，显然是以屈原自况，从作家的个性上依稀可见屈原高尚人格的影子，作家还用稽古、引经、代称、隐喻、迂回等古汉语的传统修辞手法，曲折地、充分地表达了自己伤悼、激愤、凄怆、叹惋等复杂丰富的感情。楚辞开我国诗歌浪漫主义之源，扬雄在本篇里也充分运用夸张和想象，展现古往今来、天上地下、神话现实、瑶台扶桑、昆仑江潭、美人香草、凤凰神龙、虫蛇鸟兽，真是包罗万象，尺幅千里。神奇鬼怪的内容与华赡藻丽的辞采相得益彰，充分体现了浪漫主义的艺术特色，曲尽屈原性情的"婉顺""忠怨"，屈骚文辞的"丽雅""绮靡"，风格的"诡异""谲怪"之妙。

也许有人说，扬雄的赋多是模仿司马相如之作，《反离骚》也是仿屈原的《离骚》而写的，没有什么创造性。笔者以为仿拟也是借鉴而进行创作之一法。对于屈原的辞赋，刘勰也说："名儒辞赋，莫不拟其仪表。"然而并不失其为辞赋大家。古今中外，有一些名家都写过仿拟的名作，如屠格涅夫的《猎人笔记》、鲁迅的《狂人日记》，都是仿拟大家而创作的同名之名作，不应加以诟病。扬雄对司马相如和东方朔都有超越之处，《反离骚》的反《离骚》之意而用之，正意反写，也是一种独辟蹊径的艺术创新。

总之，我们不要被《反离骚》这个标题迷惑了。《反离骚》其实是扬雄对屈原的批判性赞扬，《离骚》和《反离骚》在很多地方都有相似处，可以说《反离骚》很好地继承了《离骚》。

（作者单位：四川省绵阳市欧阳修文化研究会）

关于扬雄《法言》的人学建构

李品林

内容提要：扬雄《法言》在西汉乱世中重建道统，蕴含丰富的人学思想。《法言》中人学思想在"醇儒"心态、"道有因革"哲学思维和追求"有补于世"背景下建构，探讨了人禽区分、善恶人性与天人关系等具体人学内容，富有现实针对性。评价扬雄《法言》人学建构，既要看到其尊圣、崇经和致用的社会价值，也要反思其不足之处。

关键词：扬雄；《法言》；人学建构

扬雄，字子云，蜀郡成都人。西汉末年著名的学者、思想家、文学家，在文学、经学、语言学、天文学等方面都有重要影响。其后许多文人、学者对其推崇备至，如王充评价扬雄有"鸿茂参圣之才"，韩愈更是对其推崇至极，称赞他是"大纯而小疵"的"圣人之徒"。《法言》是扬雄的代表著作之一，在西汉乱世中重建道统，蕴含着丰富的人学思想内容。

一、扬雄《法言》的人学建构成因

扬雄在《法言》中构建了自己独特的人学体系，这一人学体系是在"醇儒"心态、"道有因革"哲学思维和追求"有补于世"背景下展开的。通过《法言》，扬雄为我们提供了一种关注人生人性、伦理道德问题的思考方式。

（一）"醇儒"心态体悟圣人

在中国古代哲学中，"醇儒"是指那些遵循儒家思想，致力于修身、齐家、治国、平天下的学者，他们尊重传统，强调礼法，注重人伦关系，并力图在个人修养和国家治理中实现仁义的理想，这契合了人们对圣人的价值期待。

对圣人价值的认同是儒道思想的重要特征。孔子主张"祖述尧舜，宪章文武"（《礼记·中庸》），他赞扬了尧舜禹时代的文治和武功以及他们对当时社会的影响；孟子在《公孙丑下》中说"五百年必有王者兴，其间必有名世者"，也表达了对圣人的崇敬。圣人的政治地位与精神品质崇高，引发贤人称颂，同时人们也以圣人为榜样，在学习他们精神品质的过程中提升自身道德修养。

勤政爱民、礼乐治国是衡量"仁君"的重要标准。有学者指出："儒家之所以高度赞扬三代政治，将尧舜禹时代视为理想政治的范本，其中原因之一在于那是一个圣王一体、师道合一的时代，现实政治中的君王同时也是道德领域的圣人。"此外，在先秦儒家思想中，将"圣"与"王"看作一体，因为他们认为能使家庭和百姓安定幸福的人才是"圣人"和"王者"。因此，周公摄行王事，实践文武之道，被视为"王者"；而孔子则以布衣之身传承诸圣，为推广治国安民的圣王之道奔走呼号，因此被后世称为"素王"。孔子之所以被尊为"圣人"，主要是因为它奠定了以"仁"为核心、以"礼"为手段的儒家政治理论的基础。这也解释了为什么先秦儒家将尧舜禹汤文武视为"圣王"，因为他们勤政爱民、用礼乐治国，实现了天下太平与社会大治。

扬雄生活于一个思想日益统一、儒家思想逐渐占据统治地位的时代。他崇尚圣人，自称为"醇儒"。尽管受到生活和时代环境的影响，扬雄的思想中出现了关于"清静无为"和"离俗独处"的想法，然而他始终难以割舍儒家情怀，追求圣人的修养。他在《法言·问道》中说："适尧、舜、文王者为正道，非尧、舜、文王者为它道。君子正而不它。"指出"君子"是像尧、舜、文王那样的贤人，他们能力重大且道德崇高，始终肩负治国教民的责任。"君子"怎样"适正道"呢？扬雄提出了具体的要求，他在《法言·先知》中说："君子为国，张其纲纪，谨其教化。导之以仁，则下不相残；苞之以廉，则下不相盗；临之以正，则下不相诈；修之以礼义，则下多德让。"扬雄从个人修养和治国方法给出具体建议，即个人要讲"仁廉正"和"修礼义"，在治理国家上要"张其纲纪，谨其教化"，由此从内外方对儒家"内圣外王"的理论做了具体的诠释。

"醇儒"身份自觉和圣人价值体悟使得扬雄关注到了"人"这一社会主体，进而思考人的社会价值和道德建设出路，向圣人道德人格靠拢，实现自我道德完满，由此产生了《法言》中一系列丰富的人学思想论述。

（二）符合"道有因革"哲学思想

"明者因时而变"，时代在不断发展，相应我们的思想也要与时代接轨。扬雄人学建构保持着与时代的密切联系，强调与时俱进，这种自觉认知方式源于其"道有因革"

的哲学思想。他说：

> 或问："道有因无因乎？"曰："可则因，否则革。"①

在扬雄看来，当"法度彰""礼乐著"时，人们就只需"因循"守道；而"法度废""礼乐亏"时，人们就应当"革化"图新。"因循"也不是墨守成规，而是"新则袭之，敝则益损之"（《问道》）。尽管扬雄对孔子和以孔子为代表的"圣人之法"推崇备至，但他仍然反对把"圣人之法"看作教条，反对固守或机械地照搬"圣人之法"，他说"如独守仲尼之道，是漆也"，又说"以往圣人之法治将来，譬犹胶柱而调瑟"，并且强调"圣人之法，未尝不关盛衰"（《先知》），因为世道有盛衰变化，运用"圣人之法"自然就应当视其盛衰而"因循革化"。怎样运用"圣人之法"来加强人学修养呢？这就需将圣人之道结合当前时代需要"增删移改"，只有适应社会发展需求，圣人之道才能更好传承和发展。

> 或问"新敝"。曰："新则袭之，敝则益损之。"②

> 或曰："经可损益与？"曰："《易》始八卦，而文王六十四，其益可知也。《诗》《书》《礼》《春秋》，或因或作，而成于仲尼，其益可知也。故夫道非天然，应时而造者，损益可知也。"③

扬雄认为"道非天然"，也就是说修身治国之道不是天生就有的，而是应对当时的社会发展需要而产生的，有益于社会才可承继，相对无益于社会而且还愚弄世人的因素就当去除。

"道有因革"哲学思想包含了"与时俱进""实事求是"的观点，蕴含了朴素的唯物辩证法思想，这在当时无疑是进步的。人学之道无外乎修身治国，扬雄将人学思想建构在"道有因革"哲学思想基础之上，使其在认定人生价值和探寻成圣方法上具有了批判眼光，也更加富有现实针对性。

（三）追求"有补于世"

扬雄人学思想的主流是儒家积极入世观念，这与作者强烈的"有补于世"追求密切相关。

在西汉时期，宗经征圣的观念广受重视，这种思想倾向在文学领域体现为对文学作品的道德教化功能以及刺讥社会现实的功用的强调。当时的赋作为一种文学形式，被认为与古诗具有同等重要的社会功能，这得到了汉宣帝与王褒等人的认同，他们视

---

① [清] 汪荣宝：《法言义疏》卷六《问道》，中华书局1987年版，第125页。
② [清] 汪荣宝：《法言义疏》卷六《问道》，中华书局1987年版，第127页。
③ [清] 汪荣宝：《法言义疏》卷六《问道》，中华书局1987年版，第144页。

赋为传播仁义、讽喻教化的重要媒介。杰出的赋作家如贾谊和司马相如，他们的作品因其符合社会对文学在思想性和艺术性上的期待而受到朝野的广泛赞誉，其赋作宏大且靡丽，与汉帝国的强盛气象相映成趣。然而，到了西汉末年的哀帝、平帝时期，随着皇帝的懦弱和政治的动荡，王莽的专权导致国政昏乱，汉帝国的辉煌日渐褪去。在这样的背景下，一些作家竟将辞赋当作娱乐的工具，使得辞赋的价值被贬低至与倡优、滑稽、博弈之辈无异，辞赋刚刚获得的与诗歌相等的文学地位迅速下降。社会上对雅乐经学的重视促使文学家开始反思汉赋的社会功用，文学批评的标准也逐渐转向"用"与"正"。正是在这样的文化环境中，扬雄撰写了文学批评专著《法言》，对文学的功能及其价值标准进行了深入探讨。

扬雄最初自蜀游京，带着儒家入世思想作《甘泉》等赋讽劝成帝，欲以其文有补于世。然而成帝荒淫，"湛于酒色"不思改进，加之汉大赋本身的局限，所作之赋欲讽反劝目的不能达到，反而助长了皇帝的骄傲自负心理，违背写作初衷。扬雄以文进谏，"务为有补于世"的理想受到阻碍。步入官场后，扬雄又"为人简易佚荡，口吃不能剧谈，默而好深湛之思，清静亡为，少耆欲，不汲汲于富贵，不戚戚于贫贱，不修廉隅以徼名当世"，坚守"非其意，虽富贵不事也"①的价值理念，不肯迎合世俗，所以长久不能受重用。到了西汉后期，政局更为复杂多变，而朝政日益黑暗腐败。面对"当涂者入青云，失路者委沟渠，且握权则为卿相，夕失势则为匹夫"②的命运及"徒欲朱丹吾毂，不知一跌将赤吾之族"③的仕途险恶，扬雄清醒地认识到"攫挐者亡，默默者存；位极者宗危，自守者身全"④的道理，于是潜身远祸，退而求其次，以著书立说来有补于世。扬雄的仕途经历以及人格个性使得他积极追求儒家入世观念。"知玄知默，守道之极；爱清爱静，游神之廷；惟寂惟寞，守德之宅"⑤。然而扬雄始终无法对世事释怀，"实好古而乐道，其意欲求文章成名后世"⑥；不能入世为官，只能退而求其次，著书立说，以求有补于世。

时代的动乱与人民的苦痛汇聚，激起了知识分子的使命感和社会关怀意识，激励他们不断寻求社会改良方案。扬雄有着独特的人生经历和险恶仕途遭际，体会到了社会的险恶与世道人心的奸险，他对人心人性产生了更为深刻的认识，最终他以一种超

---

① [汉] 班固：《汉书》卷八七上《扬雄传》，中华书局1962年版，第3514页。
② [汉] 扬雄撰，张震泽校注：《扬雄集校注·解嘲》，上海古籍出版社1993年版，第182页。
③ [汉] 扬雄撰，张震泽校注：《扬雄集校注·解嘲》，上海古籍出版社1993年版，第179页。
④ [汉] 扬雄撰，张震泽校注：《扬雄集校注·解嘲》，上海古籍出版社1993年版，第191页。
⑤ [汉] 扬雄撰，张震泽校注：《扬雄集校注·解嘲》，上海古籍出版社1993年版，第191页。
⑥ [汉] 班固：《汉书》卷八七下《扬雄传》，中华书局1962年版，第3583页。

脱的态度远离俗世，在著书立说中深入思考人生和宇宙问题。虽然他对黑暗社会与封建政权充满失望，但他无法释怀时事政治，即便生活困苦、独居著书立说，也始终没有忘记对世事的关注，从而思考改善人心、变革社会的方案。他的人学建构就是从自身经历和社会现实出发，希望"有补于世"，这也让他的人学建构更具有现实性和针对性。

二、扬雄《法言》的人学建构内容

（一）道德实践区分人禽

人禽之分是扬雄人学建构的逻辑出发点。人是从动物经过千万年进化发展而来的，当人最终从动物界分化出来后，人就与禽兽区别开来。随着人对自身认识的加深和自我觉悟的提升，人们逐渐思考"人与禽兽的根本区别、人的本质"等问题。

在扬雄之前，人们已经有了深入的人学问题思考。《春秋穀梁传》中说"人之所以为人者，言也。人而不能言，何以为人"，这肯定了语言在人类演进中的重要作用。但更多的是把伦理看成人的本质属性，如《春秋穀梁传》中"人之所以为人者，让也，请道去让，是舍其所以为人也"，《礼记·丧服》中"亲亲，尊尊，长长，男女有别，人道之大者也"，以道德伦理属性把握人的本质特点。与这种对人的本质属性认识相联系，有的把有无伦理看成人与禽兽的根本区别，如《礼记·郊特牲》中"无别无义，禽兽之道也"；再如《礼记·曲礼》中"鹦鹉能言不离飞鸟，猩猩能言不离禽兽，今人而无礼，虽能言不亦禽兽之心乎"，伦理道德成为人之为人的根本属性。

先秦以来的儒家大师基本以"有无伦理"来分别人禽。孔子曾教育他的儿子"不学礼，无以立"，认为礼是做人的根本；孟子说"人之异于禽兽者几希"，即人与禽兽的不同在于有无义的观念。因此，孟子进一步讲："饱食暖衣，逸居而无教，则近于禽兽"，并攻击墨子、杨朱："杨氏为我，是无君也；墨氏兼爱，是无父也。无父无君，是禽兽也。"（《滕文公下》）荀子进一步明确指出："故学数有终，若其义则不可须臾舍也，为之人也，舍之禽兽也。"（《荀子·劝学》）他还从人与水火、草木、禽兽的本质属性的比较中，得出人贵于万物在于有义的结论。扬雄继承前人思想，以礼义为标准尺度，确立了评价人的"四重"标准，指出了道德践履的重要性。

或问："何如斯谓之人？"曰："取四重，去四轻，则可谓之人。"曰："何谓四重？"曰："重言，重行，重貌，重好。言重则有法，行重则有德，貌重则有威，好重则有观。""敢问四轻？"曰："言轻则招忧，行轻则招辜，貌轻则招辱，好轻则招淫。"①

这四重、四轻显然都是以礼义为标准尺度的，而禽兽则没有人类这样的道德伦理属性并据之行动，它们只是依情欲而行，"鸟兽，触其情者也"（《法言·学行》），人与禽兽的分别就在于此，人可控制情欲依礼义行事，禽兽则完全依情欲而行。

扬雄对人的判定不仅看到了人具有伦理属性，还强调了道德实践作用。他以取四重、去四轻作为判定人的标准，实际上是以道德实践作为判定人的准绳。按此规定，一个人能否成为真正的人并不在于他有无道德观，而在于他能否把礼义付诸言行举止，在生活中去实践它。在伦理道德标准之外加入道德实践因素，并以此作为判定人本质的观念，扬雄比先儒有了更深层次的认识。

扬雄又进一步以"三门"剖析人禽之别，"天下有三门：由于情欲，入自禽门；由于礼义，入自人门；由于独智，入自圣门"（《修身》），这里讲三门实际上主要是讲人禽之分。一个人如由情欲而动作，就将堕入禽门，成为鸟兽一类的动物；如能循礼义，则进入人门，才够得上人的资格；然后精而又精，方可言圣门。扬雄这段话的要义，是把由情欲还是由礼义两种相反的行动方向，归结为人、禽之分的根本点。在这里，扬雄进一步强调了道德实践的意义，能否真正践行道德是人禽区分的关键。

（二）**修其善为善人，修其恶为恶人**

从先秦时期至扬雄时代，关于人性善恶的辩论一直延续不断，各种观点均建立在坚实的理论基础之上。孔孟之儒主张通过发掘和发扬内在的善性以成就圣人之道，而荀子则从人性本恶的立场出发，强调通过外在的学习和修养来修正人性。至于扬雄，他综合了前人的见解，提出人性中的善恶均处于潜在状态，并非生来就有善有恶，人的道德品质是在后天的修养和实践过程中逐渐形成的。

> 人之性也，善恶混。修其善则为善人，修其恶则为恶人。气也者，所以适善恶之马也与？②

这表明，人性内部既包含了善良的元素，也包含了恶劣的成分，善与恶是共存的。扬雄在批判性地继承和发展了孟子和荀子的人性论观点之后，使得儒家人性论得以更加连贯和自洽。这一理论是在先秦儒家人性论的基础上构建起来的。扬雄的人性观并不侧重于天赋的善良或外在的恶劣，而是强调后天的修养，即个体通过学习和实践圣人之道来培养自己的道德品质。因此，从那时起，圣贤不再是遥不可及、无法模仿的存在，善与恶的区分取决于个体自主的选择和努力。他说：

---

① ［清］汪荣宝：《法言义疏》卷五《修身》，中华书局1987年版，第96页。
② ［清］汪荣宝：《法言义疏》卷五《修身》，中华书局1987年版，第85页。

或曰:"鸟有凤,兽有麟,鸟、兽皆可凤、麟乎?"曰:"群鸟之于凤也,群兽之于麟也,形性。岂群人之于圣乎?"①

鸟兽不可能进化成为凤麟,是因为他们形性都不同,而圣人和普通人的形性都一样,那么凡人即是可以成为圣人的。扬雄将圣人由虚无缥缈的状态转化成可被认知、可以达成的一个确切的目标,虽然这个目标一般人很难做到,但终归不再是将圣人束之高阁以供附会标榜。扬雄"修其善为善人,修其恶为恶人"的观点将善与恶都让人自身去决定,一方面彰显了他重视人的作用;另一方面打破了董仲舒人性三品论的僵化划分,为善成圣不再是由"天"来决定,没有了品级的界限,所有人都能够通过后天的修养功夫去达到。

那么如何加强修养进而为善成圣呢?扬雄指出了学与从师的作用。

学需践行,学而有益。扬雄认为:"学无益也,如质何?"② 学习是有好处的,广博的学习能让我们兼取所长,获得更多的生活经验与知识,同时在学习的过程中磨砺和锤炼我们的意志,在这个过程中,人的本质也就形成了。学习重在实践。《法言》就说:"学行之,上也;言之,次也;教人,又其次也;咸无焉,为众人。"③ 学的最高层次是"行之",这实际上是他所有的关于人修身修性论述的一个总要求和希望,学能行之才是学的精髓,只有"行之"才是最好的"修"。

务学不如务求师。扬雄在《法言》中指出:"师哉!师哉!桐子之命也。务学不如务求师。师者,人之模范也。模不模,范不范,为不少矣。"④ 因为"一卷之书,不胜异说",儒家派别林立,不同派别对于一部书又有不同的注解,不同的传道授业的老师又世代执家法,就造成了当时浩瀚烦琐的经文注解。所以扬雄就提出了"一卷之书,必立之师",一部书必须要有正统传授的老师来统一传授,而不是根据不同老师的师法来作为注疏解读的标准,这里的这个"师"就相对于前面扬雄所提到的"学"。一个人好学,但是人不能生而知之,故需要老师去引导和教诲,所以他说"务学不如务求师",并不是说学不重要,而是强调师的典范作用。

扬雄的"人性善恶混"之说,强调个体在决定自身善恶方面的自主性,这一观点既体现了他对人的主体性的高度重视,也突破了董仲舒人性三品论的刻板分类。在这样的框架下,成为圣贤不再仅仅是"天命"所决定的,消除了先天的等级界限,意味着所有人都具备通过后天的修养和实践来达到道德完善的可能性。因此从这个角度来

---

① [清] 汪荣宝:《法言义疏》卷九《问明》,中华书局1987年版,第183页。
② [清] 汪荣宝:《法言义疏》卷一《学行》,中华书局1987年版,第8页。
③ [清] 汪荣宝:《法言义疏》卷一《学行》,中华书局1987年版,第5页。
④ [清] 汪荣宝:《法言义疏》卷一《学行》,中华书局1987年版,第18页。

看，扬雄的这一理论可以被视为对人性的一种解放。

（三）天人并重的天命观

天人关系一直是古代人们关注探讨的问题。孔子相信天命，认为天是有意志的上帝，是主宰之天，所以《论语·八佾》中有"王孙贾问曰：'与其媚于奥，宁媚于灶，何谓也？'子曰：'不然，获罪于天，无所祷也。'"又如《论语·宪问》中："子曰：'道之将行也与，命也。道之将废也与，命也。公伯寮其如命何！'"天命就是天的意志，它支配一切人、事。董仲舒更认为天有意志、有目的地造就万物，其"君权神授"与"天人感应"理论就是鲜明体现。

受儒家传统天命论的影响，扬雄也认为天是有意志的上帝，主宰万物。

眩眩乎！惟天为聪，惟天为明。夫能高其目而下其耳者，匪天也夫？①

人的命运掌握在天的手中，受天的支配，天命至高无上，无法改变，不可违逆。扬雄认为，可以用人的行为左右或改变的，不能称为命。人的命运掌握在上天手中，无法躲避，只能顺天命而行，如若违背天命就会自取灭亡。

或问"命"。曰："命者，天之命也，非人为也，人为不为命。"请问"人为"。曰："可以存亡，可以死生，非命也。命不可避也。"②

然而人在天命面前并非无所作为。"天胙光德，而陨明忒"（《重黎篇》），君主德行昭彰，上天则保佑令其福祚长久；君主德行卑劣，上天则陨越令其国运短暂。事实上，在顺应天道规律的前提下，我们可以发挥主观能动性，去"人为"地左右和改变人的善和恶，以应对福祸喜乐，这是人学建构中天命观的独特之处，即在肯定天命的同时强调了人的认知能力。在他看来，天命不可违，但人在世界中是占据主动地位的，人有自己独特的认知能力，能够在认识和观察世界中改造世界，所以应当认识到自己的作用。那我们的认知能力又是什么呢？扬雄将其总结为"心、神"。

或问"神"。曰："心。"请问之。曰："潜天而天，潜地而地。天地，神明而不测者也。心之潜也，犹将测之，况于人乎？况于事伦乎？"③

"心、神"就是个人的精神意识，用心去领悟认知，天地那么"神明而不测者"都能"测之"，何况人和事呢？而后，他又说："人心其神矣乎？操则存，舍则亡。能常操而存者，其惟圣人乎？"④人只有把握住自我本心，才能一直维持生活正常状态，因此要不断努力提升自我，改善自己的本性，实现个人的道德完善。扬雄在承认天具

---

① ［清］汪荣宝：《法言义疏》卷九《问明》，中华书局1987年版，第179页。
② ［清］汪荣宝：《法言义疏》卷九《问明》，中华书局1987年版，第189页。
③ ［清］汪荣宝：《法言义疏》卷七《问神》，中华书局1987年版，第137页。
④ ［清］汪荣宝：《法言义疏》卷七《问神》，中华书局1987年版，第140页。

有至高无上地位的前提下,将"人为"与天命的作用区分开来。他的天人关系理论在强调天的作用的同时,也赋予了人的作用以重要性,进一步将人的道德属性从天的权威中独立出来,从而强调了人的自主性和自由意志。

三、扬雄《法言》的人学建构评价

扬雄《法言》问世时,并没有得到多少关注,而后过了几十载才开始被广泛重视并研究。在《汉书·扬雄传》结尾,桓谭评扬雄及其著书说:"凡人贱近而贵远,亲见扬子云禄位容貌不能动人,故轻其书。"[①] 后世人们认识到了扬雄《法言》的独特价值与丰富内容,才开始对其称赞颇高,这反映出时代的局限。在《法言》中,扬雄尊圣崇经,关注圣人理想道德境界,同时又积极追求"有补于世",在作品中建构人学,对后世儒家发展、政治思想、文学思想等方面产生重要影响。

(一) 尊圣:树立君子道德人格

扬雄一生尊崇圣人,极力赞扬圣人功业和道德人格,所以他在《法言》人学建构中形成一种独特的圣人观,这也导致了扬雄对理想君子道德人格的执着追求。

扬雄在《法言》中说:"赫赫乎日之光,群目之用也;浑浑乎圣人之道,群心之用也。"[②] 所有人都能看到的是日之光,圣人之道则是"群心之所用",用礼法来规范外在的行为表现形式进而统一规范"群心之所用",以新的角度和观念使儒家正统理念能被世人重新去继承和发展,以"尊圣崇经"和"以礼治国"将个人道德修养与治国联系在一起,由自身遵循"礼"修己到以礼法治国。而《法言》的圣人之道正是以先秦儒家孔子的圣人观念为基本范畴,继承和发展了孟子、荀子的圣人观。

反观扬雄生平经历,他始终甘于道家清贫思想自守,同时又始终忧国忧民,心怀天下,时刻以一颗拳拳儒者心观照世界,致力于济世救民,匡正时弊。扬雄目睹国家政治昏暗,百姓民不聊生,进而把"济世救人"的期望寄托在完美的"圣人"身上。自身也实践君子道德人格,其对"圣人"的赞扬和歌颂是真诚的,也是那动乱时代所需要的,这种注重道德修养与历史自觉的人学建构理念是值得敬佩的。同时,也能够给人们现实以启迪,"穷则独善其身,达则兼济天下",这是另一种补救时弊的良方。

(二) 崇经:捍卫先秦儒圣之道

《法言》以此为写作宗旨,是有其现实性和社会针对性的。西汉经学家多以阴阳家

[①] [汉] 班固:《汉书》卷八七下《扬雄传》,中华书局1962年版,第3585页。
[②] [清] 汪荣宝:《法言义疏》卷一一《五百》,中华书局1987年版,第262页。

之言解释儒家经典，其中尤以董仲舒《春秋繁露》为代表，书中多以符命、阴阳灾异论事。这一思想发展到西汉后期逐渐演变为谶纬，邪说流布，儒学发展进入尴尬境地。而另一些经学家则致力于对儒家经典字句的解释，往往一个字的解释洋洋数万言，释字而忘义，忽略了对经典通篇主旨的理解。不论是前者还是后者都掩盖了儒家思想的本来面目。从本质上说，通经致用才是西汉经学的根本特征，而西汉后期的经学已无力维护封建社会的统治秩序。

扬雄在《法言》人学建构中坚持并捍卫先秦儒学圣人之道，强调在真实的人基础上认识圣人，认为圣人不是神，是实际存在于现实社会之中的，对圣人附会只能使谶纬迷信渗入到儒家思想中，无利于解决社会的种种危机。正如《汉书·扬雄传下》中阐明的写作宗旨一样。

曰："雄见诸子各以其知舛驰，大氐诋訾圣人，即为怪迂，析辩诡辞，以挠世事，虽小辩，终破大道而或众，使溺于所闻而不自知其非也。"①

由此看来，《法言》写作目的有两点：第一，纠正诸子"诋訾圣人"，不合乎圣道的言论，重新树立符合圣人之道的思想。第二，辨析《史记》中"不与圣人同，是非颇谬于经"的地方。目的看似两点，其实质却是相同的，即标举符合圣人之道的真正的儒学。从维护儒家伦理出发，扬雄对诸子学说展开批判，坚持并捍卫了先秦儒学圣人之道，同时引入道家的天道自然无为思想。直到东汉，一众学者开始对儒家经典的附会之风进行反思，这也离不开扬雄"崇经"人学思考的启迪。

（三）致用：扶大厦之将倾

扬雄的人学建构有着儒家积极有为的特色，强调我们在面对问题时要积极主动，而非消极被动，这样才能化不利为有利。在天人关系这一问题的探讨上，一方面他否定了先秦至西汉以来的宿命论观点，讲求天人并重的观念，其真实目的在于要荡除圣凡之间不可逾越的差距；另一方面，他也是对荀子重视人为、重视人的主体意识的思想的发展，把"人"从"宿命论"中解放出来。同时，扬雄的人学建构思想是与时代相连接的，密切关注社会现实，强调人的社会责任感，于是以积极态度加强道德修养就显得极为重要，关注社会方能立身，而身立方能政立。这种基于道德传统和社会现实的人学思想能够"经世致用"，在当时混乱的时局政治下"扶大厦之将倾"。扬雄《法言》中的人学建构发展了先秦儒家的仁政思想，将仁政思想结合现实社会需要，进而发展为礼法治国，后世儒家政治思想中重礼、重教化都会受到其影响，这也体现出扬雄对人的价值理解与关怀精神。

---

① ［汉］班固：《汉书》卷八七下《扬雄传》，中华书局1962年版，第3580页。

（四）人学建构有待完善

首先，在《法言》中，扬雄致力于强调儒家的正统性，以圣人之道作为衡量标准，旨在摒弃过时的训诂注释陋习，力图回归先秦时期儒家经典的原义。尽管他对圣人的尊崇显露了其立场，但是将圣人形象无限拔高，以此凸显其尊崇，实则有悖于先秦儒家"人人皆可成为圣人"的理念，此种做法未能充分展现圣人的温和平正之面，而是将圣人置于一个遥不可及、令人仰望的位置，从而造成了一定程度上的隔阂。其次，尽管《法言》中的人学建构重视人的角色，但其所倡导的天人并重的天命观并未超越荀子的观点，而只是在其基础上扩展了人的作用。这表明，《法言》并未根本否定带有意志的天命论。最后，综览《法言》全书，其人学建构在直面治国理念及政治敏感话题方面显得较为匮乏，多数情况下是通过间接的劝诫或讽刺来表达观点，而缺乏直接面对社会问题和政治动荡的现实的勇气，这在一定程度上削弱了其人学思想的现实意义。

四、结语

扬雄的人学理论构建具备深厚的哲学内涵，其持久的影响力源自他对社会与人生的深刻洞察及哲理性的思考。尽管扬雄的一生充满了动荡与困顿，与功名利禄无缘，常伴随着贫困与挫折，但正是这样的经历成就了他独到的人学思想。这一思想体系横跨儒家对济世救民的承诺与道家倡导的淡泊名利，体现了浓厚的人道主义情怀。因此，深入探讨扬雄的人学建构不仅有助于理解其思想的历史意义，而且对于把握其思想精髓具有重要意义。扬雄尽管一生中遭受了贫穷与疾病的双重折磨，但他的人学理论却流传千古，正如人们赞誉的那样："儒者凌夷此道穷，千秋止有一扬雄！"

（作者单位：西华大学文学与新闻传播学院）

扬雄作品中的蜀地书写

张力凡

内容提要：扬雄是汉代著名的学者和辞赋家，他不仅被称为"西道孔子"，同时也和著名辞赋家司马相如并称为"扬马"。扬雄生在蜀地，蜀地是他创作的重要来源之一。本文选取扬雄代表性作品中蜀地书写的内容进行分析，探究其所蕴含的创作精神以及对后世文人与文化的影响。

关键词：扬雄；蜀地；《蜀都赋》

扬雄（前53—18），字子云，蜀郡成都人，汉代著名的学者与辞赋家。他被人们誉为"西道孔子"，与同是以辞赋闻名的司马相如并称"扬马"。扬雄自幼聪明好学，博览群书，长于辞赋，其代表作品有《蜀都赋》《甘泉赋》《长杨赋》《羽猎赋》《甘泉宫赋》等。除了文学创作，他在语言学、经学等领域均有斐然成绩，在调查全国方言基础上而作《方言》，又阐六经于《太玄》，通诸子于《法言》。扬雄一生有四十年都在蜀中度过，可以说蜀中的文化与生活影响了扬雄的一生。他在作品中也对蜀地进行了全面且细致的书写，这不仅为后人研究汉代蜀地历史、文化提供了宝贵的资料，而且对当时及后世的文学创作也产生了深远影响。目前学界关于扬雄的研究成果颇为丰硕，多是关于扬雄的辞赋和后世影响研究、生平考辨及相关文献研究，但是关于扬雄作品中的蜀地书写的研究较少。本文将选取扬雄代表性的作品《蜀王本纪》《蜀都赋》两部作品对其中蜀地书写的内容进行分析，从而揭示其背后的书写精神，并以此来探讨其对于后世文人以及文化的深刻影响。

一、扬雄蜀地书写的内容

扬雄对蜀地的书写多见于《蜀王本纪》与《蜀都赋》之中。《蜀王本纪》是研究古蜀最原始、最直接的文献资料,其中不仅记载了古蜀帝王的神话传说,还记录了大量有关蜀地的掌故,因此,对扬雄著作中的蜀地写作进行研究,必然无法回避这一著作。《蜀都赋》全文1700多字,却写出了蜀地的山川形胜、风土物产、历史人物、生活习俗等诸多方面,从多方面展现了蜀都的自然景观和人文景观,其文化内涵极为丰富。虽然关于《蜀都赋》的作者问题尚有争论,但根据现有资料,我们仍然认为《蜀都赋》最有可能是扬雄所作[1]。对这两部作品进行分析,不仅能了解蜀地的神话传说,也能从其描述中感受到蜀地的城市面貌、社会生活,有助于加深我们对蜀地的认识。

(一)历史传说

《蜀王本纪》中记载了许多古蜀国的历史传说,这些记载虽然简短,但对我们了解扬雄的蜀地书写也有很大的帮助。《蜀王本纪》中首先记载了有关五代蜀王的神话传说。

> 蜀王之先名蚕丛,后代名曰柏濩,后者名鱼凫。此三代各数百岁,皆神化不死,其民亦颇随王化去。王猎至湔山便仙去,今庙祀之于湔。时蜀民稀少。后有一男子名曰杜宇,从天堕,止朱提。有一女子名利,从江源井中出,为杜宇妻。宇自立为蜀王,号曰望帝,治汶山下邑郫。化民往往复出。望帝积百余岁,荆有一人名鳖灵。其尸亡去,荆人求之不得。鳖灵尸至蜀国复生,蜀国以为相。时玉山出水,若尧之洪水,望帝不能治水,使鳖灵决玉山,民得陆处。鳖灵治水去后,望帝与其妻通,帝自以薄德,不如鳖灵,委国授鳖灵而去,如尧之禅舜。鳖灵即位,号曰开明。[2]

短短两百多字,古蜀的历史脉络就展现在我们眼前:蜀地经过蚕丛、柏濩、鱼凫三个史迹模糊又神秘的王朝,接着来到为人所熟知的望丛时期,望帝杜宇建立都邑,丛帝治水有功,接任帝位,创开明一朝。虽然扬雄对于古蜀五代帝王的书写中仍带有神话传说的色彩,语言上也仍然保留着巴蜀重神化与仙化的特征,但这确实是有关古蜀最早的记录,从扬雄对古蜀五帝的书写中,可窥见古蜀王朝的兴衰更替,亦对我们认识蜀地的历史具有重要意义。

---

[1] 详参熊良智:《扬雄〈蜀都赋〉释疑》,《文献》2010年第1期。
[2] [清]严可均校辑:《全上古秦汉三国六朝文》第1册,中华书局1958年影印本,第414页。

除了对古蜀五帝的书写，《蜀王本纪》中还有对五丁力士传说、秦并巴蜀等事件的记述：

> 天为蜀王生五丁力士，能徙蜀山。王无五丁辄立大石，长三丈，重千钧，号曰石牛，千人不能动，万人不能移。①

关于五丁力士的传说，常璩在《华阳国志·蜀志》中也有记载："时蜀有五丁力士，能移山，举万钧。"② 我们所熟知的诗仙李白的《蜀道难》中"地崩山摧壮士死"一句也是指这一传说。古蜀的历史中，五丁是否存在，他们的事迹又是否可信，历来学者们多有探讨，有学者认为五丁是劳役组织的形式，也有学者认为五丁力士是五支军队。总之，五丁力士的事迹有许多难解之谜，他们的经历和结局都充满着传奇色彩，不仅为后人所津津乐道，同时反映了冷兵器时代蜀地人们对于大力壮士的渴求。

春秋战国时期，蜀国早已成为秦国谋划攻占的对象，秦惠王出兵之前，对蜀王使用了石牛记。

> 秦惠王欲伐蜀，乃刻五石牛，置金其后。蜀人见之，以为牛能大便金，牛下有养卒，以为此天牛也，能便金。蜀王以为然。即发卒千人，使五丁力士拖牛成道。致三枚于成都。秦道得通，石牛之力也。后遣丞相张仪等，随石牛道伐蜀焉。

秦王利用蜀王贪财的弱点，诱使蜀王差使五丁力士拖走入都道路上的石牛，趁机派遣张仪随此道攻打蜀国。除了石牛记，扬雄在《蜀王本纪》中还记载了秦国献五位美人于蜀王，蜀王派五丁去迎接，结果途中五丁葬身山谷之中，蜀王失去股肱之臣，很快在秦国的攻打下"王开明拒战不利，退走武阳，获之"③，此后秦国开始了在蜀地的治理。

扬雄的《蜀王本纪》记载了许多有关蜀地的宝贵史料，这些史料广为后世学者所征引，至今仍然是我们认识、研究古蜀的一个重要依据。《蜀王本纪》流传至今，我们得以见之的只有前人从种种文献中所辑录的二十多则。

（二）城市书写

扬雄对蜀地城市的书写，多见于《蜀都赋》，他从历史沿革、地理位置、周边资源、繁荣的商业等方面对成都进行了全方位的细致书写。《蜀都赋》开篇就写道："蜀都之地，古曰梁州。禹治其江，渟皋弥望，郁乎青葱，沃野千里。上稽乾度，则井络储精。下按地纪，则坤宫奠位。"④ 简单交代了蜀都古称梁州，并提到大禹治水后蜀地

---

① ［清］严可均校辑：《全上古秦汉三国六朝文》第 1 册，中华书局 1958 年影印本，第 414 页。
② ［晋］常璩撰，刘琳校注：《华阳国志校注》，巴蜀书社 1984 年版，第 185 页。
③ ［清］严可均校辑：《全上古秦汉三国六朝文》第 1 册，中华书局 1958 年影印本，第 414 页。
④ ［汉］扬雄著，张震泽校注：《扬雄集校注》，上海古籍出版社 1993 年版，第 1 页。

生机盎然、沃野千里的景象，再从天文地理入手，分析成都城市建设的有利条件。随后，扬雄分别从东、南、西、北四个区域对成都周围的资源环境进行了详细分析。

> 东有巴賨，绵亘百濮。铜梁金堂，火井龙湫。其中则有玉石嶜岑，丹青玲珑，邛节桃枝，石鳖水螭。南则有犍牂潜夷，昆明峨眉。绝限峨嶂，堪岩亶翔。灵山揭其右，离碓被其东。于近则有瑕英菌芝，玉石江珠。远则有银铅锡碧，马犀象僰。西有盐泉铁冶，橘林铜陵，邛连卢池，澹漫波沦。其旁则有期牛兕旄，金马碧鸡。北则有岷山，外羌白马。兽则麢羊野麋，罢羘獏㹮，麒麟鹿麝，户豹熊黄，猰蝙貜猱，犹㺄毕方。①

蜀都所处的地理位置有着得天独厚的优势，其周边资源环境十分优越，群山环绕，水系纵横，不仅动植物资源极为丰富，天然气井、盐井、温泉、矿石玉石等资源也多有分布。这些记述并非扬雄为了写赋而故意虚张夸大，其中所记大多真实可考，如用火井煮盐等事件在晋张华的《博物志》、常璩的《华阳国志·蜀志》等书中均有记载。

扬雄笔下的蜀都除了有丰富的资源，工商农业也十分繁荣。农业上，得益于都江堰的灌溉，丰富的水资源流经蜀都，使得蜀都"五谷冯戎，瓜瓟饶多，卉以部麻。往往姜柅，附子巨蒜，木艾椒蘺，蔼酱酴清，众献储斯。盛冬育笋，旧菜增伽"②。工业如上文所引金属矿石资源十分丰富，冶炼等技术也十分发达，煮盐、炼铜都建设有相应的基地。还值得一提的是手工业方面的成就。

> 尔乃其人，自造奇锦，紨缣绤綅，縿缘卢中，发文扬采，转代无穷……东西鳞集，南北并凑，驰逐相逢，周流往来，方辕齐毂，隐轸幽辋，埃敦尘拂，万端异类，崇戎总浓般旋，阆齐踏楚，而喉不感概。③

手工业中蜀锦无疑是最为著名的，而《蜀都赋》中的文字则是有关蜀锦最早的记载，蜀锦图案优美、质地平滑、花色绮丽，而蜀商们敦本务实又善于与时俱进，根据客户需求推陈出新，在南来北往的贸易中蜀锦等手工业日渐兴旺。

（三）社会生活

随着城市的建设，工商农业的发展，市民的生活与娱乐也越来越丰富，《蜀都赋》就从饮食习惯、民间风俗、娱乐活动等方面为我们展示了蜀人的生活场景。

在饮食上，蜀人可谓是多有研究，不仅食材丰富多样，"江东鲌鲍，陇西牛羊，籴米肥猪，麇麚不行，鸿獭獾乳，独竹孤鸽……形不及劳。五肉七菜，朦厌腥臊，可以

---

① ［汉］扬雄著，张震泽校注：《扬雄集校注》，上海古籍出版社1993年版，第1页。
② ［汉］扬雄著，张震泽校注：《扬雄集校注》，上海古籍出版社1993年版，第26页。
③ ［汉］扬雄著，张震泽校注：《扬雄集校注》，上海古籍出版社1993年版，第28页。

练神养血腄者，莫不毕陈"①，对味道也有特别的讲究，"乃使有伊之徒，调夫五味，甘甜之和"②，再加上蜀地多有种植花椒、大蒜等调味香料，饮食上五味调和，喜好滋味便成了蜀地特有的饮食文化。

蜀人喜好美食，也热衷游玩。蜀地周围依山傍水，风景十分优美，于是每逢吉日，蜀人们都喜外出游宴。

> 仚乃其俗，迎春送腊，百金之家，千金之公，干池泄澳，观鱼于江。若其吉日嘉会，期于送春之阴，迎夏之阳。侯罗司马，郭范畾杨，置酒乎荥川之闲宅，设座乎华都之高堂。延帷扬幕，接帐连冈。③

春夏交接的时节，众人纷纷相约，呼朋伴友，游览风景秀丽之地怡情养性，或置酒高会，推杯换盏，还有人搭建临时帷幕欣赏美景。此外，蜀人每逢三春之月、丰收之际，无不欢歌曼舞，"舞曲转节，蹢躞应声"④，捕鱼、射鸟、竞渡等郊外活动更是数不胜数。透过扬雄的字里行间，我们窥见了蜀人怡然自乐、悠然自得的社会生活。

二、扬雄蜀地书写的特点与对后世文人的影响

（一）富于想象的浪漫思维

蜀地四面环山，险峻的山林、缭绕的云雾给蜀人提供了许多想象的空间，并由此滋生了许多鬼神仙灵的传说，久而久之便形成了蜀人"重仙"的传统。长期生活在蜀地的扬雄很大程度上也受到蜀人"仙"文化的影响，将这种富于想象力，又带有浪漫思维的审美运用到了他对蜀地的书写之中。

《蜀王本纪》中对古蜀五帝的记载都带有神仙化色彩，古蜀三代蜀王都是神化不死，先民也随他们仙化而去；望帝杜宇的魂魄化为子鹃，荆人鳖灵尸化西上竟又得以复活，仙化而去或许就是蜀人对死亡充满浪漫的想象。关于亡者所归之处，《蜀王本纪》记载：

> 李冰以秦时为蜀守，谓汶山为天彭阙，号曰天彭门。云亡者悉过其中，鬼神精灵数见。湔氐道县前有两石，对如阙，号曰彭门。⑤

扬雄记录这种亡者魂归天门，鬼神精灵数见的传说，在蜀地早已存在，"将灵魂和

---

① [汉]扬雄著，张震泽校注：《扬雄集校注》，上海古籍出版社1993年版，第31页。
② [汉]扬雄著，张震泽校注：《扬雄集校注》，上海古籍出版社1993年版，第31页。
③ [汉]扬雄著，张震泽校注：《扬雄集校注》，上海古籍出版社1993年版，第35页。
④ [汉]扬雄著，张震泽校注：《扬雄集校注》，上海古籍出版社1993年版，第36页。
⑤ [清]严可均校辑：《全上古秦汉三国六朝文》第1册，中华书局1958年影印本，第415页。

天门观念联系在一起,更是蜀地的一大习俗"①。可见巴蜀文化中处处充满着这种富有想象力的浪漫思维,而这种审美特征也深深地影响着扬雄的写作并流露在他的字里行间。

扬雄这种富于想象的浪漫思维,同时也深深影响着后世文人,如自比"谪仙人"的李白,想象"羽化而登仙"的苏轼,他们的作品无不透露着奇幻的想象与飘逸的思想。"自古以来,巴蜀之人不仅机智,而且落拓不羁,放浪形骸,个性自由,不拘于礼法,个性张扬。其辞赋创作,主张独抒性灵,重文采,想象奇幻,上天入地,从古到今,自由驰骋。就巴蜀地区的文人来看,从司马相如一直到郭沫若、巴金,其审美创作与文风文貌、审美取向,都呈现出这种巴蜀地域的美学精神特质。"②

(二)"中心"关照"四方"的写法

中国人以中心关照世界的原始思维方式,最早可追溯到《山海经·大荒经》有关四方之神的记述,屈原的《天文》中也涉及四极的思考,而确立四方之位的最终目的是将人居于天地之中心。先民对方位的敏锐感知,"中心""四方"的思维模式,深刻地影响着人们的叙事方式,也为后世文学的书写建构了骨架。

蜀地群山环绕的盆地地形,以及周围丰富的物产和资源,让蜀地自然而然地成为处于中心的"圣地",并使得蜀人在理解"中心"与"四方"的概念上有着得天独厚的条件。这种中心观念隐藏在蜀人的潜意识之中,更是成为一种思维习惯并流露于笔端:《蜀都赋》中,扬雄将蜀都作为书写的中心,再从上、下、东、南、西、北全方位将蜀都风物铺陈开来,将原本繁冗、驳杂的事物,井然有序、脉络分明地一一道来。

正是蜀地赋予蜀人的中心观念,使得司马相如、扬雄等形成自成一家的行文风格,并使其在赋坛声名显赫。《蜀都赋》开辟了"都市赋"的先河,扬雄之后的辞赋家在写作很难不受到这种"中心"关照"四方"的写法的影响。如班固的《东都赋》就是依次从西、东、北、南铺陈,再由内而外书写。而张衡的《西京赋》也是从东北西南,由内而外的次序展开依次描绘。这种"中心"关照"四方",将所述之物置于中心的写法,形成了赋家对天人关系、宇宙独有的认识。

(三)乡土意识与地域观念

费孝通先生曾说过,传统中国社会是一个"乡土社会",传统中国人的乡土观念特别浓厚,这种浓重的乡土意识又与地域文化密切相关。作为在蜀中地域文化影响下成长起来的文人,扬雄作品中虽没有直接表现出对家乡故土的思念,但从他编著《蜀王

---

① 黄剑华:《古蜀的辉煌——三星堆文化与古蜀文明的遐想》,巴蜀书社2002年版,第180页。
② 李天道:《司马相如赋作的地域文化心态与美学精神》,《大西南文学论坛》2017年第2期,第96页。

本纪》，以蜀地为题材创作《蜀都赋》就能看出扬雄浓厚的乡土意识。

扬雄创作《蜀王本纪》的动机与目的已不可考，但可以看见的是，在地域文化观念的影响下，扬雄编著《蜀王本纪》不仅传承了乡邦文献，又达到了张扬蜀中地域文化的效果。《蜀都赋》对蜀都富饶的城市资源、繁荣的城市产业、蜀人鲜活的社会生活做了一个全景式的摹写，扬雄对故土蜀地的关注以及不乏自豪的书写本就体现了他浓厚的乡土意识与地域观念。扬雄之前，几乎没有文人专门秉持浓厚的地域、乡土观念开展文学创作。扬雄的这种积极宣扬本土文化，夸耀乡土地域之美、风物之盛的意识自然而然地影响到了后世文人，其中六朝文人最受扬雄《蜀王本纪》与《蜀都赋》启发，积极撰写地记和郡书，常璩的《华阳国志》就是这一影响下的代表之作。

三、扬雄蜀地书写的历史与现代价值

（一）历史价值

1. 对古蜀文化的有效传承

扬雄对蜀地历史的贡献主要体现在《蜀都赋》《蜀王本纪》中明确涉及了蜀地古帝王的历史。尤其在《蜀王本纪》中涉及了蚕丛、柏灌、鱼凫、杜宇、开明的记载："蜀之先，称王者，有蚕丛、柏灌、鱼凫、开明。"蜀地古历史文献缺乏，扬雄对蜀地传说的书写为蜀地历史提供了重要线索。而随着当代考古对古蜀历史之谜的揭露，说明了蚕丛时代并非子虚乌有，考古所显示的成果正与扬雄对蜀地历史的书写契合，说明扬雄的书写是有历史依据的，而非传说或神话。此外，扬雄对蜀地历史的书写虽较简略，但却是古蜀国五朝历史首次系统性、规范性的呈现，这部分书写既是研究古蜀时期的珍贵资料，也是蜀地文化传承的重要内容。

2. 对古代蜀地的多样展现

正如上文所述，扬雄作品中的蜀地书写是对蜀地历史传说、城市建设、工商业发展、社会风土人情等方面的全面展示，是我们认识、了解古蜀的珍贵资料。除此之外，我们还能从中窥见蜀地当时在科技方面取得的成就。而其中临邛火井是巴蜀科技成果中为人所熟知的，这与扬雄对其的书写关系密切。自秦代，四川即有了凿盐井制盐的传统，至西汉时期，临邛井盐生产者发现了天然气资源，从而诞生了人类历史上最早的天然气井，即临邛火井。扬雄的《蜀都赋》中最早对此予以记载："铜梁金堂，火井龙湫。"① 这里的火井即天然气井。张震泽先生注此条曰："火井，天然气井，其气可燃

---

① ［汉］扬雄著，张震泽校注：《扬雄集校注》，上海古籍出版社1993年版，第1页。

以煮盐，今四川各县多有之。《后汉郡国志》蜀郡临邛本注：'《博物记》曰：有火井，深二三丈……'"① 可见这里的火井即临邛火井。扬雄对临邛火井的关注与书写较为明显地影响了后世尤其是两晋学者对临邛火井的书写。如西晋学者张华所著的《博物志》载："临邛火井一所，从广五尺，深二三丈。井在县南百里。昔时人以竹木投以取火，诸葛丞相往视之，后火转盛热，盆盖井上，煮盐得盐。入以家火即灭，迄今不复燃也。酒泉延寿县南山名火泉，火出如炬。"② 东晋学者常璩则在《华阳国志》中准确、生动、完整地记述了临邛火井。卷三《蜀志》载："临邛县，郡西南二百里。本有邛民，秦始皇徙上郡实之。有布濮水，从布濮来合文井江。有火井，夜时光映上昭。民欲其火，先以家火投之。顷许，如雷声，火焰出，通耀数十里，以竹筒盛其光藏之，可拽行终日不灭也。井有二水，取井火煮至，一斛水得五斗盐；家火煮之，得无几也。"③ 自扬雄开始对临邛火井的接续书写，一方面展现了蜀地劳动人民的智慧，另一方面也使得临邛火井声名远播，名重海内。

扬雄作品中也记载道："众器雕琢，早刻将星。朱缘之画，邠盼丽光。龙蛇蜿蜷错其中，禽兽奇伟髳山林。"④ 张震泽先生注释"朱缘之画"就是"器物上用朱漆缘边的画"，木器上面所雕刻的龙蛇等禽兽纹饰栩栩如生，甚至毛发都清晰可见，有学者提道："针刻是战国巴蜀漆器开创的代表性手法，运用钢针来表现云气纹和动物纹，线条纤细流畅，具有独特的味道。"⑤ 通过专业学者的解读，我们不难发现这是对古蜀木漆工艺技法和纹饰的描绘，扬雄仅用二十多字就将这种古蜀木漆工艺的特色呈现在世人面前。

（二）现代意义：对新时代文旅行业的推动

扬雄在四十岁入京之前，久居蜀地，在蜀地求学、游览，蜀中的地域文化给他带来了深刻影响。怀着对乡土的热忱，扬雄的《蜀都赋》《蜀王本纪》无不彰显了蜀地独特的地域文化特色。而自蜀地走出，扬雄"西蜀文宗"的身份，经过历史长河的淘洗仍具有耀眼的光辉，能够为新时代四川文旅行业发展带来良好的名人文化集聚效应。以成都为例，扬雄《蜀都赋》几近为蜀都人文地理、社会生活、自然物产等的全景式描绘，其中对市民生活场景的记录尤为引人入胜。其记载市民逢自然节气开展的多种活动，正是"成都之俗，以游乐相尚"的集中体现。而要巩固加强以扬雄名人文化为

---

① ［汉］扬雄著，张震泽校注：《扬雄集校注》，上海古籍出版社1993年版，第3页。
② ［晋］张华撰，范宁校注：《博物志校注》，中华书局1980年版，第26页。
③ ［晋］常璩撰，刘琳校注：《华阳国志校注》，巴蜀书社1984年版，第224页。
④ ［汉］扬雄著，张震泽校注：《扬雄集校注》，上海古籍出版社1993年版，第35页。
⑤ 胡玉康：《战国秦汉漆器艺术》，陕西人民美术出版社2003年版，第49页。

核心的成都文化文旅为基础，其中举办主题赛会节庆活动便是增加地方知名度与旅游品牌度的重要途径之一。成都可通过还原扬雄《蜀都赋》中市民节庆娱乐、户外休闲的场景，发挥"节庆热"效应，挖掘、推广非遗展演，将扬雄的蜀地书写从纸张上、古籍中推出转化成为成都新时代旅游发展的活动力，让市民在古今之间感受"蜀都—成都"的魅力，调动市民参与成都文旅建设的热情。

在扬雄身后长达数千年的时间中，后代众多文人因崇尚扬雄的高尚道德与深厚学识，在蜀地中留下了不少与扬雄相关的纪念性建筑。如蜀中即有四处"扬雄宅"：郫都扬雄故宅、成都扬雄宅、绵阳与犍为扬雄宅。其中成都扬雄宅为明朝万历年间入蜀主持民政大事的范涞主修，其募捐与修建除恢复扬雄宅之外，还有为扬雄"事莽"遭陷雪诬的意图。而蜀中"子云亭"便有三处，"子云书院"有两处（一名"子云书院"，一名"墨池书院"），后世对扬雄的纪念性建筑的修建、题咏与扬雄对蜀地的书写呈现相辅相成的关系，成为新时代四川发展文旅产业得天独厚的人文资源。

扬雄作品中的蜀地书写系统性地呈现了蜀地的历史传说，为我们了解古蜀文化与历史提供了清晰脉络，同时对蜀地的城市产业、社会生活也有着全方位的描绘。扬雄对蜀地的书写富于想象，有着蜀人特有的浪漫思维，同时他以"中心"关照"四方"，浓厚的乡土意识和地域观念也深刻影响了后世文人。扬雄对蜀地的书写有着重要的历史价值，它不仅是对古蜀文化的有效传承，也是对古代蜀地的多样展现，其在当代的价值便是推动了新时代文旅产业的发展。可以说，蜀地滋养了扬雄，而扬雄作品中对蜀地的书写也反哺着如今的四川。

（作者单位：西华大学文学与新闻传播学院）

扬雄笔下的汉代成都工商业

邓紫文

内容提要：扬雄是一位地域文化意识极其浓厚的作家，他创作的《蜀都赋》和《蜀王本纪》等作品全方位地展现了成都这座城市的各类面貌，山川河流、工农商贸、节日嘉会等无所不包。本文以扬雄笔下的成都工商业为切入点，分析扬雄地域文化意识的形成和对六朝文士地记创作的深远影响。

关键词：扬雄；成都；地域文化意识；蜀地文学

一、水利工程建设与"万物更凑"的工商业基础

"万物更凑，四时迭代。彼不折货，我罔之械。财用饶赡，蓄积备具。"[1] 这是扬雄对成都繁荣商贸的赞叹。成都素有"天府之国"的美誉，"天府"本指经穴名，后引申为"天子的府库"，再后来又衍生出"天府之国"，比喻极富饶的地方。战国至明清两千多年的历史长河中共有七个地方被称过"天府之国"，而到今天，每当提及这一美名，人们第一时间只会想到四川，其中的成都更是成为"天府之国"唯一的代言人，这与它在历史上始终保持繁华局面有着密不可分的联系。

但成都的繁华并不是从天而降的，实际上，古蜀国时期的成都不仅没有"天府之国"的美誉，还面临着"非旱即涝"的局面，甚至有"泽国""赤贫"之称，这就要从成都平原的母亲河——岷江说起。岷江是成都最大的河流，它发源于四川西北部的高山区域，沿途都是高山深谷，水流湍急，其冲出西部山地流至灌县后，进入地势相对低平广阔的成都平原，河道变宽，流速放缓，河水中裹挟的泥沙沉降形成冲积扇，

---

[1] 郑文：《扬雄文集笺注·蜀都赋》，巴蜀书社 2000 年版，第 319 页。

为成都平原提供了肥沃的土地。但岷江的年流量并不稳定，每年五月份高山冰雪的融化水量与季风带来的降雨相遇，导致汛期水位快速上涨，形成洪灾。而另一方面，季风的不稳定又会带来降水量的不稳定，从而走向另一个极端——旱灾。所以岷江既成就了古代的成都平原，同时又带来了较为严重的旱涝灾害。历史上虽有鳖灵等人进行过多次的治理，但并未根除水患。直到战国时代秦国攻灭巴蜀，李冰被秦昭王任命为蜀郡太守，带领十万四川百姓，修二江、建七桥，趋自然之势同洪水斗争，才解决了这一影响蜀地百姓日常生活的大难题。最早记载这一水利工程的是《史记·河渠书》"于蜀，蜀守冰凿离碓，辟沫水之害，穿二江成都之中。此渠皆可行舟，有余则用溉浸，百姓飨其利"①。在四川方言中，"穿"有三层含义：一为修治，二为贯穿、沟通，三为开凿。在李冰修二江之前，成都平原的河流池沼不仅多为相互隔离的水体，而且因长期泥沙淤积而不流不畅，所以此处的"穿二江"当理解为对河道的治理与疏通。《蜀王本纪》还记载了李冰治理二江的传说："江水为害，蜀守李冰作石犀五枚，二枚在府中，一枚在市桥下，二枚在水中，以压水精，因曰石犀里也。"②

扬雄《蜀都赋》也记载了李冰治水这一历史事件，并更进一步地将笔触集中到成都城与二江的关系上："尔乃其都门二九，四百余闾。两江珥其前，九桥带其流。"③ 对此，清人严可均注曰："本作两江饰其市。"宋人章樵注曰："珥，言江水旁贯其市。貂蝉付耳曰珥，虹霓抱日亦曰珥。"④ "珥"是环绕的意思，但由于版本不同，有的为两江环绕于都城，有的则变为两江环绕于市了，二者其实并不冲突：因二江疏浚为成都农业、手工业发展提供了充沛水源，李冰将原位于都城中的"市"，迁到城外的近郊，并使其北倚郫江，南临检江，这样既能方便成都百姓的生产生活，又不会干扰成都城内的固有交通，所以珥市与珥城是一样的。同时，得益于二江充沛的水量，成都借此与长江中下游建立了直接的水上交通运输，改善了闭塞的地理环境，加强了对外的经济文化交流，一跃成为西南地区最大的交通枢纽和工商业集散地，并于汉代列备五都。

至于扬雄"九桥带其流"一句，学者们因其与常璩《华阳国志·蜀志》"西南两江有七桥"⑤、李膺《益州记》"李冰造七桥，上应七星"⑥、范晔《后汉书·公孙述传》"市桥，即七星之一桥也"⑦ 等书中的记述不符而展开了一番讨论。支持者以今人

---

① ［汉］司马迁：《史记》卷二九《河渠书》，中华书局1959年版，第1407页。
② 郑文：《扬雄文集笺注·蜀王本纪》，巴蜀书社2000年版，第337页。
③ 郑文：《扬雄文集笺注·蜀都赋》，巴蜀书社2000年版，第315页。
④ 郑文：《扬雄文集笺注·蜀都赋》，巴蜀书社2000年版，第315页。
⑤ ［晋］常璩著，刘琳校注：《华阳国志校注》卷三，巴蜀书社1984年版，第227页。
⑥ ［晋］常璩著，刘琳校注：《华阳国志校注》卷三，巴蜀书社1984年版，第227页。
⑦ ［晋］司马彪，［南朝梁］刘昭注补：《后汉书》卷一三《公孙述传》，中华书局2016年版，第296页。

学者蒙文通为代表,他在《成都二江考》中通过对李新《后溪记》"笃泉、建昌、安乐、龟化等八桥"和宋京镗《驷马桥记》"象应七星,必其曲屈连属,不应升仙独与他桥相辽绝"的记述,认为"成都九桥,是常说七桥之外,加龟化、升仙二桥"①。反对者以今人学者冯汉骥为代表,他在《相如琴台与王建永陵》中考证了七桥的具体位置,认为九桥应为虚指。

当然,无论是九桥还是七桥,水利工程建设都毋庸置疑地为成都平原奠定了沃野千里的深厚基础,"于是蜀沃野千里,号为'陆海'。旱则引水浸润,雨则杜塞水门,故记曰:水旱从人,不知饥馑,时无荒年,天下谓之'天府'也"②,对促进成都经济发展起到了至关重要的作用,丝织业、酿酒业、漆器业都是成都手工业中的支柱性产业,水利工程建设为这些行业的原材料种植和商品经销提供了稳定充足的保障。

二、工商业

(一)蜀锦、蜀布与纺织业

"蜀"和"蚕丛之国"是四川的古称,先看"蜀",《说文解字》:"葵中蚕也。从虫,上目象蜀头形,中象其身蜎蜎。《诗》曰:'蜎蜎者蜀。'市玉切。"③ 也就是"桑中虫"的意思,至于"蚕丛",李白《蜀道难》中耳熟能详的名句"蚕丛及鱼凫,开国何茫然!尔来四万八千岁,不与秦塞通人烟"④,让大众知晓"蚕丛"是蜀国的开国国君,《华阳国志》同样记载:"周失纲纪,蜀先称王。有蜀侯蚕丛,其目纵,始称王。死,作石棺石椁。国人从之,故俗以石棺椁为纵目人冢也。"⑤ 确认了蚕丛是蜀国国君后,又产生了一个新问题,那就是他为什么以"蚕丛"为名呢?古人以发明创造为名,如燧人氏发明钻木取火,使人们脱离茹毛饮血的生存状态,故以此名称之,那么"蚕丛"之名自然也有其指代的内涵,蚕的意思不必多言,《说文解字》言丛为"聚也。从丵取声。徂红切"⑥。聚集、驯养数千条蚕,就是"蚕丛"。高承《事物纪原》卷八"蚕市"条引《仙传拾遗》云:"蜀蚕丛氏王蜀,教人蚕桑,作金蚕数千,每岁首出之,以给民家,每给一所养之,蚕必繁孳。罢即归于王。王巡境内,所止之处,民成

---

① 蒙文通:《巴蜀古史论述》,四川人民出版社2018年版,第201页。
② [晋]常璩著,刘琳校注:《华阳国志校注》卷三,巴蜀书社1984年版,第202页。
③ [汉]许慎著,[宋]徐铉校订:《说文解字》,中华书局2017年版,第280页。
④ [清]彭定求等编纂:《全唐诗》卷一六,中华书局1960年版,第1680页。
⑤ [晋]常璩著,刘琳校注:《华阳国志校注》卷三,巴蜀书社1984年版,第181页。
⑥ [汉]许慎著,[宋]徐铉校订:《说文解字》,中华书局2017年版,第53页。

市，蜀人因其遗事，每年春有蚕市也。"① 由此可见，四川自古便有养蚕缫丝的历史传统。

作为最早发展出养蚕缫丝的地区之一，早在春秋战国时期，蜀国生产出的布帛便已在诸侯国中颇负盛名，公元前316年秦灭巴蜀，建立蜀郡，并采取移民和任命官吏的手段来加强对四川的控制。《华阳国志》载"周赧王元年，秦惠王封子通国为蜀侯，以陈壮为相。置巴郡。以张若为蜀国守。戎伯尚强，乃移秦民万家实之"②，这些移民中就包括了大量来自中原的工商业奴隶主和工匠，他们为蜀地带来了更为先进的文化和技术，从而使纺织业在原有基础上得到了更进一步提高，蜀地生产的锦类也被誉为"蜀锦"。无论色泽还是花纹，锦都是丝织品中最华丽的品种，山谦之《丹阳记》说："历代尚未有锦，而成都独称妙。"③

自汉代以来，成都的蜀锦一直居全国领先地位。而对于这一称耀于古今中外的蜀锦，给予最早记载的是扬雄《蜀都赋》云："尔乃其人自造奇锦，紌緤縿繏，縿缘卢中，发文扬采，转代无穷。"④ 紌、緤、縿、繏、縿皆为花色不同的蜀锦名，章樵注："縿，绛色也。绛色缘其外。卢，黑色，居中相合为文。蜀锦名件不一，此其尤为奇者。故转于世间，无有穷已。"⑤ 同时，我们不仅能从扬雄的赋作中窥见蜀锦的新巧，也能探悉蜀布的绮丽，"其布则细绨弱折，绵茧成衽，阿丽纤靡，避晏与阴。蜘蛛作丝，不可见风。筒中黄润，一端数金"⑥。细绨、弱折都是汉代蜀中的布名，这些蜀布的经纬细若蛛丝，与扬雄《在十二州箴·益州》中"丝麻条畅"⑦ 的细麻布叙述相符，无可论争，存疑的地方在于如何理解"筒中黄润"。自晋人刘逵注解"黄润，谓筒中细布也"，后代学者往往导此成规，将"黄润"理解为带本色的细麻布。今人学者任乃强却提出了不同看法，他通过颜色、手感、种植等一系列的对比考证，认为黄润当为蜀锦的丝织品，"首先苎麻布是白色的，而且愈洗愈白，冠以'黄'字不妥；其次，苎麻布虽细软，但比起丝绸来，很难说它'润'（手感柔和）；再其次，苎麻是多年生植物，'可活数十年'，南方多种，其所织之布，也不能昂贵到比丝织品高许多"⑧。信而

---

① ［宋］高承著，［明］李果订：《事物纪原》，商务印书馆1937年版，第306页。
② ［晋］常璩著，刘琳校注：《华阳国志校注》卷三，巴蜀书社1984年版，第194页。
③ ［宋］李昉辑：《太平御览》卷八一五，文渊阁《四库全书》本。
④ 郑文：《扬雄文集笺注·蜀都赋》，巴蜀书社2000年版，第319页。
⑤ 郑文：《扬雄文集笺注·蜀都赋》，巴蜀书社2000年版，第319页。
⑥ 郑文：《扬雄文集笺注·蜀都赋》，巴蜀书社2000年版，第319页。
⑦ ［清］曾国藩纂，乔继堂编：《经史百家杂钞》上册，中华书局2020年版，第281页。
⑧ 任乃强：《蜀枸酱、蜀布、邛竹杖考辨》，载贾大泉：《四川历史研究文集》，四川省社会科学院出版社1987年版，第13页。

有征。此外，扬雄为了形容成都纺织业的发达，还在《蜀都赋》说："若挥锦布绣，望芒兮无幅。"① 虽不乏夸张，但仍可以想见其手工的精美与技术的发达。

（二）火井与盐业

《天工开物》根据来源不同，将盐分为六种"凡盐产最不一，海、池、井、土、崖、砂石，略分六种"②，而成都地区以井盐为主，因其地处内陆，既不靠海，也不临池，所以不产海盐和池盐，这就造成了食盐的紧缺，加之四川道险地阻，从外省运盐既不便捷，又价格昂贵，广大民众难以负担。而四川盆地在数百万年前曾为沧海，地下蕴藏有丰富的盐井资源，只是一直没有得到有效的开采。直到李冰"识齐水脉，穿广都盐井、诸陂池，蜀于是盛有养生之饶焉"③。"齐水"为盐水、卤水，"识齐水脉"即指根据地质条件，考察地下蕴藏卤水脉络的分布规律，继而选定卤水充裕之地，确定井位，并开凿出我国第一口盐井——广都盐井。盐井制盐需要经过提取卤水、人工制卤来提升卤水浓度、沉淀过滤及煎盐这四个步骤。煎盐也称"伏火"，其生火所需的材料分为用柴草的"家火"和用天然气的"井火"。因巴蜀地区的天然气资源往往与盐井伴生，加之井火比家火的产盐量更高，所以"火井煮盐"在蜀地较为常见。

扬雄是首位对蜀地天然气使用情况进行记录的文学家，其《蜀都赋》云："东有巴賨，绵亘百濮。铜梁金台，火井龙湫"④，这里的铜梁、金台、龙湫，都是蜀地的名山胜水，扬雄此处将火井与它们相提并论，可见，至迟在西汉时期，"火井"便已享誉蜀中。常璩也注意到了蜀地的火井，并在《华阳国志》中考证自秦朝建立之初，便有了临邛火井："临邛县，郡西南二百里。本有邛民，秦始皇徙上郡实之。有布濮水，从布濮来合文井江。有火井，夜时光映上昭。民欲其火，先以家火投之。顷许，如雷声，火焰出，通耀数十里。"⑤

不过，扬雄并未说明火井的用途，只是将其作为一种自然现象呈现于笔端。真正记载蜀地百姓利用天然气煮卤水熬盐这一技术措施的当属晋人张华，他在《博物志》中说："临邛火井一所，从广五尺，深二三丈。井在县南百里。昔时人以竹木投以取火，诸葛丞相往视之，后火转盛热，盆盖井上，煮盐得盐。入以家火即灭，迄今不复燃也。"⑥

---

① 郑文：《扬雄文集笺注·蜀都赋》，巴蜀书社2000年版，第318页。
② ［明］宋应星著，夏剑钦校注：《天工开物》，岳麓书社2022年版，第134页。
③ ［晋］常璩著，刘琳校注：《华阳国志校注》卷三，巴蜀书社1984年版，第210页。
④ 郑文：《扬雄文集笺注·蜀都赋》，巴蜀书社2000年版，第306页。
⑤ ［晋］常璩著，刘琳校注：《华阳国志校注》卷三，巴蜀书社1984年版，第244页。
⑥ ［晋］张华撰，范宁校证：《博物志校证》卷二《异产》，中华书局1980年版，第26页。

临邛火井在蜀地的知名程度于以上材料中可见，今人学者任乃强通过临字的原始写法"象人目注视三口锅，察其火候。窃谓是人类最先煮盐时所造字"①，以及对"金城郡临羌县"的考证，推断出"临字是古代食盐的代称"②。虽未得到学界公认，但足见临邛盐业发展的悠久历史。宋人章樵对《蜀都赋》作注时，甚至默认了"火井龙湫"中的火井为临邛火井，并直接引用张华《博物志》中有关临邛火井的记载，但临邛不在成都之东，所以章樵之说有待考证。

无论如何，盐井的开凿对促进成都的经济发展起到了至关重要的作用。于公，井盐是蜀地最重要的税收来源，利润极高，《汉书·食货志》："田租口赋，盐铁之利，二十倍于古。"③ 可见开凿盐井有助于充实国库，提升国力。于私，盐井的开凿保障了食盐这一百姓日用必需品的供给，甚至出现了一些"擅盐井之利"的豪族巨富，"家有盐铜之利，户专山川之材，居给人足，以富相尚"④。

（三）成都气候与漆器业

因成都气候潮湿，所以蜀地百姓将具有防腐功效的漆树汁液涂于器具来防止水分浸入，这就形成了蜀地独具特色的漆器业，又可分为金银饰漆器与木漆器两种类型。先来看金银饰漆器，自秦代起，便有专门管理漆器业的部门，至汉代，从中央到地方都有专管漆器生产的官员，《汉书·恭禹传》颜师古注曰："《地理志》河内怀、蜀郡成都、广汉皆有工官。工官，主作漆器物者也。"⑤ 蜀地漆器业管理之有序、名声之远扬于此可见。扬雄《蜀都赋》中对金银饰漆器的制作盛况进行了由衷赞美："雕镂钿器，百技千工。"⑥ "钿器"是指用金玉等镶嵌的器物，汉代社会流行的高级器皿，往往是金银器与漆器的结合品。古代四川金银器的生产集中在蜀郡和广汉郡，西汉元帝时，"蜀、广汉主金银器，岁各用五百万"⑦。至于木漆器，扬雄在《蜀都赋》中对其工艺技法、纹饰这两方面进行了更详细的描绘："众器雕琢，早刻将皇。朱缘之画，邠盼丽光，龙蛇蜿蜷错其中，禽兽奇伟髦山林。"⑧ 龙蛇禽兽便是蜀地漆器中被大量使用的纹饰。针刻是一种用钢针来表现云气纹和动物纹的制作工艺，是蜀地自战国起便开创的漆器手法，"禽兽奇伟髦山林"的逼真呈现便是使用这一手法可达到的最终效果。

---

① 任乃强：《华阳国志校补图注》，上海古籍出版社1987年版，第57页。
② 任乃强：《华阳国志校补图注》，上海古籍出版社1987年版，第57页。
③ [汉] 班固：《汉书》卷二四上《食货志》，中华书局1962年版，第1137页。
④ [晋] 常璩著，刘琳校注：《华阳国志校注》卷三，巴蜀书社1984年版，第225页。
⑤ [汉] 班固：《汉书》卷七二《贡禹传》，中华书局1962年版，第3071页。
⑥ 郑文：《扬雄文集笺注·蜀都赋》，巴蜀书社2000年版，第319页。
⑦ [汉] 班固：《汉书》卷七二《贡禹传》，中华书局1962年版，第3070页。
⑧ 郑文：《扬雄文集笺注·蜀都赋》，巴蜀书社2000年版，第323页。

（四）宴饮之风与酿酒业

成都的酒文化与宴饮之风由来已久。水利工程的修建使成都地区大米、小麦等粮食产量得到稳定保障，为酿酒提供了充足的原材料，加之气候湿热，河流众多，又为酿酒提供了优质的水源，所以成都的酿酒业有着天然的发展优势。成都平原最早的酿酒记录可追溯到战国时期。《华阳国志·蜀志》中记载蜀王九世开明帝仿效中原礼乐制度用酒水祭祀宗庙"始立宗庙，以酒曰醴"①。汉代的成都百姓沿袭了这一传统，扬雄《蜀都赋》描述他们在祭祀鬼神时会"俪吉日，异清浊"，将浊酒与清酒区分开来，并献上清酒来表达对祖辈的崇敬与追思。酒在初酿成时，汁与糟会混在一起，酒色混浊，此时的酒便是浊酒；经过滤、除渣等一系列操作，酒色达到澄清状态时便是清酒。祭祀用酒普遍都为清酒，《礼记·曲礼下》载："凡祭宗庙之礼……酒曰清酌。"② 成都的宴饮之风十分浓郁，上自达官贵人，下至平民百姓都会抓住一切时机来交游宴饮，每逢节庆，更是满城酣饮，《蜀都赋》中"若其吉日嘉会，期于倍□□春之阴，迎夏之阳，侯罗司马，郭范晶杨，置酒于荣川之闲宅，设坐乎华都之高堂"③ 的豪兴场面正是这一风尚的典型代表。

酒垆是民间酿酒、售酒的主要场所。其建造简便，于街边垒土而立便可成一酒垆，"卖酒之处累土为卢以居酒瓮，四边隆起，其一面高，形如锻卢，故名卢耳"④。酒垆亦名酒肆，《汉书·食货志》引如淳注曰："酒家开肆待客，设酒垆，故以垆名肆。"⑤ 成都酒垆始于秦汉，盛行于"文君当垆，相如涤器"这段佳话，《史记·司马相如列传》中记载"相如与俱之临邛，尽卖其车骑，买一酒舍酤酒，而令文君当炉。相如身自著犊鼻裈，与保庸杂作，涤器于市中"⑥。其后"蜀中士子，莫不酤酒，慕相如之涤器之风"⑦，酒垆自此遍行于市。

（五）坊市与商贸业

成都自古便是我国有名的商业都市，汉代时期，更成为全国五大都会之一，扬雄《蜀都赋》对成都繁荣的商业场面与火爆的交易场景极尽铺排夸张之能事："东西鳞集，南北并凑，驰逐相逢，周流往来。方辕齐毂，隐隐轸轸幽輡。埃敦尘拂，万端异类，崇戎总浓，般旋阓，齐喈楚而喉不感概。万物更凑，四时迭代，彼不折货，我罔之械，

---

① ［晋］常璩著，刘琳校注：《华阳国志校注》卷三，巴蜀书社1984年版，第185页。
② ［汉］戴圣：《礼记·曲礼下》，中华书局2017年版。
③ 郑文：《扬雄文集笺注·蜀都赋》，巴蜀书社2000年版，第323页。
④ ［汉］班固：《汉书》卷五七《司马相如传》，中华书局1962年版，第2531页。
⑤ ［汉］班固：《汉书》卷二四下《食货志下》，中华书局1962年版，第1183页。
⑥ ［汉］司马迁：《史记》卷一一七《司马相如传》，中华书局2006年版，第3000页。
⑦ ［宋］孙光宪著，林青、贺军平校注：《北梦琐言》卷三，三秦出版社2003年版，第50页。

财用饶赡，蓄积备具。"① 早在先秦时期，成都便有发展为西南地区贸易枢纽的趋势。汉初，中原地区大都"接秦之敝，诸侯并起，民失作业，而大饥馑"②，但蜀地偏安一方，未遭战火摧残，经济得以稳步发展，官私贸易十分活跃。到了扬雄生活的西汉末期，随着西南夷地区的全面开发，成都正式发展为西南地区商品货物的集散地和贸易中心：市集所售，不仅有蜀地的本土商品，"江东鲐鲍，陇西牛羊"③ 无所不包；水陆交通，既可通褒斜陆路，北至中原、秦陇，又可通过长江水路，东达三楚。故《史记·货殖列传》载："然四塞，栈道千里，无所不通，唯褒斜绾毂其口，以所多易所鲜。"④

三、扬雄对六朝地记的影响

地记，又称地理书、地方志等，是中国方志发展史上的重要一环。关于地记的渊源与性质，历来说法不一，不过大部分学者都继承唐人刘知几的观点，认为"记"是对正史中"书""志"体例的发明："原夫司马迁曰书，班固曰志，蔡邕曰意，华峤曰典，张勃曰录，何法盛曰说。名目虽异，体统不殊。亦犹楚谓之梼杌，晋谓之乘，鲁谓之春秋，其义一也。"⑤ 也就是"志即史"的观点，所以从体例角度出发将地记起源追溯到《山海经》《禹贡》《周官》等书自无可厚非。

而倘若从创作主体的角度出发，亦可将地记的源头上溯到扬雄。因为地记这一创作实践反映在主观层面上，突出表现为创作主体对地域文化的自觉意识：尽管地域空间和地域文化始终是客观存在的，但地域文化意识却需要主观的唤醒和培养。六朝时期，随着地方豪族势力不断壮大，地域经济持续发展，门阀贵族制度逐步形成，地域意识也逐渐自觉，以"矜其乡贤，美其邦族"⑥ 这种夸耀家乡地理之美和人物之盛为意图的地记创作开始大量涌现。这种地记意识，固然与东汉时期光武帝从官方的立场进行提倡有着密不可分的联系，《隋书·经籍志》载："后汉光武，始诏南阳，撰作风俗，故沛、三辅有著旧节士之序，鲁、庐江有名德先贤之赞。郡国之书，由是而作。"⑦ 同时，我们也应注意到，早在西汉末年，于蜀地文化培育下成长起来的扬雄，便基于地

---

① 郑文：《扬雄文集笺注·蜀都赋》，巴蜀书社 2000 年版，第 319 页。
② [汉]班固：《汉书》卷二四上《食货志》，中华书局 1962 年版，第 1127 页。
③ 郑文：《扬雄文集笺注·蜀都赋》，巴蜀书社 2000 年版，第 321 页。
④ [汉]司马迁：《史记》卷一二九《货殖列传》，中华书局 1959 年版，第 3261—3262 页。
⑤ [唐]刘知几：《史通·书志》，商务印书馆 1937 年版。
⑥ [唐]刘知几：《史通·书志》，商务印书馆 1937 年版。
⑦ [唐]魏徵：《隋书》卷三三《经籍志二》，中华书局 1973 年版，第 982 页。

域意识产生的自我夸耀和本土张扬思想，创作了《蜀都赋》《蜀王本纪》《县邸铭》和《成都城四隅铭》等相关文章。

今人学者朱伟华在《地域文化与地域文学之断想》中说："没有异域的存在和他者文化的介入无法观照本土，就如鱼儿不离开水就很难意识到水的存在。"[①] 言之有故。可是《蜀都赋》和《蜀王本纪》等文章为扬雄早年未离蜀地之作，这样一来，他又是如何在蜀地文化与他者文化的对比关照中唤起自我的地域意识呢？谜底就是汉代成都繁荣发展的工商业。一方面，基于成都繁盛工商业而冠绝一时的蜀地物产，会激荡起扬雄心中为本土张扬的自豪感；另一方面，得益于水陆交通而成为西南地区贸易枢纽的成都，云集了四方商人，伴随他们一起到来的，是五湖四海异于蜀地的商品和文化，而陪同他们一并离去的，也是独具特色的成都物品和蜀地文化。可见，扬雄地域意识的形成与成都工商业的繁盛有着密不可分的联系，而他这种基于地域文化意识而夸耀本土地理之美的创作动机，又在几百年后六朝文士的地记创作中得到了回响。

（作者单位：西华大学文学与新闻传播学院）

[①] 朱伟华：《地域文化与地域文学之断想》，《山花》1998 年第 2 期。

扬雄《法言》对《论语》教育思想的继承和发展

廖和雨

内容提要：《法言》是扬雄仿《论语》而作的语录体著作。在《法言》中，扬雄继承和发展了《论语》的教育思想。在教育对象上，进行拓展，强调所有人都能接受教育；在教育目标上，强调端正学习动机，减少学习功利性；在教育方法上，强调启发诱导，注重学、思、行及寻求榜样；在教师品格上，强调教师要博学多闻、诲人不倦、以身作则。这些教育思想在继承《论语》的基础上又有所发展，并且对现代教育也具有十分重要的借鉴价值。

关键词：扬雄；《法言》；《论语》；教育思想

扬雄，字子云，蜀郡郫（今四川成都郫都区）人，西汉著名的思想家、辞赋家，并被后人尊称为"西道孔子"。"歇马独来寻故事，文章两汉愧扬雄"是后人对扬雄的评价，由此可见扬雄在中国古代文坛的地位。在扬雄成长的过程中，他深受儒家经典文化的熏陶感染，可以称得上是孔子最忠诚的追随者。扬雄推崇孔子，以孔子为师，提出"治己以仲尼"（《法言·修身》），但又进一步认为治学不应拘泥于孔子，提出："有教立道，无止仲尼。"（《法言·学行》）可见，其对于孔子思想持的是继承与发展的态度。《法言》作为扬雄仿《论语》而著的语录体著作，就体现出了扬雄对孔子思想的继承和发展。早在东汉时期，《汉书·扬雄传》中就有记载："雄见诸子各以其知舛驰，大氐诋訾圣人，即为怪迂，析辩诡辞，以挠世事，虽小辩，终破大道而或众，使溺于所闻而不自知其非也。及太史公记六国，历楚汉，讫麟止，不与圣人同，是非颇谬于经。故人时有问雄者，常用法应之，撰以为十三卷，象《论语》，号曰《法言》。"① 不仅明确表明扬雄创作《法言》是为了纠正错误思想，弘扬儒道，重新确立儒学的权威地位，并且也直言《法言》是仿照《论语》而创作的作品。通过深入探究，可以发现"扬雄对于《论语》的模仿体现在它行文的整体结构以及语句运用等方面，不仅同样采用了语录体形式，而且在词、句子、篇章层面的全面模仿"②。"在语言艺术上，吸收和承继了《论语》等先秦散文所运用的修辞手法，如大量使用比喻、排比、典故等，丰富和发展了散文语言。"③ 以上方面《法言》对《论语》都有一种继承和发展的关系。同样，通过研究可以发现，在教育思想上《法言》也继承和发展了《论语》中的一些观点，使之更加丰富和完善，并且对现代教育也产生了深远的影响，有重要的借鉴价值。下面主要从教育对象、教育目标、教育方法及教师品格四个方面论述《法言》对《论语》中教育思想的继承发展。

一、教育对象：从贵族专权向全民普及

在教育对象上，扬雄《法言》发展了《论语》中的思想，并且进一步扩展教育对象的范围。"如果说孔子走出了将教育权利从贵族垄断向全民普及转变的第一步，那么扬雄则完成了这一转变的最后一步。"④ 在《论语》中孔子虽然明确提出有教无类的教育思想，强调人人都可以接受教育，但是在具体的实践中也并不是人人都能够接受教育。如"自行束脩以上，吾未尝无诲焉"（《论语·述而》），意思是只要能够交十条干肉作为学费，就可以成为他的学生。但是在孔子所生活的时代，必定是中等以上的家庭才能拿出十条干肉，说明只有家庭条件中等以上的学生才有入学的机会，贫穷人家无法交出十条干肉，也就不能成为他的学生，无法接受教育。所以孔子所谓的"有教无类"（《论语·卫灵公》），暗含着并不是人人都可以接受教育，还是有一部分人是无法获得教育的。这种思想在孔子的其他言论中也有所体现，如"中人以上，可以语上也；中人以下，不可以语上也"（《论语·雍也》），以及"唯上知与下愚不移"（《论语·阳货》）。这里孔子把人进行了等级上的排列，认为只有中等以上才智的人才能够接受教化，中等水平以下是无法接受教化的；还把人分为上等的聪明人与下等的愚笨人，认为下等的愚笨人是不可改变性情的，这种思想也表明孔子认为并不是所有人都

---

① ［汉］班固：《汉书》，中华书局1962年版，第3580页。
② 董津含：《〈法言·修身〉篇君子观意蕴探微——兼与〈论语〉君子观比较分析》，《今古文创》2022年第124期。
③ 张兵：《扬雄〈法言〉语言艺术特色初探》，《西华师范大学学报（哲学社会科学版）》2004年第3期。
④ 随敬德：《试析扬雄〈法言〉对教育作用的论述》，《黑龙江教师发展学院学报》2020年第6期。

能受到教育。

扬雄对孔子的上述思想进行了修正,提出了真正的人人都可以接受教育的主张。扬雄在《法言》开篇自序中就提及撰写《学行》的原因是"天降生民,倥侗颛蒙,恣乎情性,聪明不开,训诸理,撰《学行》"①,意思是正是因为百姓愚昧无知、放纵性情、文明未开,用理来教导他们,所以撰写了《学行》。可见"他否认了人的智慧道德由天定的观点,他认为圣人和普通人出生时都是倥侗颛蒙,生而无知"②,认为只要是作为人存在,都应该接受教化。而且扬雄认为每个人先天就具备接受教育的条件:"天之肇降生民,使其目见耳闻,是以视之礼,听之乐。"(《法言·问道》)上天当初降生百姓的时候,使得他们眼睛可以看到,耳朵可以听到,让他们看见礼仪,听到雅乐。故而百姓从出生就具备了接受教育的基本条件,每个人都应该接受教育。接着,扬雄进一步提出"人而不学,虽无忧,如禽何"(《法言·学行》),也就是说作为人却不学习,即使没有什么忧患、忧愁,却与禽兽没有什么区别。所以扬雄认为只要是人,就都应该接受教育,要不然就与禽兽没有什么两样。除此之外,扬雄还以比喻的方式提出人人经过学习都可以达到很高的境界,即使是普通人也能够有所成就。在《法言·问明》中,扬雄就发出质疑:"鸟有凤,兽有麟,鸟、兽皆可凤、麟乎?"继而明确:"群鸟之于凤也,群兽之于麟也,形性。岂群人之于圣乎?"李轨对此注曰:"鸟兽大小,形性各异;人之于圣,肺藏正同。"③意思是普通人和圣人就如同群鸟和凤凰、群兽和麒麟一样在本质上没有区别,普通人经过刻苦的学习也能够取得一定的成就,也能够被后世称为圣人。

扬雄在《法言》中提到的这种人人皆可接受教育、人人皆可有所成就的思想,与现代教育中所倡导的全民教育、全纳教育有共同之处。全民教育是面向全体民众提出来的教育思想;全纳教育则是强调教育要容纳所有学生,不仅倡导特殊儿童融入普通学校,也强调"普通学校应向绝大多数儿童(包括部分残疾儿童)提供一种适切有效的教育"④。这就充分体现了普及教育的思想,强调了教育平等,人人都享有接受教育的权利。可见在接受教育的对象上,扬雄《法言》中的教育思想对现代教育是有着深远影响的。

---

① [清] 汪荣宝:《法言义疏》,中华书局 1987 年版,第 566 页。
② 随敬德:《试析扬雄〈法言〉对教学原则和方法的论述》,《湖北第二师范学院学报》2020 年第 1 期。
③ [清] 汪荣宝:《法言义疏》,中华书局 1987 年版,第 183 页。
④ 王振洲、汪红烨、周喜梅:《后现代视野下的全纳教育及其对残疾儿童教育公平的启示》,《现代教育论丛》2018 年第 5 期。

二、教育目标：从应试选官到关注过程

在教育目标上，扬雄对《论语》提及的教育目标也有所继承，认为教育应该为国家服务，但是又进行了相应的发展，阐释了应该端正学习动机的思想，认为教育目标实现的过程不应该是功利性的。在《论语》中孔子的教育目标可概括为"学而优则仕"，孔子认为学习的目标是培养有德行的人去做官，这种教育目标的提出暗含着功利主义色彩，即学习就是为了最后能够成为官员。对于孔子的这种思想，扬雄进行了补充发展。扬雄认为教育目的可以从个人和国家两个方面进行探究。对个人来说是"学者，所以求为君子也"（《法言·学行》），以及"学者，所以修性也……学则正，否则邪"（《法言·学行》），学习就是要成为君子，修身养性，提高自己的德行。对于国家来说就是"学之为王者"（《法言·学行》），即通过学习能够使国家强大、百姓富足。并且他更进一步提到了教育目标的实现过程不应该是功利性的："或曰：书与经同，而世不尚，治之可乎？曰：可。或人哑尔笑曰：须以发策决科。曰：大人之学也，为道；小人之学也，为利。子为道乎？为利乎？或曰：耕不获，猎不飨，耕猎乎？曰：耕道而得道，猎德而得德，是获飨已。"（《法言·学行》）扬雄认为世人不重视的一般书籍也可以研究修习，即使不能凭借此应试选官，这体现出要端正学习动机的思想。德行高尚的人学习是为了道义，鄙琐的人学习是为了利益。"耕"是为了"获"、"猎"是为了"飨"，这种观点具有很强的目的性，是一种只重视学习结果的体现。"不要功利地追求学习的结果，不要把学习当作手段，其实在学习的过程中就已经有收获了。"① 可见，扬雄认为学习不是为了做官而学，不是为了利益而学，而是为了道义。

扬雄这种认为教育目的实现应不具有功利性的思想，在现代教育中就体现为学习不是为了考试。比如，在语文教育中，学生核心素养的提升，不能只局限于课本中有限的选文，所以在现代的语文教育中学生不仅要学习课本中所选的文质兼美的课文，也应扩展到课外的文本阅读。提升学生的核心素养，不应把教学的视野仅局限于课本之内、试卷之上。如：在语文教学中有一种阅读学习的方式是"1 + X"，这一理念最早是由统编语文教材总主编温儒敏教授提出的。温儒敏认为，"所谓'1 + X'的办法，即讲一篇课文，附加若干篇泛读或课外阅读文章让学生自己读，读不懂也没关系，慢

---

① 武娜：《扬雄教育思想探微——读〈学行〉有感》，《现代语文（教学研究版）》2010 年第 7 期。

慢就弄懂了"①。由此可知,"1+X"阅读教学的内涵实质就是以现行统编语文教材为主要教学内容,以全面提高学生的语文素养为根本目的,并将学生的学习视野由课内拓展至课外,不断提升学生的核心素养。在这个过程中学生就在不断地收获,收获语言表达和交流的能力、思维发展和提升的能力、审美鉴赏和创造的能力、文化传承和理解的能力。这种阅读学习方式体现的教育思想与扬雄的非功利教育思想是一脉相承的。

三、教育方法:多方引导,提升能力

教育方法是实现教育目标的重要一环。优秀的教师会选择各种各样的教育方法来引导学生学习,从而提升学生素质,促进学生发展,进一步实现教育目标。《论语》和《法言》作为包含教育内容的论著,其中提出了许多有价值的教育方法,值得去细细感受和体会。

(一)启发诱导

孔子在《论语》中强调教师在实际教学中对学生进行启发诱导的重要作用,认为"不愤不启,不悱不发,举一隅而示之,不以三隅反,则不复也"(《论语·述而》)。教师的启发是在学生思考的基础上进行的,并且在启发之后,应该让学生再思考,以期获得进一步的体验,达到举一反三的效果。这种方式可以有效地解决发挥教师主导作用与学生积极性之间的矛盾。对于孔子启发诱导的观点,其学生颜渊也是深有感触。颜渊曾喟然叹曰:"仰之弥高,钻之弥坚。瞻之在前,忽焉在后。夫子循循然善诱人,博我以文,约我以礼,欲罢不能,既竭吾才。如有所立卓尔,虽欲从之,末由也已。"(《论语·子罕》)颜渊感叹老师的学问与道德,抬头仰望老师的学问,越望越觉得高;努力钻研老师的学问和道德,越钻研越觉得不可穷尽。看着它好像在前面,忽然又像在后面。老师善于一步一步地诱导学生,用各种典籍来丰富学生的知识,用各种礼节来约束学生的言行,使学生想停止学习都不可能,直到学生用尽了全力。好像有一种十分高大的东西立在学生前面,让学生不由自主竭尽全力想去追随,这体现了孔子启发诱导的教学方法的具体运用。他强调教师在对学生教学过程中的引导,在启发诱导中促使学生不断地发展自我,不停止自我成长的步伐。

对于启发诱导的教育方法,扬雄这样认为:"春木之芚兮,援我手之鹑兮。去之五百岁,其人若存兮。"(《法言·寡见》)其感叹春天树木欣欣向荣,孔子的学说启迪引

---

① 于泽元、王雁玲、陈际航:《基于统编语文教材的"1+X"群文阅读教学研究》,《新课程评论》2019年第6期。

导着他，就像牵着他的手一样前进。虽然孔子离开已近五百年了，但他好像还活着一般。在扬雄成长的过程中，深受儒家经典文化的熏陶感染，他是孔子最忠诚的追随者。但他的时代与孔子的时代相去甚远，只能学习孔子留下的著作言论，无法与孔子面对面进行思想的交流。所以，他更加强调学说思想的启发诱导作用，认为教师虽然不能长久地存在于世界上，不能一直陪伴在学生的身边，但是他的学说和思想会一直引领启发学生长久不断地学习。

  扬雄的这种观念也在现代教育中有所体现。比如，在语文教育中，语文教材的选文是优秀的传统文化、中华优秀思想的载体，教师通过对教材中选文的讲解不断启发诱导着学生成长和进步。如：部编版语文教材七年级上册第12课，选取了《论语》中的12章，其中包含了修身、德行、学习、为人处世、交友等内容。教师可以在教学中通过对选文内容的讲解，启发诱导学生在语文学习中提高修养德行，寻找正确的学习方法以及找到如何为人处世、如何交友的方式等。除了教师能够给学生启发诱导外，《论语》本身作为中国优秀传统作品选入教材，也体现了经典的才是永恒的，经典作品中所蕴含的思想是永远不会过时的，常读常新，常学常新，给予后人以启迪和引导。

（二）注重学、思、行

  《论语》与《法言》都共同提出学、思、行的教学方法。首先，《论语》"学而知之"体现了孔子对后天学习的重视。他在教学中强调学习的重要作用，主张通过学习使得学生知晓道理，并把学习看作是求知的路径和手段。其次，孔子提出"学而不思则罔，思而不学则殆"（《论语·为政》）。认为学习和思考都有其用处，应当把学习和思考结合起来，不应该有所偏废。学习是思考的基础，思考可以促进进一步的学习，加深对知识的理解。最后，孔子主张"学以致用"，学习只是一种手段，而不是最终的目的，学习的最终目的是能够用，即在日常生活中发挥出所学知识的作用才是学习的最终目的，也暗含着学习完之后还是应该用实际行动去具体实践。

  扬雄作为儒家思想的追随者，在其《法言》中也有对学、思、行重要性的论述。首先，扬雄认为学习和思考都有各自的好处："学以治之，思以精之，朋友以磨之，名誉以崇之，不倦以终之，可谓好学也已矣。"（《法言·学行》）广博的学习可以修身治性，深思可以抉择是非，和朋友一起切磋，把学习当作与名誉相关的事崇尚，并且在学习中孜孜不倦、有始有终就可以称得上是好学。其次，针对当时有人说学习没有好处的情况，扬雄进行反驳并强调不断思考对于学习的重要性，提出："未之思矣。夫有刀者砻诸，有玉者错诸，不砻不错，焉攸用？砻而错诸，质在其中矣。否则辍。"（《法言·学行》）在扬雄看来之所以有人没有认识到学习的好处，是因为他在学习的过程中没有思考，并且以磨刀、修玉来比喻学习中缺少思考是无用的。接着，扬雄看见了实践行动的重要作用:"好大而不为,大不大矣;好高而不为,高不高矣。"(《法言·修身》)即喜欢大而不去实践,大就无法成其大;喜欢高却不去力行,高就不能成其高。扬雄用大、高来阐明如果自己内心有想要达到的高度和成就,就不能仅仅停留在思想层面,而是要体现在实践中,将其付诸行动。最后,扬雄对于行、言、教的重要性进行了排列,进一步强调行动是最高级的,提出"学,行之,上也;言之,次也;教人,又其次也;咸无焉,为众人"(《法言·学行》)。对于学习而言,力行修身是最高级的,著书立说是其次,说经教人又是其次,如果以上行为都没有,就是普通人。在此,扬雄是将行动放在最重要的位置,学习、著书立说、教导固然重要,但是行动排在这些方式之上,因为只有行动才有成为君子的可能:"学者,所以求为君子也。求而不得者有矣,夫未有不求而得之者也。"(《法言·学行》)学习,是追求成为君子的途径,有过追求却不能如愿的人是有的,却没有不曾追求却能如愿的,想要成为君子就得去实实在在地努力。

扬雄提出的学、思、行的学习方式也体现在现代教育中。比如语文教学,不只是教授文质兼美的选文,也要重视学生综合素质和实践能力的提升。语文学习中的综合实践性活动就是将学生的学习、思考、行动结合起来,学生在学习了选文之后,形成了自我的思考,在单元末尾将教材和生活贴合的综合实践性活动带给学生,无疑能够促进学生能力的提升。语文学习的外延等于生活的外延,将学生课内的学习与现实生活的实践结合,促进学生学习能力的提升、思维能力的发展以及实践能力的发挥。

(三) 寻求榜样

《论语》《法言》中都论及寻求榜样的教学方法,但两者又略显不同。孔子重视从生活中身边的人选择榜样,扬雄强调从圣人和贤人中选择榜样。孔子认为每个人或多或少都有自己的长处,那么每个人都有成为教师的潜质。所以孔子曰:"三人行,必有我师焉。"从自己的身边出发,每一个人都有值得自己学习的地方,都能够成为自己的老师。而如何才能有效地发现身边的教师?孔子进而提出"多闻,择其善者而从之;多见而识之,知之次也"(《论语·述而》)。要多了解周围的人,不断发现他们的优点,这样就能找到自己的老师。并且针对上述观点,孔子提出了"见贤思齐焉,见不贤而内自省也"(《论语·里仁》)的自我反省方法,认为见到贤能的人就把他作为榜样并要向他看齐,见到不贤能的人就要反思自己的内心,从身边的人出发去学习、反省自我。

对于孔子的上述观念,扬雄《法言》中不仅强调要从身边发现榜样,更强调把圣人作为自己的榜样:"睎骥之马,亦骥之乘也;睎颜之人,亦颜之徒也。或曰:颜徒易乎?曰:睎之则是。曰:昔颜尝睎夫子矣,正考甫尝睎尹吉甫矣,公子奚斯尝睎正考甫矣。不欲睎则已矣,如欲睎,孰御焉?"(《法言·学行》)"睎,望也。"① 一个人的志向决定了他能够成为什么样的人。志向远大的人找到自己的榜样之后,就不断向他学习来促使自己进步。如果希望自己成为骐骥一样的马,那么也就成为骐骥的同类。希望自己成为颜渊一样的人,也就成为颜渊的同类。想要成为优秀的人的同类,只需要向优秀的人看齐。就正如颜渊向孔夫子看齐,正考甫向尹吉甫看齐,公子奚斯向正考甫看齐。只要你有向榜样看齐的意志,谁都无法阻止你。

在此,扬雄认为通过寻找榜样、向优秀的人看齐来提升自我的这种教育方式是有效的。在现代的教育中我们也需看见榜样的力量,鼓励学生积极寻找榜样,不断向榜样看齐,从而激励学生,促进学生的发展和成长。

四、教师品格:多闻博见,诲人不倦

教师品格对于学生来说具有极其重要的影响。作为教师,教学能力强,能够给学生知识上的引导;个人品格高,则能够给学生德行上的引领。这种影响会对学生的成长和人格发展产生潜移默化的作用,起到润物无声的教育效果,并且能成为教师不断进步的源泉。

(一)多闻博见

《论语》《法言》中都认为多闻博见是教师教导学生的前提条件,教师要重视自身专业能力的提升,掌握广博的知识,一生乐学好学,不断地丰富自己的见识,才能够教给学生更多的道理。因此,孔子提出:"温故而知新,可以为师矣。"(《论语·学而》)既要温习旧的知识,也要从中得到新的领悟,获取新的知识,这样就能成为老师,强调了新知识对于教师的重要性。作为教师就应该不断地学习新知,扩充自己的知识,丰富自己的学识。

孔子认为多闻博见应该是教师进行教育的基本条件,扬雄也是这样的看法。不过他更加强调教师所掌握的知识应该是"大知",其思想必须有深度,眼界必须有广度,知道和了解的知识必须全面。《法言·问明》有这样的对话:"或问:'小每知之,可谓师乎?'曰:'是何师与?是何师与?天下小事为不少矣,每知之,是谓师乎?师之贵也,知大知也。小知之师亦贱矣。'"扬雄认为天下的小事有很多,知道微小浅薄的知识并不能算得上教师。教师的地位尊贵,是因为他能够明白大的道理,知晓深奥广博的知识。如果只知道微小的知识,那这个教师的见识就很短浅。由此,扬雄通过博

---

① [清]段玉裁:《说文解字注》,上海古籍出版社1981年版,第133页。

学多闻与浅学少闻的对比进一步探究博学多闻的重要作用："多闻则守之以约，多见则守之以卓。寡闻则无约也，寡见则无卓也。"（《法言·吾子》）博学多闻才能把握要领，博学多见才有远见卓识。浅学少闻则不得要领，浅学少闻则无远见卓识。在此基础上，他又进一步提出了"多闻见而识乎正道者，至识也"（《法言·寡见》）。把广博的学识提高到一种极高的境界，认为多闻博见并且能够认识到正义的真谛，就是至高的认识。

从古至今，教师都是多闻博见的代表人物，孔子、扬雄都特别强调对教师知识的要求。当代社会，知识渊博也是教师应具备的素养。2014年9月，习近平总书记在北京大学师生座谈会上的重要讲话指出：第一，做好老师，要有理想信念。第二，做好老师，要有道德情操。第三，做好老师，要有扎实学识。第四，做好老师，要有仁爱之心①。这里扎实学识也不仅仅是指教师的知识要扎实，更是要求教师的知识要广博，要与时俱进。正所谓：要给学生一碗水，教师自己就要有一江活水，拥有广博的学识，并能够与时俱进，才是作为新时代教师不断追求的方向和目标。

（二）诲人不倦

教育是外部对个体施加影响的活动，是培养人的社会性活动。教师是学生学习的引导者，教师是学生发展的引路人。在教学过程中教师要耐心地去教育学生，不断给予学生爱。孔子提出："爱之，能勿劳乎？忠焉，能勿诲乎。"（《论语·宪问》）爱学生就应该勤劳劝勉他，忠于学生就应该以善言教导他。教师给予学生孜孜不倦的教导体现的是对学生的忠爱。《论语·述而》中有载："子曰：'若圣与仁，则吾岂敢？抑为之不厌，诲人不倦，则可谓云尔已矣。'"孔子并不把自己放在圣人的位置上，他之所以能取得那么大的成就，只是在教学中做到了耐心地教导学生。这种看起来很简单的能力，却是很多教师所不能及的。"默而识之，学而不厌，诲人不倦，何有于我哉？"（《论语·述而》）也是强调了教师诲人不倦的重要性。

扬雄《法言》也同样认为教师应当诲人不倦。扬雄认为"事不厌，教不倦"（《法言·五百》），教师对待学生要有耐心，要有诲人不倦的意识，在教学过程中不能采取粗暴的方式对待学生，因为教师对于学生来说至关重要。"师哉！师哉！桐子之命也。"（《法言·学行》）汪荣宝注："桐，洞也。桐子，洞然未有所知之时，制命于师也。再言之者，欢为人师，制人善恶之命，不可不明慎也。"② 教师教导的是没有长大的孩子，

---

① 习近平：《做党和人民满意的好老师：同北京师范大学师生代表座谈时的讲话（2014年9月9日）》，人民出版社，2014年。
② ［清］汪荣宝：《法言义疏》，中华书局1987年版，第18页。

"所谓命就是指一个东西如何存在的决定者，或说是客观必然性"[①]，"教师决定了学生的命运，扬雄在这里把教师的使命推向了极致"[②]。关注到教师对于学生的发展和成长起的至关重要作用，教师就像孩子的生命一般，如果教师不能够耐心地对待学生、教导学生，就会对学生造成伤害。诲人不倦的这种教育方式体现出教师的育人智慧，一个真正爱学生的教师会对学生孜孜不倦地教导，相反，一个只会采取粗暴的方式对待学生的教师，一定不是合格的教师。

（三）以身作则

教师作为学生的引导者，学生的模范，就必须要注重自己的言行。陶行知先生所提出的"学高为师，身正为范"以及启功教授所提出的"学为人师，行为世范"的这种要求早在《论语》《法言》中就有所体现。《论语》中强调教师自身言行对学生的重要影响作用："其身正，不令而行；其身不正，虽令不从。"（《论语·子路》）如果教师自己的行为能够起到示范作用，那么就算不给学生提出规范性的要求，学生也会去做，强调了教师行为对学生具有潜移默化的影响效果。如果教师能够对自己的行为有较高的要求，就会达到"润物细无声"的理想效果。

在《法言》中扬雄也同样强调教师行为世范、以身作则的重要作用。扬雄提出"务学不如务求师。师者，人之模范也"（《法言·学行》）。这里扬雄强调求学过程中教师对学生的重要作用，并且把教师的作用提升到了一定的高度，认为学生自己默默摸索、闭门造车不如寻访名师，更加重视教师在知识传递过程中的作用，把教师看成学生的模范和标杆。

《法言》作为仿《论语》而作的语录体著作，是扬雄晚年的作品，也是扬雄思想精华的汇合。《法言》不仅在体例、形式上与《论语》有着相似之处，并且继承和发展了《论语》中的教育思想，在教育对象、教育目标、教学方法、教师品格上既体现了对《论语》中传统教育思想的继承，也在此基础上提出了自己的真知灼见。在教育对象上，强调人人都能够接受教育；在教育目标上，强调学习的过程不应该具有功利性；在教育方法上，强调启发诱导，注重学、思、行、寻求榜样；在教师品格上，强调教师要博学多闻、诲人不倦、以身作则。这些思想对于现代教育依然有着重要的意义，值得我们深入思考并认真借鉴。

（作者单位：西华大学文学与新闻传播学院）

---

① 张培高、张爱萍：《扬雄教育思想发微》，《西安石油大学学报（社会科学版）》2012年第4期。
② 徐常云：《扬雄的教师观》，《地方文化研究辑刊》2020年第2期。

扬雄《法言》的"变易"思想

邓 涛

内容提要：《法言》中"变易"思想的形成与扬雄长期浸淫先秦经典有莫大关系。扬雄认为，"变易"推动了社会政治的更替，"变易"指导着个人命运与时偕进。同时，"变易"还体现在《法言》中扬雄对从赋作家到经学家的身份转换，并以经学家的身份开启儒家与诸子融合，从而推动中国学术思想发展的进程。

关键词：扬雄；变易；《法言》

扬雄生于汉宣帝甘露元年（前53），卒于新莽天凤五年（18），其本人经历了西汉王朝的由盛转衰。在政治上，汉帝国内部土地兼并严重，百姓徭役繁杂，农民起义与外族侵扰不断。在文化上，以董仲舒为代表的今文儒学，无法继续利用天人感应、阴阳比附的谶纬说掩盖社会内部矛盾；并且，汉廷长期"王霸杂用""好黄帝、老子言"导致西汉末期儒学杂而不纯。

扬雄始终以冷峻的目光观察着社会矛盾的更替与文化思想的变革。参看《法言》，他将政治理想寄托于新莽政权，将王莽美化成"阿衡"；同时，对古圣的经典也不循规蹈矩，认为应当随时革弊。笔者以为，扬雄在《法言》中的变革思想与古经《周易》"穷则变，变则通，通则久"[1]的"变易"思想同符千古。

"变易"思想是《周易》作者"近取诸身，远取诸物"[2]的结果，其哲学体系无外乎陈鼓应先生所言："是由宇宙论延伸到人生论，再由人生论延伸到政治论。"[3]在西

---

[1] 黄寿祺、张善文：《周易译注》，上海古籍出版社2012年版，第344页。
[2] 黄寿祺、张善文：《周易译注》，上海古籍出版社2012年版，第343页。
[3] 陈鼓应：《老子注释及评介》，中华书局2008年版，第1页。

汉，天道与人道联系紧密，扬雄在《法言·寡见》盛赞："说天者莫辩乎《易》。"《法言》中的"变易"思想，正是以《周易》为主的儒家经典对扬雄政治哲学、学术思想影响的结果。

目前，学界对扬雄的研究大致分为三个方向：其一，学者们多重视扬雄在文学流变过程中起到的重要作用，如张少康先生认为文学的自觉与独立并非始于魏晋，而应该是萌芽于战国末期，发展于西汉中后期，以扬雄为代表的赋作家对文学体裁的发展可看作标志之一[1]。其二，学者们重视扬雄自身文学创作中的"变革"因素，如许结认为扬雄在"复古"与"变革"中开创了一条前人未曾尝试的道路[2]。其三，学者们多重视扬雄的经学著作与赋作本身的文学价值，如张跃月探讨了扬雄作品中美学与自然哲学的统一[3]。

可以发现，对扬雄的研究涉及社会思潮、文学流变等诸多方面，而扬雄著作颇丰，最能体现其各方面思想的著作正是《法言》，现在让我们对扬雄在《法言》中表现出的"变易观"做出一些思考。

一

扬雄的"变易"思想，体现在对时代命运的思考上。

西汉帝国在成帝、哀帝时逐渐走向没落。在朝堂上，宣帝乳母王政君家族崛起，逐渐把控朝廷大权。《汉书·外戚传》："夫女宠之兴，由至微而体至尊，穷富贵而不以功，此固道家所畏，祸福之宗也。"[4] 外戚势力在朝堂的倾轧，使西汉末期政治思想缺乏武、宣时期的统一与魄力，社会也因此由治向乱。外戚的壮大，实质源于皇帝自身品德亏缺。如果皇帝"亲贤臣、远小人"，能依照儒家的圣王思想严于律己，国家政权就不可能被外戚把控。《法言·修身》："明明在上，百官牛羊，亦山雌也。暗暗在上，箪瓢捽茹，亦山雌也，何其臞？"《法言·问明》："谞言败俗，谞好败则。姑息败德，君子谨于言，慎于好，亟于时。"可以说，扬雄的"圣人观"是其政治理想的主导。皇帝德行的好与坏，是一个国家治乱的根源所在。皇帝只有严格按照儒家圣人的标准约束自己，远离诸子、百家的小道，回避佞臣、邪臣的蛊惑，国家才能得到大治。

在社会上，外戚势力形成的大地主阶级对中下层地主以及普通百姓的土地兼并加

---

[1] 张少康：《论文学的独立和自觉非自魏晋始》，《北京大学学报（哲学社会科学版）》1996年第2期。
[2] 许结：《论扬雄与东汉文学思潮》，《中国社会科学》1988年第1期。
[3] 张跃月：《扬雄美学与自然哲学的统一》，《重庆社会科学》2019年第12期。
[4] ［汉］班固：《汉书》卷九七下，中华书局1964年版，第4011页。

剧。《法言·先知》:"井田之田,田也。……田也者,与众田之""法无限,则庶人田侯田,处侯宅,食侯食,服侯服。人亦多不足也"。扬雄看到了在没有法令约束下,田产被无限兼并后对国计民生造成的严重后果,他赞颂井田制,实质是对"耕者有其田"的向往。如果说土地兼并剥夺了百姓生存的家园,那么日益繁重的赋税,则加剧了百姓的生活悲剧。《汉书·食货志》中:"贫民常衣牛马之衣,而食犬彘之食。"① 另如汉乐府《妇病行》《孤儿行》反映的下层人民生活之困苦,都有其更深层的社会原因。汉朝流行"人口税",又称"口钱",平民七岁以上,每人每年皆需缴纳二十钱奉养皇帝。以农民为主的中下层人民无力负担苛重的税款,导致弃子杀婴现象不断。扬雄认为赋税是国家必要的经济来源,同时他又劝诫统治者克制私欲,认为税率不应侵占平民利益,提出:"什一,天下之中正也。多则桀,寡则貉。"(《法言·先知》)

那么,扬雄的理想抱负是否得到西汉刘氏当权者的回应呢?显然没有。他的政治理想是圣人主导下"老人老,孤人孤,病者养,死者葬,男子亩,妇人桑"(《法言·先知》)的大同社会。西汉末期的混乱政治社会与扬雄政治思想冲突之后,研读儒家经典所深植的"变易"思想开始在其脑海中浮现。西汉儒生在董仲舒神学天命论的长期熏陶下,普遍认为一切社会现象都是天之规律的体现,人的种种行为都被刻镂于静止不变的星空之上,只能被动遵循天命。而扬雄较其更近一大步,《法言·重黎》:"天昨光德而陨明忒",他直追先秦儒家"皇天无亲,惟德是辅"的"惟德"思想,认为西汉政权的天命也该更替于更有德者。所谓"天地革而四时成,汤武革命,顺乎天而应乎人"②,汤武革命是汉初以来儒生面临的道德困境,但扬雄在《法言》中却盛赞汤、武之伟大:"夏、殷、周之道将兮,而以延其光兮""殷、周以其伐"(《法言·孝至》)。天命并非一家一姓所有,天命是根据统治者的"德"在世间不断循环往复,更始变化。"汉兴二百一十载而中天,其庶矣乎"(《法言·孝至》),当汉廷不追圣人之道后,天命就开始转移,向着能带给社会长治久安的方向变易。

扬雄政治哲学上的"变易"思想,很大程度来源于《周易》,在《法言·问道》《法言·问神》等篇中,扬雄多次提及"损""益""革",而此三字正是《周易》中最具有的"变易"因素的四卦。据笔者检索,《法言》中包含"变易"思想的"损""益""革"三字分别出现了6次、6次、2次;另外笔者还检索了《法言》中对《周易》内容的引用,共有15处之多。扬雄虽然以儒家的卫道士自居,但不完全拘泥于圣人之道,为实现其政治理想,他呼吁"可则因,否则革","新则袭之,敝则损益之"

---

① [汉]班固:《汉书》卷二四上,中华书局1964年版,第1137页。
② 黄寿祺、张善文:《周易译注》,上海古籍出版社2012年版,第254页。

(《法言·问道》)。而集中体现扬雄"变易"思想的,在《法言·先知》:

> 或曰:"以往圣人之法治将来,譬犹胶柱而调瑟,有诸?"
> 曰:"有之。"
> 曰:"圣君少而庸君多,如独守仲尼之道,是漆也?"
> 曰:"圣人之法,未尝不关盛衰焉。昔者尧有天下,举大纲,命舜、禹;夏、殷、周属其子,不胶者卓矣。唐、虞象刑惟明,夏后肉辟三千,不胶者卓矣。尧亲九族,协和万国;汤、武桓桓,征伐四克。由是言之,不胶者卓矣。礼乐征伐,自天子所出,春秋之时,齐、晋实与,不胶者卓矣。"①

扬雄的"变易"思想在于圣人不"胶柱而调瑟"。尧、舜、禹时的禅让制,夏、殷、周时的家天下,乃至夏朝开辟三千肉刑,汤、武以下克上推翻前朝统治,都是适应时代需要且合乎民心的圣人之道。正因如此,当王莽"辟雍以本之,校学以教之,礼乐以容之,舆服以表之,复其井、刑,勉人役"(《法言·孝至》)时,扬雄才会由衷感叹"周公以来,未有汉公之懿也,勤劳则过于阿衡"(《法言·孝至》)。

二

扬雄的"变易"思想体现在对个人命运的思考上。

扬雄"变易"的政治哲学内核是达到在圣人治理下的"大同"社会,而圣人之道的基础就在于与时偕行的"变易"观。"圣人虎别,其文炳也;君子豹别,其文蔚也;辩人狸别,其文萃也。狸变则豹,豹变则虎。"(《法言·吾子》)扬雄特意以《周易·革卦》的爻辞强调辩人、君子、圣人三者之间是有可相互转换的联系的。

扬雄极度重视儒家的"圣人观",将孔子置于至高至圣的位置,认为圣人即是"多变",即使是后来贤者,也只能执其一端。扬雄即以孔子的弟子为例证:"圣人固多变。子游、子夏得其书矣,未得其所以书也;宰我、子贡得其言矣,未得其所以言也;颜渊、闵子骞得其行矣,未得其所以行也。圣人之书、言、行,天也,天其少变乎?"(《法言·君子》)然而,圣人虽然多变,但圣人以下的君子、辩人也是处在不断变化中的,只要辩人与君子能够以圣人为榜样,就可以不断接近圣人的高度。"天降生民,倥侗颛蒙,恣乎情性,聪明不开。"(《法言·学行》)人在一开始是蒙昧无知的,扬雄撰《学行》篇的目的,就是启人智慧、发人道德,通过圣人之道的教化,使人由"狸变"到"豹变"再到"虎变"。

---

① [汉]扬雄,韩敬译注:《法言》卷九,中华书局2012年版,第237页。

可见，扬雄以"圣人观"为基础的"变易"思想，并非《周易》"一开一阖谓之变，往来不穷谓之通"的生生不息的"变易"。扬雄的"变易"是以圣人为终极目标，所谓"万物纷错则悬诸天，众言淆乱则折诸圣""好书而不要诸仲尼，书肆也；好说而不要诸仲尼，说铃也"（《法言·吾子》）。对于儒家而言，学习就是砥砺自身德行的一种方式，孔子论学以"学而不思则罔，思而不学则殆"①，孟子论学以"学问之道无他，求其放心而已矣"②，荀子论学以"君子之学也，以美其身"③。扬雄同样承认学问对德行的砥砺作用，"吾未见好斧藻其德，若斧藻其楶者也"，但他比他的前辈学者们更强调学习途径的正统。《法言·学行》中，扬雄借用《周易·渐卦》中"鸿渐"的意象指出"非其往不往，非其居不居，渐犹水乎？"水本身具有很强的流动性，是最具有"变易"属性的物质之一。在孔子的语境中是不舍昼夜，笃志学行的象征，而扬雄赋予水以"鸿渐"的意义，也不外乎他在弘扬教育的同时，自比于孟子，以儒家学派的卫道者自居了。

西汉末年，作为儒学卫道者的扬雄生活并不如意。尽管《汉书·扬雄传》记载他："不汲汲于富贵，不戚戚于贫贱，不修廉隅以徼名当世。"④ 但从扬雄出蜀后的经历可以看出他还是有过积极的政治抱负。刚入仕的扬雄对统治者抱有希望，他认为治国之本在于"躬工人绩""政之本，身也。身立则政立矣"（《法言·先知》）。所以，他的《酒赋》《甘泉赋》《羽猎赋》《河东赋》《长杨赋》都对汉成帝提出了谆谆劝谏，希望这位耽于酒色的皇帝能重修帝德，光耀祖宗基业。然而，汉成帝以及后来哀帝、平帝都没有采纳扬雄的纳谏，扬雄的政治抱负无法得以施展。同时，当时朝堂"县令不请士，郡守不迎师，群卿不揖客，将相不俯眉""言奇者见疑，行殊者得辟"，儒林"颇得信其舌而奋其笔，窒隙蹈瑕而无所诎也"⑤。可见，当时社会对荣禄有近乎疯狂的痴迷与追求。

朝堂的糜烂与儒林的衰颓，使扬雄更能以"变易"思想审视自身以及人在社会中的命运。与扬雄同时的王莽、刘歆、董贤等人早已飞黄腾达，但扬雄却以淡泊的心态自受。世人以权柄为明为大，而扬雄以微为明："微而见之，明其悖乎？"（《法言·问明》）扬雄是深得《周易》"知几"思想的精髓。西汉后期政治倾轧惨烈，外戚、权臣

---

① 杨伯峻：《论语译注》，中华书局2021年版，第1页。
② 杨伯峻：《孟子译注》，中华书局2018年版，第247页。
③ ［清］王先谦：《荀子集解》，中华书局2022年版，第1页。
④ ［汉］班固：《汉书》八七上，中华书局1964年版，第3514页。
⑤ ［南朝梁］萧统：《文选》卷四五，上海古籍出版社1986年版，第2009页。

一旦失势，便有满门屠戮之危①。从丞相翟方进的自杀到王氏家族与赵飞燕姐妹十数年的明争暗斗，扬雄深谙世局的变化动荡。"客徒朱丹吾毂，不知一跌将赤吾之族也"②的感慨便是有感于斯。扬雄的保身思想继承于孔子，孔子说："危邦不入，乱邦不居；天下有道则见，无道则隐。"③扬雄在"变易"思想的基础上，更强调《周易·系辞上》所言的"君子藏器于身，待时而动"。扬雄以《周易·乾卦》九四为喻："时未可而潜，不亦贞乎？时可而升，不亦利乎？潜、升在己，用之以时，不亦亨乎？"孔、扬二子的保身思想都可以上溯于《周易·系辞》："君子藏器于身，待时而动。"这并非一种消极避世，扬雄强调智慧在保身中的决定性作用，扬雄的保身绝不是以一种蒙昧的态度浑浑噩噩地活在世间。试看《法言·问明》：

　　或问活身。

　　曰："明哲。"

　　或曰："童蒙则活，何乃明哲乎？"

　　曰："君子所贵，亦越用明，保慎其身也。如庸行翳路，冲冲而活，君子不贵也。"④

世人在出世与入世之间往往择极端而行，以为保持蒙昧无知便是避祸之道。"童蒙则活"其实是对《周易·蒙卦》六五的误读。六五居尊，谦下应九二，故谓之"蒙以养正"。作为大经学家，扬雄自然看到九二所代表的蒙师的重要性，故而尤其强调"明哲"。如果没有"明哲"，那么就会像蒙着眼睛行进在黑暗的道路上，胡冲乱撞地活着。这非但不能保全自身，反而会陷入囹圄，故不为君子推崇。

事实上，扬雄的"变易"思想存在矛盾之处，其原因在于他对历史人物的评判标准以及自身晚年行为，都与他思想不甚一致，尤其体现在他研究吴越时期历史时所做出的评价，如《法言·重黎》：

　　或问："子胥、种、蠡，孰贤？"

　　曰："胥也，俾吴作乱，破楚、入郢、鞭尸、藉馆，皆不由德；谋越谏齐不式，不能去，卒眼之。种、蠡不强谏而山栖，俾其君诎社稷之灵而童仆，又终弊吴。贤皆不足邵也。至蠡策种而遁，肥矣哉！"⑤

扬雄讥讽伍子胥三谏而不去，却又谴责范蠡、文种不强谏，可以看出他对"无道

---

① 彭小瑜：《道德之贫困与刑法之酷烈——西汉末年政治风气考》，《经济社会史评论》2009 年 00 期。
② ［南朝梁］萧统：《文选》卷四五，上海古籍出版社 1986 年版，第 2006 页。
③ 杨伯峻：《论语译注》，中华书局 2021 年版，第 81 页。
④ ［汉］扬雄，韩敬译注：《法言》卷六，中华书局 2012 年版，第 159 页。
⑤ ［汉］扬雄，韩敬译注：《法言》卷一〇，中华书局 2012 年版，第 266 页。

则隐"采取了十分灵活的标准。扬雄的乡贤苏轼十分轻视扬雄的做法。苏轼指出:"雄闻古有三谏当去之说,即欲以律天下士,岂不陋哉?"① 他认为扬雄对于三位贤人的看法前后不一致,并且没有以臣子的基本人情为出发点,故而毫不留情地斥责扬雄为"曲士"。同时,扬雄处乱世之际,本应拟经为业,顺应潜龙变易之理,却身为汉臣而奉承王莽政权,作《剧秦美新》对新朝歌功颂德。至于甄丰、刘棻案发,本与扬雄关系疏远,扬雄却忧谗畏讥,草草投阁。《法言·渊骞》谓孟轲:"勇于义而果于德,不以贫富贵贱死生动其心。"扬子自比于孟子,却少了孟子"虽千万人吾往矣"的气魄,且在危难关头,终不明祸福相倚,以致有"白圭之玷"之憾。

三

扬雄的"变易"思想体现在对学术的整合上。

就总体而言,扬雄的学术体系都是以儒家思想为根基,他的学术主张以圣人之道为核心标准:"书不经,非书也;言不经,非言也。言、书不经,多多赘矣。"(《法言·问神》)在《寡见》《五百》等篇目中,扬雄从圣人的视角出发,对以往诸子做出了评断,值得注意的是扬雄的视角虽然比较单一,但是并未对诸子的思想采取"异己"的态度,反而能从中汲取各家学说的精髓。比较值得注意的是扬雄对于老子的态度,如《法言·寡见》:

或问:"司马子长有言曰:五经不如《老子》之约也,当年不能极其变,终身不能究其业。"

曰:"若是,则周公惑,孔子贼。古者之学耕且养,三年通一。今之学也,非独为之华藻也,又从而绣其鞶帨。恶在老不老也?"②

在西汉,今文经学这种严格的门风使经师解经时不断因袭师说,再加上自我见解,故而经注学说的规模变得冗长且琐碎,解经至此已经出现烦琐支离的弊端③。扬雄一方面极力维护五经的权威地位,但同时也清醒认识到当时经学的不良风气。尽管在与"有的人"的对话中是在以五经驳《老子》,但是他毕竟也承认《老子》辞简旨渊。扬雄在蜀中师承道家巨擘严遵,本性好清静而少嗜欲,《法言》以及《太玄》与《周易》《老子》也颇有渊源,实际上这也是在"变易"思想主导下的学术融合。扬雄在《法

---

① [宋]苏轼,叶平评注:《东坡志林》,中州古籍出版社2023年版,第232页。
② [汉]扬雄,韩敬译注:《法言》卷七,中华书局2012年版,第177页。
③ 郭海涛:《模仿与超越:扬雄经学思想论析——以〈法言〉为中心》,《社科纵横》2022年第37期。

言》中谈及老子："《老子》之言道、德，吾有取焉耳；及捶提仁、义，绝灭礼、学，吾无取焉耳。"谈及庄周、邹衍，则称其："少欲、自持。"谈及司马迁："实录。"谈及鲁仲连、蔺相如："鲁仲连荡而不制，蔺相如制而不荡。"可见，扬雄对于诸子的优劣是有清晰认识的。

在扬雄对诸子学术思想肯定的另一面，我们可以发现他对儒家经典虽然礼敬甚笃，但并非没有怀疑与超越。以扬雄的视角而观之，虽然"天地之为万物郭，五经之为众说郭"（《法言·问神》），但是"《诗》《书》《礼》《春秋》，或因或作，而成于仲尼，其益可知也。故夫道非天然，应时而造者，损益可知也"（《法言·问神》）。"损益"的"变易"观在此时成为扬雄对儒家经典进行进一步发展的理论起点，儒家五经都是在漫长历史中经众人之手不断形成的，如同"道"亦不是天然形成的。既然每个时代具有不同的特点，那么就可以根据时代特点去进行增补。扬雄法《周易》而作《太玄》，效《论语》而作《法言》，正是为革敝西汉经文经学日益烦琐的现状。而扬雄生时不为人所重，甚至"诸儒或讥以为雄非圣人而作经，犹春秋吴楚之君僭号称王，盖诛绝之罪也"[1]，也是由于其学术融合百家而导致儒学思想不醇，不能被当时浓厚的宗经氛围所接纳。

如果说扬雄对诸子思想的接纳是在社会学术层面上的"变易"，那么从赋作家到经学家身份的转变则是扬雄个人学术层面上的"变易"。他在《法言》中以问答的形式提到了自己这一身份的转变，他认为少年时作赋的行为是"童子雕虫篆刻"，至于壮夫而不为，理由则是"吾恐不免于劝也"。前文已经提到扬雄出蜀时仍抱有积极的政治抱负，而扬雄个人学术的"变易"与其对社会命运、个人命运的思考而产生的"变易"是一致的。扬雄的经学家并没有完全脱离赋作家身份的影响，正如他思想杂糅诸子一样，扬雄的经学著作同样带有"赋"的特征[2]。苏轼曾批评扬雄拟经文风："扬雄好为艰深之辞，以文浅易之说，若正言之，则人人知之矣。此正所谓雕虫篆刻者，其《太玄》《法言》皆是类也。而独悔于赋，何哉？终身雕虫，而独变其音节，便谓之经，可乎？"[3]《法言》的文字效仿《论语》，总的来说继承了先秦较为流畅的文风，但其文字形式与繁缛的汉大赋也有颇深渊源。先以例证试析之：

首先，扬雄将赋作主客问答之形式，移植于《法言》以传达作者思想。可以说，扬雄的观点就是在不断与"或曰"互动中逐渐形成。如《法言·问神》：

---

[1] ［汉］班固：《汉书》卷八七下，中华书局1964年版，第3585页。
[2] 沈相辉：《论扬雄"拟经"与"作赋"之互动》，《文艺研究》2022年第10期。
[3] ［宋］苏轼，孔凡礼点校：《苏轼文集》卷四九，中华书局1986年版，第1418页。

或问神。

曰:"心。"

"请问之?"

曰:"潜天而天,潜地而地。天地,神明而不测者也。心之潜也,犹将测之。况于人乎?况于事伦乎?"

"敢问潜心于圣?"

曰:"昔乎,仲尼潜心于文王矣,达之;颜渊亦潜心于仲尼矣,未达一间耳。神在所潜而已矣。"①

通过"有的人"对"神"提问,扬雄不断将话题引导至"心"至"潜"最后至"圣",给人以回环徐升之感,最后得出人需不断潜心于圣的道理。主客问答的形式正是扬雄拟而不具备《论语》朴实文风的原因之一。

其次,正如苏轼所言,扬雄好为艰深之辞。扬雄少年时即通小学,故其文章多以艰难奇字替换。如"摛埴索涂""鹪明冲天"等语辞在《法言》中俯拾皆是。在扬雄看来,"玉不雕,玙璠不作器;言不文,典谟不作经"。在内容合乎圣人之道的前提下,应该讲求对文采与形式的打磨。在扬雄的时代虽然没有提出"文道之辩",但他也追求文与辞的平衡,提出"诗人之赋丽以则,辞人之赋丽以淫"的评判标准,但是扬雄将赋法入文法的实际效果却不免犯了"丽以淫"之大忌。

再次,《法言》中有大量的铺陈修辞,可以说就是以经书为名的辞赋,如《法言·问神》中说:"言不能达其心,书不能达其言,难矣哉!惟圣人得言之解,得书之体。白日以照之,江河以涤之,灏灏乎其莫之御也。面相之,辞相适,捘中心之所欲,通诸人之嚊嚊者,莫如言。弥纶天下之事,记久明远,著古昔之㖧㖧,传千里之忞忞者,莫如书。故言,心声也;书,心画也。声画形,君子小人见矣。声画者,君子小人之所以动情乎!"此处运用了排比、比喻、反问等修辞手法,极具汉赋的节奏感,使说理变得更加有理有力。

扬雄赋作家与经学家的身份"变易",既是与其人生哲学相呼应的,又是作为文学家在不同文体创作之间无意识的流转。由此可见,"变易"的思想贯穿扬雄的社会观、人生观以及学术观。

---

① [汉]扬雄,韩敬译注:《法言》卷五,中华书局2012年版,第113页。

四

通过上文以《法言》为主体，笔者对扬雄的"变易"思想做了粗略的梳理。简而言之，扬雄的"变易"思想是对西汉末年社会政治混乱不堪，士人思想以纬解经而做出的反转。他以圣人之道为治国理政核心，却不囿于庸俗的天命论，通过对君德的辨析以及对历史更替规律的阐发，从而呼应先秦"皇天无亲，惟德是辅"的社会进步思想。然而，作为赋作家、经学家的扬雄并不能在乱世真正实现自身政治抱负，故而转向对人生"变易"以及学术"变易"的思考。他以《周易》中君子的通变思想为根底，对"时""遇"进行探讨作为个人命运前途的指引，同时在拟经的实践创作中完成经学家的身份"变易"，完成了诸子与儒家思想的初次融合，并在无意识中对"文""质"关系做出了初步探索。

扬雄的思想在生前有"覆瓿"之憾，但其冷峻而深刻的认识却切合未来文学、经学发展的趋势，两汉经学的拨乱反正正始于扬雄对儒学与诸子学的融合，尤其是与道家学说的融合。正如桓谭所言："凡人贱近而贵远，亲见扬子云禄位容貌不能动人，故轻其书。昔老聃著虚无之言两篇，薄仁义，非礼学，然后世好之者尚以为过于《五经》，自汉文、景之君及司马迁皆有是言。今扬子之书文义至深，而论不诡于圣人，若使遭遇时君，更阅贤知，为所称善，则必度越诸子矣。"[①] 而事实也是如此，在扬雄后二百年，郑玄、王弼、何晏等人以道注儒，掀起魏晋玄学的序幕。扬雄自身的"变易"思想虽然是仕途失意而萌芽出的立身为学准则，却也无疑"变易"了整个中国学术史的发展。

（作者单位：西华大学文学与新闻传播学院）

---

① [汉] 班固：《汉书》卷八七下，中华书局1964年版，第3585页。

扬雄《解嘲》对杜甫的影响

徐成龙

内容提要：扬雄透过其文学作品《解嘲》，着意表达远离官场纷争、坚持守持玄远之道的愿望。杜甫素来敬仰扬雄，在遭到时运不济、颠沛流离的种种打击后，他从《解嘲》中汲取了"攫挐者亡，默默者存；位极者宗危，自守者身全"的思想，从而与扬雄达成了人生轨迹的重合与思想上的共鸣，也为自己的精神世界找到了一种解脱的路径。

关键词：《解嘲》；杜甫；扬雄；杜诗

当前，对于扬雄的研究正日益深入。扬雄，一位卓越的古代学者，其著述自班固《汉书·艺文志》始，便在历代公私目录书中占有显赫之地。他的作品也被多方选编，如梁昭明太子萧统的《文选》，以及诸如清代学者汪荣宝的《法言义疏》、戴震的《方言疏证》等的笺注作品，为后人留下了丰富而深刻的研究素材。扬雄的名作流传久远，成为中华传统学术的亮丽篇章，近百年来更是在现代学术理念的引领下，有了众多学者持续的评论和研究。

扬雄研究，在传承和发扬传统学术的背景下，近百年来获得了显著的学术成就。这一研究领域的贡献不仅体现在出版社、学术期刊、报纸的文化学术副刊上，还体现在过去十多年里的网络平台上的广泛发表，尤其是硕博士论文方面取得了显著的成果。中国改革开放以来，扬雄研究在国内外汉学者的辛勤努力下有了显著的进展。主要研究的方向有扬雄事迹研究、扬雄政治哲学思想研究、扬雄文学创作研究、扬雄《方言》研究以及相关的文献研究。在对扬雄文学作品进行研究时，发现有许多作品还有研究的空间，《解嘲》就是其中一篇。作为自述心志的一篇作品，其思想内蕴与后世诗圣杜甫的一些作品有共通之处。从此处着手，或可探究扬雄思想对杜甫创作的影响，也可为扬雄研究提供一些新的思路。

一、扬雄与《解嘲》

扬雄（前53—18），字子云，又作杨雄，蜀郡成都（今四川成都郫都区）人，是西汉的哲学家、文学家、语言学家。汉宣帝甘露元年（前53），扬雄出生于成都郫县一个清寒的小地主家庭。直到扬雄四十二岁入京之前，他都在此地居住。由于在蜀地没有其他亲属，所以扬雄的家庭不甚富裕，仅能自给。后来扬雄回忆自己的早年生活，在《逐贫赋》中就写道：

> 久为滞客，其意谓何？人皆文绣，余褐不完。人皆稻粱，我独藜飧。贫无宝玩，何以接欢？宗室之燕，为乐不槃。徒行负笈，出处易衣。身服百役，手足胼胝。或耘或耔，沾体露肌。朋友道绝，进宦凌迟。①

扬雄从衣食住行的角度全方位地回忆了自己早年生活的困顿不堪，尽管过去了这么多年，依然能记得如此多的细节，可见其青年时期带给他的长久创伤。这样的生活环境，养成了扬雄不善言谈、不喜交游，而喜好读书深思、不慕荣利的孤僻性格。西汉时的成都，在文翁推行教化之后，是繁盛的文化之邦，因而青年时期的扬雄接受了较为严格的儒家教育，这都鲜明地体现在他日后的著作中。从这点观之，也可以说是后世唐代杜甫如此推崇扬雄的一个重要原因。

扬雄相貌平平，身高也不高，还有些口吃，不能够挥斥方遒，反而擅长潜心思考。早年间，他钦慕司马相如，就模仿司马相如的《子虚》《上林》等赋作，平常也自己创作许多赋作，声名远扬，例如《蜀都赋》，此赋作还开启了京都这一赋作题材。后来的班固《两都赋》、张衡《二京赋》和左思《三都赋》都受其影响。不过扬雄在《法言》中认为辞赋是"雕虫篆刻""壮夫不为"，于是转而研究哲学。他模仿《论语》而创作出《法言》，模仿《易经》而创作出《太玄》。不仅如此，他还提出以"玄"作为宇宙万物起源的学说，却遭到别人嘲笑。扬雄不善言辞，与人争辩不是他的长项，于是他创作了《解嘲》。这段缘由在《解嘲》的序言中有提及：

> 哀帝时，丁、傅、董贤用事，诸附离之者或起家至二千石。时雄方草创《太玄》，有以自守，泊如也。或嘲雄以玄尚白，而雄解之，号曰《解嘲》。②

---

① ［汉］扬雄著，张震泽校注：《扬雄集校注》，上海古籍出版社1993年版，第146页。
② ［汉］扬雄著，张震泽校注：《扬雄集校注》，上海古籍出版社1993年版，第175页。

从这段序言我们可以读出，扬雄在时局动荡之际选择了保持独立思考的态度，坚守自己的理念。他的态度与当时附和时势、趋炎附势的人形成鲜明对比。而且，面对人们嘲笑他的太玄理论"以玄尚白"，扬雄并不气馁，反而以"解嘲"为名，以自己对批评的回应命名。这显示了他对批评的豁达和自信，同时也展现了他解释自己理论的决心。

二、《解嘲》主要思想内容

从《解嘲》序言中我们可以得知，汉哀帝统治期间，扬雄考虑的问题已经不是如何实现自己的政治抱负，而是在衰颓的社会中如何生存下去。扬雄在《解嘲》中就以隐晦的笔调暗示这样的社会现状："客徒欲朱丹吾毂，不知一跌将赤吾之族也！"巧妙地运用"朱丹"这一借代来回应"尚白"的戏谑。《文心雕龙·杂文》中对《解嘲》做过评价："杂以谐谑，回环自释，颇亦为工。"① 《解嘲》中这样的例子很多，如："今子乃以鸱枭而笑凤皇，执蝘蜓而嘲龟龙，不亦病乎！"也是富有诙谐的语调，并且不仅限于此，更有令人警醒的劝诫之义在里面，能够引人深思。

这篇文章以汉代为背景，对历史上的人物和事件进行了审慎评述，展现了扬雄纵横捭阖的文辞功底。在表达作者的愤懑之情和落拓之志的同时，《解嘲》通过抒情言志深刻描绘了汉代封建制度的一些弊端以及当时社会的实际情况。文章通过细致的描写，表达了作者反对压抑人才、主张重用贤能的进步思想。

具体来看，《解嘲》的第一部分，涵盖第一至第二段，生动描绘了扬雄在才华横溢却身世卑微的境况下的苦闷经历。客人首先引述了古代士人在君王垂青下取得辉煌成就的场景，强调他们的荣华富贵令人羡慕。然而，客人接着直言扬雄身处于明盛之世，却与众贤士同行，长期未能施展其卓越才智，反而专心投入创作《太玄》之中。这一对比深刻揭示了扬雄在政治舞台上未能取得显赫成就的状况。同时，客人揭示了扬雄虽然论著博大精深、思想卓越，但却在官场上失意，仅身居侍郎之位，未能跻身更高的层次："然而位不过侍郎，擢才给事黄门。"这种嘲弄之词指向扬雄与士人准则背道而驰的命运。扬雄通过客人的口吻，以对比手法和深刻的语言，构建了扬雄的独特境遇，为后续的讨论奠定了坚实基础。其中，"今子乃以鸱枭而笑凤皇，执蝘蜓而嘲龟龙，不亦病乎！子之笑我玄之尚白，吾亦笑子之病甚，不遭夷跖、扁鹊，悲夫"中的"以鸱枭而笑凤皇，执蝘蜓而嘲龟龙"和"夷跖""扁鹊"均为典故，前者乃用《荀

---

① 黄叔琳注，李祥补注：《增订文心雕龙校注》，中华书局2000年版，第188页。

子·赋篇·佹诗》中"螭龙为蝘蜓,鸱枭为凤凰"之语意,以讽"客"之迂腐;后者皆为古时良医,其事可见《史记·扁鹊仓公列传》,这里用来讥"客"之"病甚"①。从这点可见其用典的形象、鲜明、生动。

第二部分,囊括第三至第五段,通过反驳那些认为扬雄"不能画一奇,出一策"而进行的讽刺,揭示了当时贤才失意的社会原因。这段文章主要采用了对比论证,以"往昔"与"今大汉"的对比为主线。首先,通过对比往昔与当代士人的命运,强调了当代社会的巨变。在周朝衰败、天下分裂的时期,士人的地位备受推崇,扮演着重要的政治角色:"士无常君,国亡定臣,得士者富,失士者贫。"然而,到了汉代天下统一,士人的角色被边缘化,无法施展才华:"当涂者入青云,失路者委沟渠,旦握权则为卿相,夕失势则为匹夫。"这一明显的对比突显了时代变迁对士人地位的深刻影响。

其次,通过对比往昔与当代士人的作用,强调了当时士人无法发挥才能的现实。以往士人的去留、生死关系到国家兴亡,如微子、箕子、比干离去导致殷室变为废墟,伯夷、姜尚的归来使周朝得以昌盛,伍子胥的自杀导致吴国的灭亡,文种、范蠡并用促使越国称霸,百里奚入秦令穆公欣喜,乐毅出燕导致惠王的担忧。而在汉代却陷入相对平静的境地,缺乏施展才华的机会。这一对比揭示了时代需求对士人作用的决定性影响。

最后,通过对比往昔与当代士人的地位,强调了当时士人缺乏社会地位的困境。古代士人曾因言辞犀利、才华横溢而得到重用,如原文中说:"夫上世之士,或解缚而相,或释褐而傅;或倚夷门而笑,或横江潭而渔;或七十说而不遇,或立谈间而封侯;或枉千乘于陋巷,或拥彗而先驱。是以士颇得信其舌而奋其笔,窒隙蹈瑕而无所诎也。"而在汉代,士人被冷落,地位低微,无法发挥才智,甚至"言奇者见疑,行殊者得辟",以至于"欲谈者宛舌而固声,欲步者拟足而投迹"的夸张情况。这一对比凸显了社会状况的变化对士人地位的影响。整体而言,这一部分通过详细的历史对比,深刻剖析了士人命运、作用和地位在不同时代的巨大变迁,为深入分析扬雄的处境提供了有力的支持。

第三部分,横跨第六至第七段,着重描述了作者对于著书成名的看法,表达了他不愿同流合污的高尚情操。面对客人对于《太玄》无法成名的质疑,作者追溯历史,充分阐释了自己默默著书的内心感受。文章深入探讨了士人的功成名就与时势的契合关系。通过列举范雎、蔡泽、娄敬等人的成功经历,作者清晰地表达了一个时代需要

---

① 孙兴民:《简论〈解嘲〉的用典》,《河北大学学报(哲学社会科学版)》1990年第1期,第50页。

有为之士,并指出"为可为于可为之时,则从;为不可为于不可为之时,则凶"。这一观点突显了扬雄与时代脱节的痛苦,以及时势不允许他施展才华的困境。

接着,文章通过援引历史典故,如蔺相如、四皓、公孙弘、霍去病等人的事迹,进一步说明了适逢其会的人才能实现功业,也强调了适时之宜对于成功的重要性。然而,作者对比自己与这些英雄人物,感慨于自身无法逢凤鸣,表达了自己在"不可为之时"的无奈心情。

最后,文章表达了扬雄的坚守和态度。他以蔺相如、公孙弘等人为例,说明这些成功者均处于适宜之时,而他自己"诚不能与此数公者并"。因此,扬雄只得选择靠著书立说来传播自己的思想,尽管这或许是他在"不可为之时"的唯一选择。整个部分透露出扬雄有志难伸、有才难施的苦闷心境,同时表达了对于清高操守的坚守。这一部分通过详细的历史引用和对时代因素的深刻反思,使得作者的思想更具有说服力和深度。

总体而言,《解嘲》通过深刻的历史观察和对士人境遇的反思,展现了对汉代封建制度弊端的关切和对当时社会现象的不满。在纵横叙事中,作者通过古今对比,揭示了士人命运的变迁与时代环境的关系。文章在述说个人境况的同时,巧妙地融入对社会风貌和制度的批判,表达了对于贤能被压抑的痛心以及对时代变革的期盼。整体来看,文学思想体现为对个体遭遇与社会结构的深刻反思,传递了对自由、公平与人才重用的渴望。

三、杜甫作品对其思想的接受

上述提及的扬雄在《解嘲》中表露出的深刻思想,恰恰是杜甫人生经历的注解。杜甫与扬雄都是各自时代的文学人家,虽然时代相隔久远,杜甫对扬雄却是神往已久。杜甫在其作品中经常引用扬雄及其相关的典故,以表达自己的思想和抱负。如杜甫就引用扬雄因被嘲笑而作《解嘲》的典故:"谬惭知荫子,真怯笑扬雄。"(《奉寄河南韦尹丈人》)[①] 以扬雄的高尚品格来夸赞韦公。

不仅在人格上杜甫十分推崇扬雄,对于扬雄的文学成就,杜甫也是极为推崇的。天宝六载(747),唐玄宗颁布了一道诏书,让天下拥有一技之长的人前来京城参加科举考试。李林甫被委任负责主持尚书省试,然而,他对所有参试者一概未予录取,并上报给朝廷,上演了一场野无遗贤的闹剧。在这次科举中,杜甫未能获得录取,这对

---

① 萧涤非主编:《杜甫全集校注》,人民文学出版社 2014 年版,第 161 页。

急于展现自己抱负的他是一个沉痛的打击。杜甫被困于长安,心情郁郁寡欢,他萌发了离京游历的念头,于是写下这首《奉赠韦左丞丈二十二韵》,向韦济告别:

> 纨袴不饿死,儒冠多误身。丈人试静听,贱子请具陈。甫昔少年日,早充观国宾。读书破万卷,下笔如有神。赋料扬雄敌,诗看子建亲。李邕求识面,王翰愿卜邻。自谓颇挺出,立登要路津。致君尧舜上,再使风俗淳。①

在这首诗中,杜甫陈述了自己的才能和抱负,倾吐了仕途不顺、生活窘困的苦境,同时也对现实中的黑暗进行了批判。在杜甫较为明确地自叙生平和理想的重要作品中,他将自己的才能夸耀了一番,认为自己"读书破万卷,下笔如有神",写赋能够与扬雄匹敌,作诗也如曹植一般富有才华。虽然有些许自矜夸耀的成分,但可看出,在杜甫心中,扬雄作为作赋大家,在作赋方面的才华可堪为第一。这时的杜甫还未放下自己的心志,依然希望为朝廷效力,有着"致君尧舜上,再使风俗淳"的远大志向。

过了两年,杜甫仍未放弃做官发挥才能的志向。他另辟蹊径,选择给皇帝身边的起居舍人送诗作,希望能够被皇帝身边的人引荐:"献纳司存雨露边,地分清切任才贤。舍人退食收封事,宫女开函近御筵。晓漏追趋青琐闼,晴窗点检白云篇。扬雄更有《河东赋》,唯待吹嘘送上天。"(《赠献纳使起居田舍人》)② 前三联杜甫都是在吹捧皇帝的近侍,最后一联杜甫则表明心志。他与写下《河东赋》的扬雄自比,认为自己也有像扬雄《河东赋》一样卓越的文章,就差引荐到皇帝面前了。可见杜甫在较为太平的世道中,没有放弃为官来施展自己志向的想法,想尽各种办法来"欲朱丹吾毂"。以上两例杜甫都是以扬雄自比,看到的是扬雄正面积极的才能,希望借此进入朝廷。

但在同年,杜甫赠给广文馆博士郑虔的诗作《醉时歌》中,他终于表露出了对自己不幸遭遇的愤懑:

> 诸公衮衮登台省,广文先生官独冷。甲第纷纷厌梁肉,广文先生饭不足。先生有道出羲皇,先生有才过屈宋。德尊一代常坎坷,名垂万古知何用。杜陵野客人更嗤,被褐短窄鬓如丝。日籴太仓五升米,时赴郑老同襟期。得钱即相觅,沽酒不复疑。忘形到尔汝,痛饮真吾师。清夜沉沉动春酌,灯前细雨檐花落。但觉高歌有鬼神,焉知饿死填沟壑。相如逸才亲涤器,子云识字终投阁。先生早赋《归去来》,石田茅屋荒苍苔。儒术于我何有哉?孔丘盗跖俱尘埃。不须闻此意惨怆,生前相遇且衔杯。③

---

① 萧涤非主编:《杜甫全集校注》,人民文学出版社2014年版,第277页。
② 萧涤非主编:《杜甫全集校注》,人民文学出版社2014年版,第537页。
③ 萧涤非主编:《杜甫全集校注》,人民文学出版社2014年版,第410页。

通篇观之，这首《醉时歌》可以称得上是对扬雄《解嘲》的致敬之作，是以扬雄境遇比喻自身。诗中充满了嘲笑和自嘲，反映了他和友人郑虔的困境。诗歌分为四段，首先嘲笑了郑虔的不幸遭遇，接着自嘲，隐含对整个社会的嘲讽，借助司马相如、扬雄等历史人物对比，突显了时局的荒谬和社会的弊病。最后则以嘲讽儒术和暗讽时政的方式收尾，表达了杜甫对当时社会不公和自身遭遇的痛苦感慨。整体而言，诗歌既展现了友情，又表达了对人生坎坷的痛苦思考，是一首充满深意的作品。

诗中运用了"子云投阁"的典故，以此说明无故受牵连而获罪之意，实则暗示自己有才而因世道不公不能被朝廷选用。这样愤懑的思想与扬雄《解嘲》中的思想内蕴遥相呼应。上文提到，扬雄在《解嘲》中的一个主要思想就是"故为可为于可为之时，则从；为不可为于不可为之时，则凶"。杜甫对此深有体会，他说"相如逸才亲涤器，子云识字终投阁"。连扬雄这样的大才都会被世道所牵连，甚至被逼到跳楼自保，无法发挥自己的才智，更不用说杜甫自己了。他们虽处于不同时代，但都处在一个"凶"世，没有发挥才能的空间，这是何其可悲。酒至酣处，杜甫甚至忘却了自己儒家门徒的身份，说出"儒术于我何有哉？孔丘盗跖俱尘埃"的狂言，可见其牢骚愤懑满怀。杜甫只有学习扬雄《解嘲》的思想精神，用自嘲的方式宽慰自己。

上述时代中，也就是安史之乱爆发前，杜甫还有入世的抱负之心，认为自己有像扬雄一般的大才，遇到不平则会吸收扬雄《解嘲》中的自嘲精神来安慰自己。但在安史之乱爆发后，杜甫就慢慢变得更向扬雄《解嘲》的"默然独守吾《太玄》"的境界靠近了。上元二年（761），杜甫来到成都第二年，历经艰难营造好了堂屋，便写下《堂成》一诗：

> 背郭堂成荫白茅，缘江路熟俯青郊。桤林碍日吟风叶，笼竹和烟滴露梢。暂止飞乌将数子，频来语燕定新巢。旁人错比扬雄宅，懒惰无心作解嘲。[①]

整首诗表露出杜甫难得的闲适惬意之感。他将扬雄的《解嘲》直接当作典故入诗，在诗的结尾否定了自己的草堂与扬雄草玄堂的关联，也阐明自己因为这闲适慵懒的生活而无意作《太玄》等鸿篇巨著。但这里笔者更偏向反意，即杜甫点明"无心作解嘲"，反而正是怀有此意，意蕴深沉。杜甫在此提及《解嘲》，正是深刻吸收了扬雄在其中点出的"故为可为于可为之时，则从；为不可为于不可为之时，则凶"的思想内涵，意识到了在这乱世之中，"攫拏者亡，默默者存；位极者宗危，自守者身全"的深刻道理，俨然成为《解嘲》中"默然独守吾《太玄》"的"扬子"了。

---

① 萧涤非主编：《杜甫全集校注》，人民文学出版社2014年版，第1926页。

四、结语

杜甫的诗歌创作中，前期充满豪情壮志，积极向往扬雄那样的仕途。然而，随着安史之乱（755）的爆发，社会动荡，家国不幸，杜甫的心境逐渐受到沉重的打击。在这个困境的背景下，他的追求逐渐转向对扬雄后期人生轨迹的关注，从而形成了一种深刻的内心变化。战争爆发使得杜甫的生活充满坎坷，而他曾怀揽"以文见召"的志向也因为时局的动荡而受到冷遇。与前期对扬雄"献赋入仕"向往的情感不同，杜甫开始更加关注扬雄后期"解嘲""草《玄》""投阁"之事。这种关注并非简单的学习，而是对扬雄所选择的"知玄知默，守道之极；爱清爱静，游神之廷；惟寂惟寞，守德之宅"的认同。在杜甫的诗歌中，扬雄不仅仅是一个遥不可及的人，而是变成了一位与杜甫命运相似、互相理解的精神慰藉之人。杜甫在《醉时歌》《堂成》等诗中屡次引用扬雄"草《玄》""投阁""解嘲"的相关典故，这既是对扬雄人生际遇的感怀，也是对自身人生坎坷遭际的深刻反思。扬雄一生的经历与杜甫的人生轨迹形成了契合，这也成为杜甫多次引用扬雄的重要原因之一。

总之，杜甫在面对动荡的时局和个人的艰辛遭遇时，逐渐从对扬雄早期仕途的向往中褪去，转而关注扬雄后期以《解嘲》为代表的，对精神世界的思考与坚守。这一转变不仅是由于对扬雄的崇敬之情，更是源自他对自身人生经历的痛感的深沉反思，由此形成了杜甫诗歌作品中一段深刻而沉痛的心路历程。

（作者单位：西华大学文学与新闻传播学院）

扬 子 思 想 研 究

扬雄：魏晋时尚的引领者

邓经武

内容提要：扬雄的思想学说影响了魏晋时期的思想文化运行。扬雄在对中国哲学发展、文体创新、个性表达上都开魏晋思想之路。

关键词：扬雄；魏晋；影响

一

作为一个哲学家，扬雄的思想学说影响了整个魏晋时期的思想文化运行，这是最为难得的。扬雄仿《论语》作《法言》，他被视为儒家的"西道孔子"；仿《易经》作《太玄》，以老子化易的"另类易经"，是"托古改制"。这不再是阴阳两仪，而是天、地、人的关系深度探究。《太玄》标志着汉代哲学家抽象思维水平的提高，有对桓谭、王充等的直接启迪和对魏晋玄学的深刻影响。扬雄的意义和价值，应作如是观。魏晋时期一批知识精英跳出传统的儒家"修齐治平"的思维方式，对宇宙、社会以及自我人生进行哲学反思，重新寻找精神家园。他们从扬雄的《太玄》等"玄远之学"哲学思考中获得启示，开始从一个全新的角度看待眼前的一切。天玄，追求超越事物的本质，天人合一，以气、神、道、德等来解释万物之间的普遍连接和变化；人玄，强调个体的修养和道德塑造，对于实现超越生活的重要性，"用心于内，不求于外"，通过自我反省与修养，以不断提升个体的道德水平；地玄，强调人与自然的共生关系，认为人居于自然之中，尊重自然并与自然和谐共存。因此，魏晋文化思潮被公认为是中国哲学史上的一个高峰。

冯友兰先生强调过扬雄对中国哲学发展的贡献，即"（扬雄、王充）二人在其积极方面，虽皆无甚新见；然其结两汉思想之局，开魏晋思想之路，自哲学史之观点言，则须略述此二人之思想，以见两汉、魏晋两时代间思想转变之迹。大概言之，两汉时代，以儒家与阴阳家混合之思想为主体"，扬雄是结两汉思想之局，开魏晋思想之路的人物。"特在当时纬书谶书盛行之际，而扬雄能持老易之自然主义的宇宙观及人生观，实可谓为有革命的意义也。以老易之思想为基础，扬雄乃作《太玄》"①。

扬雄认为"自今推古，至于元气始化"，"有生者必有死，有始者必有终，自然之道也"，"玄者，摘措阴阳而发气，一判一合，天地备矣……一生一死，性命莹矣"，"夫道有因有循，有革有化。因而循之，与道神之；革而化之，与时宜之。故因而能革，天道乃得，革而能因，天道乃驯。夫物不因不生，不革不成"，"人之性也善恶混。修其善则为善人，修其恶则为恶人"，"申韩之术，不仁之至矣！若何牛羊之用人也！"对个体生命存在"知黑、守白"方式的哲学思考，更是后之魏晋"玄学"的源头。

对儒家的质疑，对经学的驳斥，对名教礼法的抨击，一个个性觉醒的人文精神出现，一个活泼的、深邃的、放达的、充盈着勃勃生命力的文艺作品呈现。宗白华"晋人的美学是'人物的品藻'"，对当时的文学、艺术产生了巨大影响；嵇康的"越名教而任自然"，"守之以一，养之以和，和理日济，同乎大顺"；"当其得意，忽忘形骸。时人多谓之痴"的阮籍，有《达庄论》与《通老论》等"折衷名教与自然"玄论；郭象的"足性逍遥"，何晏与王弼的"名教出于自然"说，寓玄于艺、依玄托旨、因玄显志、以玄达趣的魏晋艺文风尚；王羲之感叹着"故知一生死为虚诞，齐彭殇为妄作"；陶渊明享受着"结庐在人境，而无车马喧。问君何能尔？心远地自偏"的淡然。他们开始超越烦琐冗杂的大千世界，而直探世界之本体——玄或自然，聚焦于无、本末、言意、体用、形神、性情等具有超越具象性的"玄远"特质。这也呈现于张衡《思玄赋》、刘驹赊《玄根》、蔡邕《玄表赋》、潘韵《玄达》等文字中。在李密的"陈情"中，"不汲汲于富贵，不戚戚于贫贱"（《汉书·扬雄传》），化成了庙堂富贵的显赫，何如普通人生的脚踏实地？

刘咸炘的《旧书别录》说："东汉以降，品藻之风盛行，儒家书由扬雄《渊骞篇》而推广之，臧否当时人物，若周明《周子》、殷基《通语》、袁准《正书》《正论》之类，开史论之先，侵记事之职。"扬雄仿《春秋》作《渊骞》和《重黎》两篇，褒贬历史人物，以补正《史记》之缺失，对六朝品鉴之学发生重要影响。许结的《汉代文学思想史指出》："个性意识的觉醒与沉沦于西汉经学氛围的先秦人本位思想的复苏，使扬雄开在子书中以文学笔触品藻人物之风。"扬雄曾有言："世异事变，人道不殊，

---

① 冯友兰：《中国哲学史》下册，商务印书馆2011年版，第79页。

彼我易时,未知何如。"(《解嘲》)班固在《汉书·扬雄传》篇末赞语指出,扬雄"恬于势利","实好古而乐道,其意欲求文章成名于后世"。今人有言:"易而言之,扬雄是旧传统与新传统的连接点,他通过批评旧传统而努力建立起新传统,从而为稍后的班固等人提供了前行的方向,在人物观与文学观等方面的转进即是证明。"① 朱东润的《中国文学批评史大纲》甚至提出"谓东汉文论,全出于扬雄可也"的论断。

  扬雄《酒箴》《逐贫赋》等文体创新的意义在于,文学不再是正襟危坐地讲道理,而可以成为讽刺幽默的游戏之作。扬雄作骈辞大赋务求宏侈巨衍,作小赋与文章则风趣诙谐,其风格体现着西汉大赋和西汉文的不同发展方向和美学要求,并直接引领着魏晋文学的发展趋向。曹丕《典论·论文》举例说:"孔融体气高妙,有过人者,然不能持论,理不胜词,以至乎杂以嘲戏。"孔融写文章不好好地讲道理却喜欢开玩笑。《世说新语》设有《排调》类专题。排调者,俳调也,即戏谑调笑之意。这个门类,就是专门记载魏晋名士的嘲戏言行的,共有56则,在该书中占有较大的比例。例如《排调》第11则:"元帝(司马睿)皇子生,普赐群臣。殷洪乔(殷羡)谢曰:'皇子诞育,普天同庆。臣无勋焉,而猥颁厚赉。'中宗笑曰:'此事岂可使卿有勋邪?'"臣子觉得皇子诞生,自己无功却得厚赏。皇帝回答道:我生儿子怎么会让你帮忙?王子猷去拜访谢万,看到僧人支道林已在并神色傲慢,忍不住调侃说:"如果你不是光头又留有胡须,心情会更好?"谢万假意转圜说:"唇齿相连都不能缺,头发胡须与心情有什么关系?"面对二人的嘲弄,支道林大为不满,说:"我今天就任凭你们糟践吧。"(《排调》第43则)王浑与妻子钟氏聊天时,看到儿子王济路过,他高兴地对妻子说:"有这样的儿子,很满足了。"妻子笑着说:"如果让我嫁给你弟弟,生的儿子会更加优秀。"(《排调》第8则)王浑的弟弟王伦"醇粹简远,贵老庄之学,用心淡如也",做过大将军参军,世称王参军,已于25岁时英年早逝。此事可见魏晋时上层社会的女性,也加入了对儒家伦理道德的解构行动。

  后人说扬雄"不肯失放诞之行",张扬个性超然物外的解构,引发魏晋时期"非汤武而薄周礼"怪诞举动的产生以及放荡风气的泛滥。一批俳谐文字如张敏《头责子羽文》、陆云《嘲褚常侍》《牛责季友》、石崇《奴券》、鲁褒《钱神论》等"反讽"嘲谑文学崛起于魏晋文坛,一时成为风气,正是继承了扬雄寓讽刺于嬉笑的创作传统。它给人们带来的是"人命危浅,朝不保夕"的生命短促危机感,李密《陈情表》所透射出的,是整个时代的悲音:庙堂的荣华富贵,何如平凡的切实人生?深刻的怀疑精神导致了一个思想高度自由的时代出现。政治和哲学思想的变移自然引起文学的嬗变,

---

  ① 任鹏:《中国美学通史·汉代卷·扬雄的美学思想》,江苏人民出版社2014年版,第290页。

新的时代生活产生新的文学。思考个体生命的意义，对人的终极关怀，注重个体人生的满足，就成为魏晋文学思潮的根本所在。陶渊明"觉今是而昨非，实迷途其未远"的感喟，"田园将芜，胡不归"的人生寻求，正是大多数文化人的共同心声。即使是"横槊赋诗"的一代枭雄曹操也有"月明星稀，乌鹊南飞，绕树三匝，无枝可依"的悲吟；大张"养生论"，鼓吹养生"上获千余岁，下可数百年，可有之耳"的嵇康，亦难免做了屠刀下的短命鬼；王羲之虽然自欺欺人地要在兰亭那美丽山水和友情之中"暂得于己，快然自足，不知老之将至"，却仍然压抑不住"固知一死生为虚诞，齐彭殇为妄作"的痛苦，因而发出"岂不痛哉"的惨烈呼号！

二

《剧秦美新》是理解扬雄的一个重要切入点。扬雄以潜意识老朋友的真诚态度，向王莽进谏"剧秦美新论"，期望王莽以暴秦为戒，建立清平政治。王莽被后人指斥为"矫情虚伪""阴谋篡汉""托古改制、篡汉自立"，留下千载骂名。

事实上，王莽为人恭俭，雅好儒术，礼贤下士，办事认真，行政能力强，30岁就被封为新都侯，38岁被任命为大司马（军政双第一），历时一年多而辞职回新野。45岁时再恢复大司马官职，并领尚书事，兼管军事令及禁军，处理百官奏书。这实际上已经是国家事务的操作人。重操权柄后，王莽迅速清除了丁傅两族外戚的势力，将仅9岁的中山王刘衎拥立为平帝，还为平帝祖母冯太后及东平王昭雪，受到朝野上下的拥戴，为推行以后的新政奠定基础。太皇太后王政君赐之为安汉公，王莽接受了封号，却把俸禄转给二万八千人作为封赏。长子王宇因吕宽案，被王莽逼得自杀，牵连数百人，官员即上书说，安汉公大义灭亲，公而忘私，作八篇诫书与孝经作为国家选拔人才的书目。王莽被封为宰衡，其地位仅次于皇帝。他大力宣扬礼乐教化，增加各经博士的名额，由一人增至五人，广建学校、宿舍，使有才干之士纷纷来京师，京师顿时文教昌盛，因此得到汉廷儒生的拥戴，群臣上书说，周公设礼作乐需七年，而王莽只用四年天下就升平，王莽因而加封九锡。54岁时，平帝死亡，皇太子孺子婴只有两岁，太皇太后让王莽代天子临朝听政，称假皇帝，臣民则称为摄皇帝。从安汉公—宰衡—假皇帝—真皇帝共计八年，新朝建立标志着西汉灭亡。班固认为，王莽开创了篡夺皇权的先例。

"篡汉"后王莽的"改制"主要内容是：先"从我做起"，其家族田地"非家垦皆以赋贫民"；然后"更名天下田曰王田，奴婢曰私属，皆不得买卖。其男口不盈八而田过一井者，分余田予九族、邻里、乡党"；再在长安以及洛阳、邯郸、临淄、宛、成都等中心城市实行国家调控的市场机制"五均"政策，实施盐、铁、酒、铸钱、五均赊贷以及"诸采取名山大泽众物者税之"的"六筦"。由政府控制物价以防止商人操控市场，凡无业者由官府安排工作，不接收者进行处罚。又如"置少府海丞、果丞各一人；大司农部丞十三人，人部一州，劝农桑"等发展生产的举措，应该说，这些"改制"措施都是对普通民众有好处的，对社会发展和历史进步有推动作用的。

从私人感情来说，王莽的叔父王商对扬雄有知遇之恩和荐举之惠，王莽与扬雄还有同僚之谊。他就与王莽、刘歆同官，后来又与董贤同官；王莽、董贤都位至三公，刘歆也官运亨通，只有扬雄在黄门侍郎的冷板凳上坐了多年。"不汲汲于富贵，不戚戚于贫贱"，却坚持着思考与写作，在文学、美学、哲学、语言学诸方面都取得了显著的成就，扬雄受好友刘歆之子刘棻案的牵连自杀未遂，还是王莽下令保护，并且拔擢他官至大夫，亦是基于此。汉取代秦，新莽取代西汉，都是历史进程中的自然现象，无所谓是非曲直，王莽只是把掌管国家的事实"名义化"。他的"改制"是有益于社会发展的，作为思想家和哲学家的扬雄对此有着清醒的认识，"美"赞之举由之而来。《汉书》本传说："及莽篡位，谈说之士用符命称功德获封爵者甚众，雄复不侯，以耆老久次转为大夫，恬于势利乃如是。"对易、老的参悟使他获得"恬于势利"的思想资源，在完成《甘泉》等四赋，审时度势后，潜心读书不复寄希望于腾达，再以《解嘲》等向世人明其心志，并着手写作《太玄》《法言》《方言》等，都显示着一代大师的心灵轨迹。

三

扬雄没有赶上司马迁在世时，却被《汉书》作者班固所仰望。班固所撰《汉书》关于人物事迹的记载，除了开国君主刘邦，只有记载司马相如的卷五十七、扬雄的卷八十七这两卷分了上下卷，可见篇幅之大，所载事迹之多，叙说之详尽。汉代的其他重要人物，包括吕后、武帝、张良、萧何、董仲舒等，均没有获得这种殊遇。

扬雄的同时代人，对他的学说价值都有着高度赞誉。桓谭则以为超越诸子，"扬子云才智开通，能入圣道，卓绝于众，汉兴以来未有此人"，又说道："张子侯曰：'扬子云，西道孔子也，乃贫如此。'吾应曰：'子云亦东道孔子也。昔仲尼岂独是鲁孔子？亦齐楚圣人也。'"并且不无惋惜地感叹"《玄》终不显"。张衡更大胆预言道："汉家得天下二百岁之书也，汉四百岁《太玄》其兴矣。"张衡认为汉朝四百年之后，玄学将大兴天下，这已被魏晋玄学风气所应验。这正基于张衡的知音感："吾观《太玄》，方知子云妙极道数，乃与五经相拟。"王充《论衡·定贤篇》概括道：扬雄、司马相如的作品"文丽而务巨，言眇而趋深"。《文心雕龙·才略》也称："雄（扬雄）、向（刘向）以后，颇引书以助文。此取与之大际，其分不可乱者也。"

王充盛赞扬雄有"鸿茂参圣之才"，认为扬雄的《太玄经》"卓绝惊耳，不述而作，材疑圣人"（《对作》），"汉作书者多，司马子长、扬子云，河、汉也，其余泾、渭也。然而子长少臆中之说，子云无世俗之论"（《案书》），并称"身与草木俱朽，声与日月并彰，行与孔子比穷，文与扬雄为双，吾荣之"（《自纪》）。其《论衡·案书》展望扬雄学说"当今未显，使在百世之后"，将会对中国思想文化发展产生更大的影响。《后汉书·张衡传》记录了张衡关于扬雄哲学思想的评价以及将会风靡天下的预测："吾观《太玄》，方知子云妙极道数"，"汉家得天下二百岁之书也"。他预言"汉四百岁，《玄》其兴矣"，即预告了魏晋玄学来临。

宋代爆发"孟子与扬子"谁更值得弘扬的争论。邵博的《扬雄宅》："却怜载酒客，似识草玄人"；宋京的《扬子云洗墨池》："君不见子云草玄西阁门，一径秋草闲朝昏。"王安石"孟子没，能言大人而不放于老、庄者，扬子而已"（《与王深甫书》），又说"扬雄亦用心于内，不求于外，不修廉隅以侥名当世"，"扬雄者，自孟轲以来，未有及之者"，"扬雄之仕，合于孔子无不可之义，奈何欲非之乎！"（《与龚深父书》）在王安石看来，儒家学说日渐衰落，只有扬雄能够在历史长河中留下深远的影响："儒者夷陵此道穷，千秋只有一扬雄。"宋《太平寰宇记》载："子云宅在少城西南角，一名草玄堂。"苏洵《上欧阳内翰第二书》："自孔子没，百有余年而孟子生。孟子之后，数十年而至荀卿子。荀卿子后乃稍阔远，二百余年而扬雄称于世。扬雄之死，不得其继千有余年。"清人姚鼐在《古文辞类纂》中剖析过其心态："进不能建功，退不能高隐，又不肯失于放诞之行，是不能与数子者并，唯著书以成名耳。"

四

研究中国文学不能缺失扬雄，研究哲学思想决不能绕过扬雄，研究古代语言少不了扬雄的贡献。研究中国城市史尤其是巴蜀城市史绕不开他的《蜀都赋》，研究中国方志史要注意他的《蜀王本纪》。其天文数术以及《易》学研究等特点，开始成为"蜀学"传统甚至导引着中国文化的某些特征。其《蜀都赋》《蜀王本纪》等，是巴蜀作家首次的"蜀人记蜀事、名蜀物、体蜀风"之作，满怀着对家乡丰裕的物产和器质文化的自豪，扬雄淋漓尽致地描绘出一幅琳琅满目的西蜀繁华图，对蜀中风物的赞美之情溢于言表，有的句子被历代学人引用，如"筒中黄润，一端数金；雕镂釦器，百伎千工"等，就是真实地记载了巴蜀器物制作工艺的高超精妙。

中年以后，扬雄的激情消散而理性增多，从文学创作开始转向到学术研究，这也是许多作家的人生轨迹。一方面，扬雄反思赋体文学创作无补于世，是"壮夫不为"的雕虫小技，从而转向精深的哲学思考和构建自己的学术体系；另一方面，在哲学高度思考问题，反而对文学创作之美的表现认识更为清醒，即其《太玄·文》所说："阴敛其质，阳散其文。文质班班，万物粲然"，"夫作者贵其有循而体自然也……譬诸身，增则赘，而割则亏。故质干在乎自然，华藻在乎人事，人事也，其可损益与?"（《太玄·玄莹》）。世人仅仅抓住其"雕虫篆刻，壮夫不为"一段话，却无视扬雄对文学之美的阐述，这是极不负责的。扬雄在《法言·寡见》中称："或曰：'良玉不雕，美言不文，何谓也?'曰：'玉不雕，玙璠不作器；言不文，典谟不作经。'"扬雄并不反对文章的通达顺畅和浅易，即《法言·吾子》所推崇的"孔子之道，其较且易"，以及"或问天地简易而圣人法之，何五经之支离？曰：支离，盖其所以为简易也。何已简已易，焉支焉离""天地简易，圣人法之"（《法言·五百》）。

（作者单位：成都大学）

"天地人一体"的宇宙观是巴蜀文化的主体性特征

——以李冰、扬雄、刘沅为考察对象

刘平中

内容提要：巴蜀人一向有"天地人"一体的宇宙观。强调要"通天、地"更要"通人"。肯定人在"三通"中的关键作用，在天、地间的主导地位与核心价值，人生、人道在宇宙生成运动中的重要意义。李冰、"西道孔子"扬雄、"川西夫子"刘沅是其重要的创造者、传承者，亦是彰显巴蜀文化主体性特征的代表与典型。

关键词：巴蜀文化；扬雄；主体性特征

巴蜀人一向有"天地人"一体的宇宙观，具有弥合天、人之际的隔阂以实现天、人一统的"天人合一"思想传统，并把"合同天人之际，使之无间"① 作为人生追求的目标，不仅强调要"通天、地"更要"通人"。认为"通天、地、人曰儒，通天、地而不通人曰伎"②，充分肯定人在"三通"中的关键作用，在天、地间的主导地位与核心价值，以及人生、人道在宇宙生成运动中的重要意义。在以三星堆遗址、金沙遗址为代表的古蜀文明中，在以李冰、"西道孔子"扬雄、李白、苏轼、"川西夫子"刘沅为代表的巴蜀先贤身上，均有相应的表现与历史性传承，成为巴蜀文化天地人一体宇宙观的主体内涵与根本性特征的重要代表。

在三星堆古蜀考古中，出土了不少反映古蜀先民天、人相通或"天地人"一体的原初思想的考古物证。如2号坑出土的青铜大立人，头戴筒形饰龙高冠，身穿龙形锦

---

① ［汉］扬雄著，纪国泰校注：《扬子法言今读》，巴蜀书社2010年版，第122页。
② ［汉］扬雄著，纪国泰校注：《扬子法言今读》，巴蜀书社2010年版，第366页。

绣华服,身躯挺拔,神情肃穆,眼神坚定,就表达了对上天的虔诚;裸露十趾站立,则是表达对生养之地的亲近。手中所握到底为何物尽管至今不详,但可以肯定是一件沟通天地与人的祭器或者人神交流的媒介。三星堆 2 号祭祀坑出土的一件玉璋,以精确熟练的线条绘刻了一幅完整而典型的三星堆"祭祀图"①。玉璋共刻有四组祭祀图像,每组从中间用一道云纹条带将画面分为"天上"和"地上"两大部分。"天上"有两座并列的"神山",其上为日出之所,站着衣着、手势、神态相同的两位神人;"地上"也有两座并列的"神山",地上跪着与天上衣着、手势、神态相同的三人。从上、下人像的手势与眼神可以看出,他们正在进行某种神意的沟通与交流。"祭祀图"表现了古蜀人与神之间、人与天地间互通互感的交流模式,还反映了古蜀人关于人处于天地之"中位"的宇宙观念。人为天地之中的观念,在 2 号坑出土的神坛上亦有类似的表达。最能体现人与天地互感交感的,是金沙遗址出土的十节青玉琮的"神人像"。神人身体健硕,双腿张开,头戴冠饰,双臂平举。其奇特之处在于:在"神人"双臂,以阴刻的方式为之刻有一双似乎还在扇动的翅膀,这也成为古蜀人羽化飞升原始仙道思想的重要物证。

秦昭王(约前 306—前 251 在位)末年,李冰(生卒年不详)出任蜀郡太守。作为著名的水利工程专家,他主持修建了都江堰水利灌溉工程,造福巴蜀至今。《史记·河渠书》说:

> 于蜀,蜀守冰凿离碓,辟沫水之害,穿二江成都之中。此渠皆可行舟,有余则用溉浸,百姓飨其利。至于所过,往往引其水益用溉田畴,以万亿计,然莫足数也。②

李冰修建都江堰水利灌溉工程,是从渠首开始的。他以"道法自然""天人合一"为理念,按照"堰其右,检其左"③的总思路,采取"乘势利导,因时制宜"治水策略,通过"壅江作堋""深淘滩,低作堰""分四六,平潦旱"等引水、分水方法,修建了泽被后世数千年的世界无坝引水自流灌溉的水利工程典范。

据《华阳国志·蜀志》《水经·江水注》记载,李冰"能知天文地理","又识察水脉"。他在大禹"岷山导江,东别为沱"以及鳖灵"决玉垒山以除水害"的治水经验基础上,制订了"堰其右,检其左"的治水总思路。岷江由北而南进入灌口(今都江堰市)地界,江左岷山山石裸露,坡度陡增,岩石坚硬耐冲刷,利用山势控制并引

---

① 赵殿增:《三星堆祭祀形态探讨》,《四川文物》2018 年第 2 期。
② [汉]司马迁:《史记》卷二九,中华书局 2000 年版,第 1196 页。
③ [南朝梁]李膺:《益州记》,[明]曹学佺撰、杨世文校点:《蜀中广记》卷六"转引",上海古籍出版社 2021 年版,第 166 页。

导岷江水势南流，此即外江。这是对大禹"岷山导江"理念的借鉴利用。春冬江水势弱或夏秋江水暴涨时，进入江右凹处的江水形成洄水沱，需要进行有效管控。于是在江右通过修建诸如平水槽、飞沙堰和人字堤之类的人工控水设施，以实现泄洪、分洪的作用，充分发挥宝瓶口调节水势、利用水势的功能。这是对"东别为沱"思想的借鉴与有效利用，也是岷江治理中适应自然、变水害为水利、为我所用的一大典型。

"乘势利导，因时制宜"，俗称治水"八字格言"，至今镌刻于"二王庙"的墙上。它是李冰综合岷江山形、水势以及离堆、宝瓶口地利等独特结构，总结出修建都江堰水利工程的总策略，这在由鱼嘴、金刚堤、飞沙堰、宝瓶口组成的都江堰渠首枢纽工程中均有重要体现。在岷江上游水经过狭窄险滩进入河槽宽阔处的灌县（今都江堰市）地界，采取在江心沙洲"壅江作堋"即在中心沙洲修建"人"字形堰埂之法，因势利导，以实现"以杀岷江干流水势"的目的。这一工程俗称鱼嘴工程。鱼嘴工程充分利用坡降度和水脉，巧妙地将岷江干流之水按照 4∶6（即所谓"分四六，平潦旱"之法）的比例分江水为外江水和内江水。在夏秋洪水季节岷江水位上涨时，经过鱼嘴分流进入内江的水约 40%，进入外江的水约 60%，鱼嘴此时起到分流泄洪的作用；当春冬旱季少雨时，经过鱼嘴调节，进入内江的水约 60%，外江的水约 40%，鱼嘴等设施还能满足成都平原的灌溉、运输用水之需。这就是"因时制宜"策略在鱼嘴工程中的具体应用。此外，飞沙堰修建，宝瓶口工程，都充分利用了"乘势利导，因时制宜"理念，实现了都江堰渠首工程的完美结合与利用。

李冰穿引检、郫二江于成都市中，将治水、利水与用水功能有机结合在一体，创新性地建立了世界著名的无坝自然引流灌溉水利工程系统——都江堰水利工程。李冰修建都江堰，疏浚"二江"，一方面，充分利用两江之水以通航运，产生了"坐致材木，功省用饶"[①]的经济实效；另一方面，利用两江之水灌溉蜀郡、广汉郡和犍为三郡之地，开辟稻田多达万顷，造就了蜀地"沃野千里，号为'陆海'"[②]的富庶与繁华。遇天旱则引水灌溉田地，遇洪涝则关闭水门以防水害，则实现了对江水人工管控，从而变水害为水利，给蜀地民众带来了巨大的生产生活之利。《华阳国志》说："水旱从人，不知饥馑，时无荒年，天下谓之'天府'也。"[③] 蜀地从此代替关中成为名副其实的"天府之国"。此外，李冰穿引二江过成都西南方向，还奠定了成都"二江抱城"的城市发展基本格局。二江实为大城、少城之江濠，它们对屏障大城、少城安全具有

---

① [晋] 常璩著，刘琳校注：《华阳国志新校注》卷三，四川大学出版社 2015 年版，第 112 页。
② [晋] 常璩著，刘琳校注：《华阳国志新校注》卷三，四川大学出版社 2015 年版，第 112 页。
③ [晋] 常璩著，刘琳校注：《华阳国志新校注》卷三，四川大学出版社 2015 年版，第 112 页。

一定作用。据《华阳国志》记载，李冰曾在此段郫江上修建了永平桥、长升桥、冲治桥、市桥和江桥，开创了成都"二江珥市"的发展趋势，又在检江上修建笮桥、万里桥以方便商旅往来。此即传说中"李冰造七桥，上应七星"①故事的文化源头。

扬雄（前53—18），字子云，西汉蜀郡（今成都市郫都区）人。西汉著名的辞赋家、思想家，以《太玄》《法言》著称于世。《太玄》是扬雄花费毕生心血的最大结晶，是反映其高深玄妙思想的杰作。《太玄》系扬雄模仿《周易》而作。据他自己在《法言·问神》中所说，是"其事则述，其书则作"，要在"为仁义"②。从形式即"其书"看，《易》有阴、阳二画；《太玄》增为天、地、人三画，在天地之间突出人的重要性。《易》每卦六爻，共计六十四卦，合为三百八十四爻；《太玄》有方、州、部、家四重，共计八十一首，每首九赞，合为七百二十九赞。《太玄》所谓首，相当于《周易》的卦；《太玄》的赞，相当于《周易》的爻。从"其事"亦即从内容上看，《太玄》是以"浑天说"作为科学基础的。《太玄》博采儒家、黄老道教、阴阳五行各派思想、理论因素，融会融通，创建了以人为天地之心，贯通易、道、儒的博大思想理论体系，实现了自然科学与伦理道德、社会需求实践的有机整合。扬雄以"玄"为最高哲学范畴，在"易以道阴、阳"的宇宙二分法的基础上，吸收老子道家"三分法"思想，创造性地提出了以人为核心，以天、地、人为代表的"宇宙三分法"，在中国哲学史上无疑是伟大创举。扬雄所谓的"玄"，贯通天地人神、宇宙万物，兼具物质、精神和思维能动等多重属性。天道、地道、人道三者并行不悖，融为一体是为"玄"。"玄"无疑就是宇宙和人世形成一切的总根源。正如司马光所言："观玄之书，昭则极于人，幽则尽于神，大则包宇宙，小则入毛发，合天地人之道以为一，括其根本，示人所出，胎育万物而兼为之母。"③ 在扬雄看来，"玄"是超越"太极""易""道"，唯一引领世界演变的总规律与总概念。但"玄"始终以道的面目示人，"合天地人为一"。他在《太玄·玄图》说："夫玄也者，天道也，地道也，人道也，兼三道而天名之，君臣父子夫妇之道。"④ 在扬雄看来，"玄"同时兼及天道、地道、人道三大道，在"玄"这一概念范畴下，天、地、人三者合为一体，而以人伦理道德为本的人道在三者中尤为重要。"玄"兼及"三道"而以一"天"字命名，它就是充塞君臣、父子、夫妇人伦之间的"道"。扬雄将天道、地道与人伦道德放在同样重要的位置，为天地宇宙之道注入人伦道德的因素，赋予人伦道德本体性的作用，这是他在中国哲学史上的

---

① ［晋］常璩著，刘琳校注：《华阳国志新校注》卷三，四川大学出版社2015年版，第125页。
② ［汉］扬雄著，纪国泰校注：《扬子法言今读》，巴蜀书社2010年版，第136页。
③ ［汉］扬雄著，［宋］司马光集注，刘韶军点校：《太玄集注》，中华书局1998年版，第1页。
④ ［汉］扬雄著，［宋］司马光集注，刘韶军点校：《太玄集注》，中华书局1998年版，第212页。

一大创举。

对于人在宇宙中到底居于何种位置？《周易》有云："《易》之为书，广大悉备，有天道焉，有人道焉，有地道焉，兼三材而两之。"作《易》者虽提出了以天道、人道、地道为核心的易学"三材之道"，但并未说明三者之间如何运行或者孰重孰轻的问题。扬雄首次对"三材"之道的内在运行趋势做了明确规定。他在《太玄·玄告》中说："天穹窿而周乎下，地旁薄而向乎上，人芸芸而处乎中。"① 在肯定天道、地道、人道同为构成以"玄"为本体的宇宙图式上，明确指出了三者在宇宙中的运行规律，即天似穹窿而处于下，呈现由上而下的运行趋势；地广大开阔，处于由下而向上运行趋势；人居于天、地二者之间，处于上接于天下可入地的中间位置，成为"天地之间人为贵"的哲学与伦理基础。对于天、地、人三者与"玄"之间如何转化与运行，扬雄在《太玄·玄告》中做了进一步解释，他说："玄一摹而得乎天，故谓之有天，再摹而得乎地，故谓之有地，三摹而得乎人，故谓之有人。……天奥西北，郁化精也。地奥黄泉，隐魄荣也。人奥思虑，含至精也。"② 天地人三者之间通过精气或者元气来实现互相联系、转化和作用，三者形有不同，但本质一样，都可以称作"玄"。"玄"与天地人之间的相互转换与运行，有其独特的方式。正如郑万耕所说：

> 人所有精气是从天来的，人所有的形气是从地来的。从天得来的精气，成为人的魂；从地得来的形气，成为人的魄。人之所以能够思虑，是由于人的形体中含有精。③

揭示了天、地、人三者通过气化流行的方式实现彼此间的相互作用与相互联系，建立了以"玄"为最高范畴的宇宙生命理论基本模式。

对于天、地、人三者以何种形式来体现"玄"的存在形式，扬雄在《太玄·玄告》说："玄者，神之魁也。天以不见为玄，地以不形为玄，人以心腹为玄。"④ 认为天以不可见为"玄"，地以不具形态为玄，而人以不可示人的内在心性活动为"玄"，肯定了人的认知之"玄"超越了天、地的能动性。他在《太玄·玄图》又说："昼夜相丞，夫妇系也。终始相生，父子继也。日月合离，君臣义也。孟季有序，长幼际也。两两相阖，朋友合也。一昼一夜，然后作一日。"⑤ 则将自然哲学与伦理道德哲学融合

---

① ［汉］扬雄著，［宋］司马光集注，刘韶军点校：《太玄集注》，中华书局1998年版，第216页。
② ［汉］扬雄著，［宋］司马光集注，刘韶军点校：《太玄集注》，中华书局1998年版，第215—216页。按：诸本皆作"有"，宋本作"九"，从语义考察，从"有"。
③ 郑万耕：《扬雄〈太玄〉中的宇宙形成论》，《社会科学研究》1983年第8期。
④ ［汉］扬雄著，［宋］司马光集注，刘韶军点校：《太玄集注》，中华书局1998年版，第215页。
⑤ ［汉］扬雄著，［宋］司马光集注，刘韶军点校：《太玄集注》，中华书局1998年版，第248页。

在一起,用天地自然之理,证明了人伦道德的恒常性以及在宇宙天地中普遍存在流行的合理性。

刘沅(1768—1855),字止唐,一字讷如,号清阳居士,四川双流(今成都市双流区)人,清代著名的经学家、思想家和教育家,"槐轩学派"的创始人。刘沅幼承庭训,深得家传易学、性理学之精要,毕生以"从事于圣学"相期许。他以"人者,天地之心"为核心,主张以"穷理尽性""实践伦常"为两翼,通过"次第深造"功夫,达到"止至善""致中和"的至高人生修养境界,进而重建了"以人为天地之心"的庞大思想体系与学术体系。

刘沅在《约言》中说:"天地之中,太极发生之地也。人受此中气以生,故人身有太极之理,即有太极之地。"① 刘沅肯定人受天地之中以生的生命观,对于何谓"天地之中",在刘沅看来,"天地之中"即"太极"。他说:"夫人受天地之中以生。中者何?天之命而理气中涵,无可形容则曰太极而已。"② 处于天地之中的人,故受太极之"中气"以生,因此既有与生俱来的太极之理,又占有"太极之地"。从太极一元之始的角度,赋予人与天地同样的本体价值。在《孟子恒解》中进一步说:"人为三才之主,天地功用全赖人而成。"③ 肯定天地人三者之间人的主导地位,使人的价值从"天地之间人为贵"上升到"天地之间人为主"的高度,并将天地之功归属于人的主导作用。为其提倡的"克己复礼以为仁""成人成己"以"实践伦常"的"实践功夫论"提供了理论依据。又说:"天、地、人止此一理,如大路然。"④ 道者,天地万物所从出而人得其精。同在天地中,即同在道中。无人不有天命之性,即无人不可与天地通。天地人本同处于道中,即都同处于万物之始的"太极"之中,人得太极之精,自然具有天命之性,"故性者,天地人共之"⑤。认为人具有与天地相同相通的本性与本能,这是人之所以成为"三才"之主,以及天地之功用之所以"全赖人而成"的根本原因。如何才能做到人天合一呢?他在《约言》中说:"存心养性,克己复礼,无非全先天之精气神以通于太极,故曰'尽人合天'。"⑥ 对于如何实践"存心养性""克己复礼"以

---

① 刘沅著:《约言·引蒙》,段渝、李诚著:《槐轩全书》(增补本)卷一〇,巴蜀书社2006年版,第3704页。
② 刘沅著,刘平中校点:《孟子恒解》,谭继和、祁和晖著:《十三经恒解》(笺解本),巴蜀书社2016年版,第335页。
③ 刘沅著,刘平中校点:《孟子恒解》,谭继和、祁和晖著:《十三经恒解》(笺解本),巴蜀书社2016年版,第380页。
④ 刘沅著,刘平中校点:《孟子恒解》,谭继和、祁和晖著:《十三经恒解》(笺解本),巴蜀书社2016年版,第377页。
⑤ 刘沅著:《约言·述道》,段渝、李诚著:《槐轩全书》(增补本)卷一〇,巴蜀书社2006年版,第3700页。
⑥ 刘沅著:《约言·三元图》,段渝、李诚著:《槐轩全书》(增补本)卷一〇,巴蜀书社2006年版,第3696页。

为仁的复性之功，刘沅认为，要在恢复完善人先天具有的精气神，即人特有的天良之性，以通达于太极之本源，就能达到"尽人合天"，以实践伦常"止于至善"的境界。

刘沅在批判程朱"天理""人欲"理论基础上，糅合佛道理论，对"心""性"二者关系孰先孰后，以及二者有何区别联系，做出相应规定，提出以"先天之心即性，后天之心杂情"为代表的"先天后天学说"。何谓先天？何谓后天？刘沅在《孟子恒解》中说：

> 理气之浑然者，未生以前为先天，本无欠缺；既生以后为后天，形骸具而理气杂，受中之本体非旧，然其所得以生者固在，特囿于质，惑于情，不免逐物而迁耳。……夫心，在先天即性也，至后天而分为七情，蔽于物欲，此非偶然也。①

先天，即人处于出生以前的阶段，这一阶段人所受乃太极之浑然无缺、纯然无杂的理、气，因此这一阶段的人纯善无恶，其先天之心即为性；后天，即人出生之后的阶段。人在形骸之成后，因"感受于气化之不齐"②，所受理、气有纯亦有杂，因"受气"不同而善、恶相杂，此即所谓"后天之心杂情"。对人何以存在"后天"差异的问题？刘沅认为：一方面源于人出生时"受气"有所不同所致，如圣人所受皆太极浑然无恶之理、气，故圣人纯善而无恶，另一方面因先代与父母培植教养不同，故有善、恶多寡的差别。此外，是否有圣人教以复性之功，这是人是否能恢复先天太极纯善之心的关键。此三者，即是"后天不侔"③的原因。刘沅"先天后天"说，对人性何以存在善恶之分，人何以具有先天之良、后天之惑做出了理论建构，对纠偏宋明心性之学有一定的补益作用。刘沅有关先天后天之说，成为"槐轩天地人学说"的理论基石。

（作者单位：成都师范学院）

---

① 刘沅著，刘平中校点：《孟子恒解》，谭继和、祁和晖著：《十三经恒解》（笺解本），巴蜀书社2016年版，第335页。
② 刘沅著，刘平中校点：《孟子恒解》，谭继和、祁和晖著：《十三经恒解》（笺解本），巴蜀书社2016年版，第335页。
③ 刘沅著，刘平中校点：《孟子恒解》，谭继和、祁和晖著：《十三经恒解》（笺解本），巴蜀书社2016年版，第335页。

扬雄辞赋观刍议

唐佳宁

内容提要：汉赋的价值，在研究中多有分散。首先就是讽喻价值①。汉赋作为一种在上层社会，尤其是统治阶级中流传，并以上献给皇帝作为重要流传手段的文体，主要承载了作者对于政治的看法以及对于皇帝的期望。而扬雄自认为儒家的道统继承者，在自己的赋中天然地传承了儒家的"仁政观"与"美政理想"。前者主要是一种对于政治的儒家指导，偏重于政治性与现实性，而后者更多的是被黄老之术影响下的一种对于"天人合一"生活的追求，偏重于理想化。扬雄的这一系列思想可以在他的赋中找到，其中既有利用老庄思想摒弃性欲之说来寻求心理平衡的一面，也有以儒家思想的善政、德政为美，体现美善统一、情理统一的特点②。

关键词：扬雄；辞赋研究；儒学

在汉代，儒学经过董仲舒的重新改造和诠释，由"君民交互"变为"天人感应"，从此儒学分叉展开，而扬雄的倾向更偏重于先秦的孔儒，还是弘扬天人合一的汉儒呢？

扬雄后期曾经对于赋这个问题产生了明显的厌倦与不屑，在自己的文字中将其称之为"雕虫事"，那么作为一代赋学大师的扬雄为何产生了如此巨大的心里转变？是因为对赋文体上的繁琐感到厌倦？还是以一个儒生的身份，"喻批判于歌颂"的汉赋已经无法满足扬雄对于政治参与的需要？本文将就以上几点逐步进行分析，以期还原一个汉代历史进程中的大文学家全貌。

---

① 章沧授：《十年汉赋研究综述》，《文学遗产》1992 年第 3 期。
② 蔡丹君：《东汉明章时代礼乐秩序的重建及其文学呈现》，《文学遗产》2020 年第 3 期。

一、扬雄的儒家文化思想到底接受于谁?

孔子的儒学思想是在春秋末期社会大变革的背景下形成的。具体来说,孔子创立的儒家学说是在总结、概括和继承了夏、商、周三代尊尊亲亲传统文化的基础上形成的一个完整的思想体系。他对周朝的礼乐文化有深入的研究和推崇,认为礼乐文化是维护社会秩序和人际关系的重要手段。

春秋时期,各国政治局势动荡不安,诸侯争霸,社会上存在着各种思想和学派。孔子在这个时期创立儒家学说,旨在提出一种完整的思想体系,以规范社会秩序和人际关系。

孔子是一位有社会责任感和文化自觉性的人物,他通过自身的经历和思考,形成了独特的思想观点。他强调"仁"的观念,主张以仁爱之心对待他人,提倡道德教育和个人修养,这些思想成为儒家学说的核心。

总之,孔子的儒学思想是在特定的历史背景下形成的,它适应了当时社会的需要,并经过历代儒家学者的传承和发展,最终成为中国古代文化的重要组成部分。

而董仲舒的儒学思想主要是在汉武帝时期进行发展的。公元前 134 年,汉武帝下诏征求治国方略,董仲舒在著名的《举贤良对策》中把儒家思想与当时的社会需要相结合,兼容吸收了其他学派的理论,创建了一个以儒学为核心的新的思想体系。他提出了"天人感应""大一统"等学说,并主张"罢黜百家,独尊儒术",认为儒家思想是治国安邦的根本,应该成为国家的主流思想。

这些学说被汉武帝欣赏和采纳,使儒学成为中国社会正统思想,影响长达两千多年。董仲舒的儒学思想不仅继承了先秦儒学的精华,而且吸收了其他学派的思想,形成了自己独特的理论体系。他的思想不仅在当时产生了重要的影响,而且对后世的哲学、文化、政治等方面产生了深远的影响。

政治主张方面,孔子提倡"礼治",重视君臣之间的道德关系,倡导君臣之间应该以德行相互对待,强调统治者应该以德治民,反对苛政和刑杀。他主张"君君臣臣",认为君臣之间应该各守礼义,君主应该以道德教化人民,而不是用刑罚来强制人民服从。董仲舒则主张"大一统",强调君权神授,认为天命所归,君权神圣不可侵犯。他主张君臣之间的责任,认为君主必须负责保护人民,同时人民也要对君主效忠。他主张以德治国,但同时也不反对用刑罚来镇压叛乱和稳定社会秩序。

教育主张方面,孔子非常重视教育,认为教育是培养人的德行和教化的重要途径。他主张"有教无类",认为教育的对象应该是不分贵贱贫富的,人人都有受教育的权利和机会。他还主张"因材施教",认为教师应该根据学生的特点和学习情况来制定教学计划和方法。董仲舒也重视教育,但他更强调的是儒家经典的传授和教育。他认为儒家经典是治国安邦的基础,因此他主张将儒家经典作为国家选拔人才的标准,并且认为只有学习儒家经典才能成为君子和贤人。

哲学思想方面,孔子注重实践和行动,强调人的主观能动性,认为人的品德和行为是可以通过自身的努力和实践来提高和改变的。他主张"中庸之道",认为做事要恰到好处,不要过于极端或偏激。董仲舒则更注重理论研究和思辨,他认为儒学是一门深奥的学问,需要深入研究和思考才能领悟其中的精髓。他提出了"天人感应"的观念,认为天和人之间存在着密切的联系和相互作用,人应该顺应天意来行事。他还主张"性三品说",认为人的本性分为三类:上品、中品和下品,分别对应着君子、平民和小人。

扬雄的儒家文化思想主要是对汉代以董仲舒为代表的儒学传统的继承和发展。他接受了董仲舒的许多观点,例如"大一统""君权神授""天人感应"等,这些观点在汉代儒学中占据了重要地位。然而,扬雄并没有完全接受董仲舒的观点。例如,在人性论方面,董仲舒提出了"性三品说",认为人的本性分为上品、中品和下品,而扬雄则主张人性有善有恶,没有等级之分。此外,扬雄也不同意董仲舒的"灾异说",认为天人之间并没有必然的联系,人应该通过自身的努力来实现自己的命运。

在接受孔子方面,扬雄对孔子的思想进行了深入的研究和探讨。他高度评价了孔子的思想,认为孔子是儒家的代表人物,其思想是儒家思想的核心。扬雄接受了孔子的许多观点,如"仁者爱人""克己复礼为仁"等,这些观点对扬雄的儒家文化思想产生了深远的影响。

综上所述,扬雄的儒家文化思想主要是对汉代以董仲舒为代表的儒学传统的继承和发展,同时也受到了孔子的影响。他接受了董仲舒的某些观点,但也有所保留和修正。在接受孔子方面,扬雄对孔子的思想进行了深入的研究和探讨,并将其作为自己儒家文化思想的重要来源之一。

二、扬雄辞赋中的"德政"观点

通过对扬雄辞赋的深入研究,笔者发现其作品中强调了德政的重要性,提倡君主应该以德治国,重视民生福祉,并且要求君臣应该恪守道德规范,以达到社会和谐的目的。本论文将从以下三个方面进行探讨:强化仁德之政、注重民生福祉以及恪守道德规范。

（一）强化仁德之政

扬雄在辞赋中强调了君主应该以仁德治国，强化仁德之政。他认为，一个有品德的君主应该以仁爱之心对待百姓，实行宽刑减罚，注重教化百姓，引导他们走向正道。在《解嘲》中，扬雄批评当时的官员们只顾自己的利益，不顾百姓的痛苦，强调君主应该以德治国，强化仁德之政。他主张君主应该勤政爱民，关注百姓的生计，为百姓谋福利。同时，他也反对贪污腐败，认为这是对君主和百姓的双重伤害。

（二）注重民生福祉

扬雄在辞赋中还强调了注重民生福祉的重要性。他认为，一个好的政治家应该关心百姓的生计，为他们提供好的生活条件。在《刺世疾邪赋》中，扬雄批评当时的世道不公，富人穷奢极欲，而穷人则生活拮据。他主张政治家应该关注百姓的生活，为他们提供福祉。他主张实行"仁政"，即以仁爱之心对待百姓，为他们提供良好的生活条件。他认为，只有实行"仁政"，才能得到百姓的信任和支持，从而稳定社会秩序。

（三）恪守道德规范

扬雄在辞赋中还强调了恪守道德规范的重要性。他认为，君臣应该恪守道德规范，以达到社会和谐的目的。在《法言》中，扬雄批评当时官场中的不正之风，认为君臣应该恪守道德规范，以建立良好的政治秩序。他主张君臣应该以德行来约束自己，以道德标准来衡量自己的行为。他认为，只有恪守道德规范，才能建立良好的政治秩序，实现社会和谐。

而扬雄辞赋中明显流露出来的"德政"观点，与他的政治身份有着密切的关系，在《汉书》中记载"初，雄年四十余，自蜀来至游京师，大司马车骑将军王音奇其文雅，召以为门下史，荐雄待诏，岁余，奏《羽猎赋》，除为郎，给事黄门，与王莽、刘歆并。哀帝之初，又与董贤同官。当成、哀、平间，莽、贤皆为三公，权倾人主，所荐莫不拔擢，而雄三世不徙官"。关于西汉赋家，人们常有这样的认识：他们政治地位低微，类于帝王近身之倡优。如黄震在其《黄氏日钞》卷四六中云："相如文人无行，不与史事，以赋得幸，与倡优等，无足污简册，亦无足多责。"黄震还认为司马相如"素行不谨"，亦类"倡优"。而历来武帝时文学侍从为倡优之论，多以东方朔、枚皋为例，"朔、皋不根持论，好诙谐，上以俳优畜之，虽数赏赐，终不任以事也"。事实上并不能如此一言概之。西汉一朝，郎官这一职务的获取途径及其事务内涵和政治地位，往往随着政治环境的变化而变化。因而，郎官赋家在不同时期有着不同的政治际遇，这种政治身份既是赋家仕途的起点，也是他们的话语身份[①]。当时从地方，涌向长

[①] 蔡丹君：《西汉赋家的郎官身份对其赋作的影响》，《文学遗产》2013年第5期，第27—37页。

安的文学人才，大多成为班固所说的"言语侍从之臣"："故言语侍从之臣，若司马相如、虞丘寿王、东方朔、枚皋、王褒、刘向之属，朝夕论思，日月献纳。"当然，这个群体，还远不止《汉书》所概括的这几位，只是《汉书》取材有限，写入的是当时较为重要的文士。《汉书·东方朔传》云："是时，朝廷多贤材，上复问朔：'方今公孙丞相、兒大夫、董仲舒、夏侯始昌、司马相如、吾丘寿王、主父偃、朱买臣、严助、汲黯、胶仓、终军、严安、徐乐、司马迁之伦，皆辩知闳达，溢于文辞，先生自视，何与比哉？'"汉武帝罗列的这个名单，可以让我们看到当时"言语侍从之臣"的基本阵容。《资治通鉴》卷一七中亦概括道："上简拔其俊异者宠用之。庄助最先进，后又得吴人朱买臣、赵人吾丘寿王、蜀人司马相如、平原东方朔、吴人枚皋、济南终军等，并在左右，每令与大臣辨论，中外相应以义理之文，大臣数屈焉。"材料中"宠用"一语，说明他们深受皇帝的重视。而这种重视也正是他们文章中"德政"理想的起源[①]。

通过对扬雄辞赋的研究，可以发现其作品中强调了德政的重要性，提倡君主应该以德治国，重视民生福祉，并且要求君臣应该恪守道德规范，以达到社会和谐的目的。扬雄的这些观点对当今的政治有着重要的启示意义。

三、扬雄最后放弃了赋的原因

（一）政治方面的考量

在扬雄生活的时代，政治环境变得越来越黑暗。尽管他曾经对西汉的政治和社会状况抱有希望，但现实却让他失望。他在《四子讲德论》中表达了自己对时政的忧虑，担忧国家的未来。由于扬雄在政治上受到打压，他开始对汉朝的政治体制产生怀疑，并逐渐疏远官场。

此外，扬雄在辞赋创作变革上遭遇失败也给他带来了沉重的打击。他试图通过创作散体大赋来讽谏时政，但这种尝试并未取得成功。这使得他意识到，汉赋的文体特征决定其不适合用于讽谏。因此，他开始重新思考自己对汉赋的认识，并逐渐放弃了过去那种叙事写物的散体大赋的创作。

当此时郎官赋家参与政治的机会逐渐减少、沦为朝廷文娱消费的对象，他们笔下的赋作也便失去了政治的精神，真正沦为扈从之赋、后庭歌咏。王褒即专属扈从歌咏事："上令褒与张子侨等并待诏，数从褒等放猎，所幸宫馆，辄为歌颂，第其高下，以差赐帛。……顷之，擢褒为谏大夫。"其作在后宫流传："其后太子体不安，苦忽忽善

---

① 许结：《论扬雄赋学的建德观》，《文学遗产》2019年第5期，第46—55页。

忘,不乐。诏使褒等皆之太子宫虞侍太子,朝夕诵读奇文及所自造作。疾平复,乃归。太子喜褒所为《甘泉》及《洞箫》颂,令后宫贵人左右皆诵读之。"宣帝追溯武帝时《大人赋》故事,让王褒满足其愿望:"上颇好神仙,故褒对及之。"《甘泉宫颂》如今只剩下残篇,残篇中的数句,是用韵的:"十分未升其一,增惶惧而目眩。若播岸而临坑,登木末以窥泉","却而忘之,郁乎似积云,就而察之,对乎若太山"。这几句言辞雄浑,是张耳目之娱,而非明天子、诸侯之别。扬雄的经历与王褒类似:"时赵昭仪方大幸,每上甘泉,常法从,在属车间豹尾中。"他的数篇大赋都是由其独自一人用一年左右时间完成的。据《汉书·扬雄传》可知,元延二年(前11年),奏《甘泉赋》;同年三月,成帝巡幸河东,祠后土,扬雄上《河东赋》;十二月,奏《羽猎赋》。这与武帝时司马相如汉大赋写作历时百日、产生于"朝夕论思"的环境相比,可谓截然有别。

(二)文学价值的不满

扬雄对赋这种文学形式的价值产生了怀疑。他认为赋是雕虫小技,是童子所为的东西,缺乏深度和价值。相比之下,他更重视能够传达儒家思想的文学作品。因此,扬雄晚年便不再作赋,而是转向了更加具有实际内容和儒家思想的文学创作。扬雄对弥漫于郎官系统的经学风气十分不满,他自立新说,放弃辞赋"小道",其实是以新的方式投入经学:"雄见诸子各以其知舛驰,大氐诋訾圣人,即为怪迂。析辩诡辞,以挠世事,虽小辩,终破大道而或众,使溺于所闻而不自知其非也。及太史公记六国,历楚汉,讫麟止,不与圣人同,是非颇谬于经。故人时有问雄者,常用法应之,撰以为十三卷,象《论语》,号曰《法言》。"扬雄转向经学,是因为辞赋已然边缘化,难显于当时的主流思潮。

在习晓群经的晚年,扬雄对大赋文体的艺术特征和文体功能表示了否定。"雄以为赋者,将以风也,必推类而言,极丽靡之辞,闳侈巨衍,竞于使人不能加也,既乃归之于正,然览者已过矣。往时武帝好神仙,相如上《大人赋》,欲以风,帝反缥缥有凌云之志。由是言之,赋劝而不止,明矣。又颇似俳优淳于髡、优孟之徒,非法度所存,贤人君子诗赋之正也,于是辍不复为。"

总结起来,一是汉大赋文体之功能应主讽谏而不是夸耀,二是其艺术特征不应该是"极丽靡之辞",从而做到"归之于正"。扬雄晚年称作赋为"雕虫篆刻",可能与他在仕途上的失望有关。扬雄曾与刘歆、王莽同时成为"给事黄门",而刘歆、王莽或因家族之势,或因经术之名,迅速从郎官的地位获升迁,扬雄却是"三世不徙官"。他早年"不为章句,训诂通而已",献四赋方才成为"黄门侍郎",成为郎官。其后辞去文学侍从职务,开始潜心于经术研究,申请就学于兰台石室,并在后期拟经撰文。这实际上是经学社会给赋家造成压力的反映。

综上所述，扬雄放弃赋的写作既是对政治环境的不满，也是对赋这种文学形式的价值缺失的批判。他的这一选择反映了他对时代和文学的深刻反思，以及对个人价值和文学价值的追求。

四、结语

作者从扬雄辞赋的写作入手，通过史料辅助证明的"诗史互证"方式，对于扬雄在写作中体现出的儒家思想和其起源做了一定程度的探究，可以看出扬雄作为司马相如的精神传人，在师从了司马相如的写作艺术的同时，也继承了司马相如对于辞赋政治讽喻的写作期望，而这些写作思想无一不在他的辞赋中体现出来，这些写作中体现出的儒家思想，不仅来自孔子的经典，且对于汉代新兴的董仲舒儒学有所提及，体现出了一种新旧思潮交汇时期的融合倾向。另外本文也对扬雄中期放弃大赋写作的原因，进行了一定程度的猜测与探究，并且从两种方面给出了猜测。

在作者看来，扬雄对于赋的失望一方面来自政治原因，另一方面来自文学变革对于上层写作的影响，在当时时代中，扬雄面对着中央集权的不断加强，靠写作来进行劝谏讽喻的政治写作逐渐式微，扬雄自身政治地位提升的停滞也在很大程度上打消了扬雄的写作热情。另一方面，扬雄所处的时代正面对着重新阐释经学哲学的风潮，而重视格式与讽喻的大赋，已经无法承担这个责任，在自诩为儒学传人的扬雄看来，抛弃赋这个文体，转向更加富有思想深度和教化意义的其他文体，也就完全在情理之中了。

（作者单位：西华大学文学与新闻传播学院）

扬子文化研究

汉代蜀学的闪耀与"西道孔子"扬雄的崛起

粟品孝

内容提要：汉代蜀学发展出现了第一次高峰，为整个汉代学术文化的"辉煌"做出了重要贡献。本文从辞赋、小学、天文历法、道学、史学几个方面论述了蜀学在汉代的发展。并从"西道孔子"扬雄的经史成就出发，论述扬雄对儒家经学的推崇，以及以儒家观念评价历史人物的影响。

关键词：汉代蜀学；扬雄；儒家经学

一般认为，国家大一统的秦汉时期是中华学术文化的"奠基"时期。尤其是汉代，确立了儒家经学的统治地位，"是中华民族富有创造性的学术繁荣的时代，无论是典章制度、文学艺术、理论思维，还是经学、史学、天文、历算、农学、医药等，其辉煌已处世界领先地位，为中华民族学术奠定了基本规模和范式"[1]。早已统一在祖国怀抱的巴蜀地区，也迎来了它的第一次繁盛时期。蒙文通观察到："蜀之情事，二千年来三盛三衰。"其中汉代是一盛时期，"两汉之世四川经济文化极盛"[2]。在此基础上，蜀学发展也出现了第一次高峰，为整个汉代学术文化的"辉煌"做出了重要贡献，汉代也因而成为整个蜀学根基与特色最重要的奠定时期。其中在西汉末年崛起的扬雄是历史上罕见的通儒，时有"西道孔子"之誉，长期在蜀学和中华学术文化史上占有重要地位。

---

[1] 张立文：《〈中国学术通史〉总序》，载《中国学术通史》多卷本卷首，人民出版社2004年版，第8—9页。
[2] 蒙文通：《与友人论区域史和巴蜀史的问题》，见蒙默编：《蒙文通全集》卷四《古地甄微》，巴蜀书社2015年版，第171—173页。

一、汉代蜀学的繁盛

汉代是蜀学发展的第一个高峰，其盛况在近代尊经书院时期曾有过初步的清理，代表作是方守道等的《蜀学编》和吴福连的《拟四川艺文志》，当代学者王文才《两汉蜀学考》则更为全面深入，是目前专门对汉代（含三国时期的蜀汉）蜀学所做的最详实的考察。加之其他的相关研究，可知汉代蜀学在文学（含语言文字学）、天文历法、道家之学、经学、易学和史学等方面成就突出，后世所谓的"文宗在蜀""天数在蜀""易学在蜀"、蜀地道风"崇重"等特点在这一时期都基本奠定下来了。

（一）"文章冠天下"：巴蜀辞赋与小学著称全国

辞赋是汉代文学的典型代表，习称"汉赋"。现存汉赋（包括残篇）只有70余篇，巴蜀作品即有25篇，占总数的1/3以上。汉赋代表作家有四位，其中巴蜀地区就有三位，即司马相如[①]、王褒、扬雄。

司马相如生活在汉武帝那个空前统一的壮阔时代，以"苞括宇宙，总览人物"的"赋家之心"，和"控引天地，错综古今"的恢弘气概[②]，写出了《子虚赋》《天子游猎赋》《大人赋》等名篇。学者赞誉其赋"命意宏博，措辞富丽，千汇万状，出有入无，气贯一篇，意归数语"[③]。的确，司马相如在继承先秦屈原、宋玉的楚辞和汉初枚乘等人的赋体的基础上，"沿波而得奇"[④]，极富创造性和想象力，达到了"致名辞宗"的高峰[⑤]，成为辞赋史上的一代宗师巨匠。鲁迅说得好：相如"不师故辙，自摅妙才，广博闳丽，卓绝汉代"，是"汉大赋的奠基者"[⑥]。

继司马相如之后，主要生活在汉宣帝时期的蜀郡资中人王褒在辞赋上也达到了很高水平，"在汉赋发展史上有承先启后之贡献"[⑦]。他多次从宣帝游猎，"所幸宫馆，辄为歌颂"（《汉书》卷六四下《王褒传》），代表作是《洞箫赋》，《文心雕龙·诠赋》以为其描写"穷变于声貌"。其赋精巧如画，多骈偶语言，对魏晋文风和后来的咏物诗赋很有影响。

[①] 关于司马相如的籍贯，学界尚有争议。最早为司马相如立传的《史记》以其为"蜀郡成都人"，后来的论著和教材也多加承袭。但唐宋以来则有"相如乃蓬州人"的记载，即说在今天四川的蓬安县，一些学者甚至专门汇集有关资料和研究成果而成《相如故里在蓬安》一书（四川人民出版社2001年版）。

[②] [晋]葛洪著，周天游校注：《西京杂记》卷二"相如答作赋"条，三秦出版社2006年版，第93页。

[③] [明]谢榛：《四溟诗话》卷二，清海山仙馆丛书本。

[④] [南朝梁]刘勰著，韩泉欣校注：《文心雕龙·辨骚第五》，浙江古籍出版社2001年版，第23页。

[⑤] [南朝梁]刘勰著，韩泉欣校注：《文心雕龙·才略第四十七》，浙江古籍出版社2001年版，第254页。

[⑥] 鲁迅：《汉文学史纲要》第十篇《司马相如与司马迁》，人民文学出版社1977年版，第138页。

[⑦] 罗开玉：《四川通史》卷二《秦汉三国》，四川人民出版社2010年版，第486页。

当然，在继承和发展相如辞赋方面影响最大的则是西汉末年的成都人扬雄，《文心雕龙》并称为"扬马"，二人是整个汉赋作家队伍中成就最大的。扬雄年轻时"心壮"相如"弘丽温雅"之文，"每作赋，常拟之以为式"①，代表作是历史上盛称的"四赋"，即《甘泉赋》《河东赋》《羽猎赋》《长杨赋》。后来扬雄认为"靡丽之赋，劝百而风一"②，是"壮夫不为"的雕虫小技，这一辞赋观影响深远。

以司马相如、王褒、扬雄为代表的辞赋，以及扬雄的老师严遵的作品（后有述）③，都是著称全国的，故史家有西汉巴蜀"文章冠天下"之誉④。

与辞赋之学密切相关的巴蜀语言文字学也跻身全国一流。已考证汉代的字书也就是识字课本一共编写过六种，其中巴蜀学者的就有两种，即司马相如的《凡将篇》和扬雄的《训纂篇》，流行一时。扬雄还编有《輶轩使者绝代语释别国方言》，简称《方言》，是我国也是世界上第一部专门搜集整理各地方言资料而汇纂起来的著作。当时巴蜀地区还出现过一部语言文字学著作，那就是犍为舍人（或称郭舍人）为我国第一部词典《尔雅》所作的《尔雅注》，在历史上也影响深远。

（二）天数在蜀：落下闳突出的天文历法成就

前文已经指出，天文历法之学在巴蜀地区有久远的历史和独特的统系。依托这一深厚基础，汉代巴蜀地区的天文历法之学也相当突出，巴郡阆中人落下闳、成都郫县人扬雄是其中的佼佼者。尤其是落下闳，他是全国一流的天文学家，是我国第一部完整的历法即汉武帝时代的太初历的制订者之一。在太初历的制订过程中，落下闳负责最困难的运算部分，堪称太初历最大的功臣。其中他"完全采用连分数以求其近似值"的运算方法，这种方法的掌握和使用早于西方1600年。据吕子方研究，落下闳在天文历法上的突出贡献有三。

一是创造八十一分法，结合日食周期，于理论上是最优良的历法。根据陈寿《益部耆旧传》"闳改颛顼历为太初历"，说明太初历是闳所造。"射等不能算"，而落下闳就是运算转历的能手。太初历的特点是创造八十一分法，来代替了旧的四分法，结合当时所发现的日食周期为一百三十五个月，用的方法是合于近代连分数方法的初步。所以日本学者新城新藏说："八十一分法考虑及交点月之周期，于理论上为极为优良之历法。"后来的四分历反而把日食割裂开了。落下闳更卓绝的是，他说"八百岁后此历

---

① [汉]班固：《汉书》卷八七上《扬雄传》，中华书局1962年版，第3515页。
② [汉]班固：《汉书》卷五七下《司马相如传》"赞曰"，中华书局1962年版，第2609页。
③ 严遵字君平，或称严平。本姓庄，因避后汉明帝刘庄的名讳，改为严姓。大约生于西汉顺帝始元、元凤之间（前86—前80），卒于王莽代汉之年，即公元10年左右，年90余。
④ [汉]班固：《汉书》卷二八下《地理志》，中华书局1962年版，第1645页。

差一日,当有圣人定之",说明他并不认为八十一分法是至精不易之法,而预料后来有更为精确的历法。

二是创制的浑天仪、浑天象,在测天学上起了重大推进作用。根据《晋书·天文志》说,落下闳、鲜于妄人等造员仪以考历度,后贾逵又加黄道,张衡又作浑象以漏水转之,星中出没与天相应。员仪就是浑天仪,是测天的仪器。《耆旧传》说:"落下闳于地中转浑天定时节。"这是天球仪,是浑天象。地下转浑天,是利用水力发动,是精密的漏水法。贾逵、张衡是在落下闳的成果上又进了一步,所以近人朱文鑫说:"自汉洛下闳作浑天仪,始立仪象之权舆。"

三是奠定了二十八宿的基础。根据《旧唐书·天文志》说,武帝诏司马迁等造汉历,乃立晷仪,下漏刻,以追二十八宿相距星度,与古不同。故唐都分天部,落下闳运算转历,今赤道星度其遗法也。这是考二十八宿沿赤道线广狭不同的度数,定出二十八个基本点,将各个不同的时间观察太阳的结果标识在二十八宿中某个地位,这必须先把二十八宿相距度数搞清楚,对于定季节自然就精密得多,从历法上来说是大进了一步。所以清人齐召南说:"角十二亢九云云……此落下闳所度星度,只据赤道,《唐志》详言之。……今以此文较之宋皇祐、元丰所测,元至元所测,大致不异,则落下闳之术亦神矣。"①

(三)道风"崇重":从严君平的《老子指归》到汉末三张的天师道

黄老道家之学在巴蜀地区也有久远的历史和深厚的根基。西汉早期的辞赋名家司马相如就具有浓厚的道家"无为"气息,时人司马迁就说:"《子虚》之事,《大人》赋说,靡丽多夸,然其指风谏,归于无为。"② 蒙文通先生进而认为其道家思想与楚地的道家文化具有密切的关联③。

西汉晚期崛起的成都人严遵则是系统论述道家思想的学者。他隐居不仕,淡泊名利,在成都以"卜筮"为业,"日阅数人,得百钱足自养,则闭肆下帘而授《老子》"④。他潜心学术,"专精大《易》,耽于《老》《庄》"⑤,苦心孤诣而著成《老子指

---

① 参见吕子方:《天数在蜀》,载《中国科学技术史论集》,四川人民出版社1984年版。
② [汉]司马迁:《史记》卷一三〇《司马相如传》,中华书局1959年版,第3317页。
③ 蒙文通:《巴蜀古史论述》,四川人民出版社1981年版,第97页。
④ [汉]班固:《汉书》卷七二《王贡两龚鲍传序》,中华书局1962年版,第3056页。
⑤ [晋]常璩:《华阳国志校注》卷一〇上《先贤士女总赞上·蜀郡仕女》,巴蜀书社1984年版,第701—702页。

归》一书（或称《道德真经指归》《道德指归论》）①。此书"会聚众书"②而成，融合了当时多种学术及其著作，但还是以道家为主③，阐明自然无为之道，在哲学上表现为由无生有的自然生化说，在政治上则是阐述无为治国之道④。《老子指归》是汉代道家学说中最重要的著作，传播甚广，信从者众，东汉末年秦宓所谓"观严文章，冠冕天下"⑤，应当主要是指此书；东晋人常璩在《华阳国志》中更誉之为"道书之宗"⑥。师从严遵的蜀人扬雄虽然学宗儒家，但也有浓厚的道家思想，这已是学界共识。

正由于巴蜀地区道风浓郁，才在东汉末年吸引了江苏人张陵来蜀"学道"⑦。张陵结合巴蜀道家思想与方术，以老子为宗，创立"正一道"，又称"天师道""五斗米道"。其子张衡继续扩大了"五斗米道"的传播和影响；其孙张鲁著成《老子想尔注》，集中阐述了天师道的宗教理论和施政纲领，思想与早期道教经典《太平经》明显不同，具有巴蜀地方特色。五斗米道与东方的太平道同为当时出现的民间道教大派（详见卿希泰主编《中国道教史》），巴蜀地区由此成为中国道教的主要发源地之一。张鲁还一度在汉中建立了政教合一的政权。至西晋末年，流民李氏割据四川，建立成汉，以五斗米道首领范长生为相，成为又一个政教合一的政权。这些进一步扩大了道家思想和道教信仰在巴蜀地区的传播和影响，蜀地道风"崇重"的特点也由此奠定了下来。

（四）"贵今文"与仿经拟圣：巴蜀经学的主流与特色

汉武帝"罢黜百家，独尊儒术"以后，儒学上升为经学，成为全国的主流意识形态。受此影响，巴蜀地区的儒家经学也得到了快速发展。不过相比于中原地区来说，巴蜀地区的习儒研经之风要迟缓一些，在西汉的大部分时期可能还不是很盛，至少在正统的经学传承方面并不突出，以至于概述西汉一代经师传承的《汉书·儒林传》，竟然没有一位巴蜀学人的传记。但从西汉末年开始，特别是东汉时期，这一风气则得到很大改善，涌现出一批著称全国的"通经名家"（语出《后汉书·儒林传序》），如

---

① 《老子指归》是否为严遵所作，明代以来疑者甚众，但经一些学者如王利器、钟肇鹏、张岱年、黄开国等先生的严密考证，确为严遵所作。参见邓星盈、黄开国：《巴山蜀水圣哲魂——巴蜀哲学史》，四川人民出版社2001年版，第33—34页。
② ［晋］陈寿：《三国志》卷三八《蜀书·秦宓传》，中华书局1959年版，第973页。
③ 黄开国先生认为，"这里所谓的道家，已非原来意义上的老、庄之学，而是指的是汉初盛行的黄老之学"。见邓星盈、黄开国《巴山蜀水圣哲魂——巴蜀哲学史》，四川人民出版社2001年版，第34页。
④ 参见钟肇鹏：《严遵》，见戴大禄、贾顺先主编《四川思想家》，巴蜀书社1988年版，第1—34页；黄开国：《试论严君平的学术思想》，载其论文集《国学与巴蜀哲学探索》，巴蜀书社2008年版，第170—180页。
⑤ ［晋］陈寿：《三国志》卷三八《蜀书·秦宓传》，中华书局1959年版，第973页。
⑥ ［晋］常璩：《华阳国志校注》卷一〇上《先贤士女总赞上》，巴蜀书社1984年版，第701—702页。
⑦ ［晋］常璩：《华阳国志校注》卷二《蜀志》，巴蜀书社1984年版，第114页；［南朝宋］范晔：《后汉书》卷七五《刘焉传》，中华书局1965年版，第2435页。

《后汉书·儒林传》就记述了六位巴蜀学人,分别是:

任安,广汉绵竹人,"受《孟氏易》,兼通数经"。

任末,蜀郡繁人,"少习《齐诗》"。

景鸾,广汉梓潼人,"能理《齐诗》《施氏易》"。

杜抚,犍为武阳人,"受业于薛汉,定《韩诗章句》"。

杨仁,巴郡阆中人,"诣师学习《韩诗》"。

董钧,犍为资中人,"习《庆氏礼》"。

这里的《孟氏易》《齐诗》《施氏易》《韩诗》《庆氏礼》,全是今文经学。所以汉末学者所谓"益部多贵今文"①,即巴蜀地区主要流行的是今文经学,这是符合东汉时期巴蜀经学传承的实际情况的。

不仅如此,东汉时期巴蜀经学家还在一些关乎经学传承和发展的重大事件中扮演了重要角色。如东汉章帝建初四年(79),效仿西汉宣帝的石渠阁会议,大会诸儒于白虎观,就经学上的歧异进行讨论辨析。这一经学史上著名的白虎观会议,最初提议者就是成都人杨终。《后汉书》本传有载:

(杨)终又言:"宣帝博征群儒,论定《五经》于石渠阁。方今天下少事,学者得成其业,而章句之徒,破坏大体。宜如石渠故事,永为后世则。"于是诏诸儒于白虎观论考同异焉。会终坐事系狱,博士赵博、校书郎班固、贾逵等,以终深晓《春秋》,学多异闻,表请之,终又上书自讼,即日贳出,乃得与于白虎观焉。②

可见,杨终不仅是白虎观会议的最早提议者,还在班固、贾逵等著名学者的建议下,以"深晓《春秋》,学多异闻"的缘故,即时得到赦免,亲自参加了"论考同异"的白虎观会议,为这次经学大会做出了重要贡献。

东汉后期,随着政治腐败,最高学府太学败落,博士经学传承遇冷。史称"邓后称制,学者颇懈。……自安帝览政,薄于艺文,博士倚席不讲,朋徒相视怠散,学舍颓敝,鞠为园蔬,牧儿荛竖,至于薪刈其下"③。可谓相当衰败!有鉴于此,汉顺帝时的将作大匠、"广汉雒人"翟酺上书请求兴学重教,得到支持:

(翟酺)上言:"孝文皇帝始置一经博士,武帝大合天下之书,而孝宣论《六经》于石渠,学者滋盛,弟子万数。光武初兴,愍其荒废,起太学博士舍、内外讲堂,诸生横巷,为海内所集。明帝时辟雍始成,欲毁太学,太尉赵熹以为太学、

---

① [晋]陈寿:《三国志》卷四二《蜀书·尹默传》,中华书局1959年版,第1026页。
② [南朝宋]范晔:《后汉书》卷四八《杨终传》,中华书局1965年版,第1599页。
③ [南朝宋]范晔:《后汉书》卷七九《儒林列传序》,中华书局1965年版,第2546—2547页。

辟雍皆宜兼存，故并传至今。而顷者颓废，至为园采刍牧之处。宜更修缮，诱进后学。"卒从之。酺免后，遂起太学，更开拓房室，学者为酺立碑铭于学云。①

上述经学名家的这些表现，不仅表明东汉巴蜀经学之风已较西汉有了很大改变，而且还说明东汉巴蜀经学已跻身全国经学发展的先进行列。

当然，东汉巴蜀地区虽然比西汉有更为繁盛的习儒研经之风，但尚未涌现出可以比肩郑玄那样的经学大师。相反，汉代巴蜀地区真正最有创造力和影响力的经学大师，则是西汉末年的扬雄。按照一般章句注疏之学的标准，汉代巴蜀地区没有一位全国顶尖的经学家，所以十多年前出版的《中国经学思想史》在汉代部分没有专列一位巴蜀学者②。但这只是标准问题。实际上，巴蜀地区经学家们在经学表述上有很特别的地方，典型的就是扬雄，他是以仿经拟圣的手法来从事经学研究和表达的。从长远的学术史来看，扬雄在汉代的成就和影响大大超过了郑玄等著名经师，以至在汉唐时期一直享有崇高的学术地位，唐朝韩愈复兴儒学、构拟道统系谱时，扬雄是紧接董仲舒的大儒，之后直到隋唐之际的王通才接续其统。

此外，学者已经指出，当时巴蜀经学家还多习谶纬之学，甚至涌现出以新都杨厚为代表的杨门之学和阆中谯周为代表的谯氏之学两个著名的谶纬学派③，不过这与全国经学发展的形势是一样的，并非巴蜀独有的特色。

（五）《易》《老》融合：巴蜀易学的特色及其影响

《易》虽为"六经"之一，但易学往往不限于儒家经学范围。易学在巴蜀地区传播很早，在汉代已形成一种独特的、不同于中原的传承方式。《汉书》在记述西汉易学名家孟喜时，曾有一段这样的内容：

（孟）喜好自称誉……蜀人赵宾好小数书，后为《易》，饰《易》文，以为"箕子明夷，阴阳气亡箕子；箕子者，万物方荄兹也"。宾持论巧慧，《易》家不能难，皆曰"非古法也"。云受孟喜，喜为名之。后宾死，莫能持其说。喜因不肯仞，以此不见信。④

这段话的核心是说蜀人赵宾的易学"非古法"，有别于中原的传统，虽与易学大师孟喜之说相近（都属于象数易学），甚至有传承关系，但思想还是有明显不同（故孟喜"不肯仞"）。可惜赵宾死后"莫能持其说"，孟喜后来也不愿为其宣扬，因此未能见信于更多的《易》学学者。

---

① ［南朝宋］范晔：《后汉书》卷四八《翟酺传》，中华书局1965年版，第1606页。
② 此指姜广辉主编《中国经学思想史》第二卷《汉唐经学》，中国社会科学出版社2003年版。
③ 陈国灿：《略论汉魏时期的巴蜀学派》，《浙江师范大学学报》1997年第4期。
④ ［汉］班固：《汉书》卷八八《孟喜传》，中华书局1962年版，第3599页。

汉代巴蜀地区最有成就和影响的易学则是以严遵及其弟子扬雄为代表的融合《老》《易》的一派。严遵"专精大《易》，耽于《老》《庄》"①。其易学的最大特点，是将《周易》与《老》《庄》融合起来。所著《老子指归》注重"以老子思想来解释《周易》，又以《周易》佐证《老子》而加以改造"②。其弟子扬雄拟《易》而作《太玄》，同样是融合《易》《老》。他以《老子》中的术语"玄"为中心，参照《易》的结构，构造了一个无所不包的世界图式。其易学具有浓郁的道家思想，这正如朱熹所观察到的："西汉时儒者说道理，亦只是黄老意思。如扬雄《太玄经》皆是，故其自言有曰：'老子之言道德，吾有取焉耳。'"（《朱子语类》卷一二六）

学者指出，西汉易学有三种基本倾向：第一是以孟喜、京房为代表的官方易学，宋人称之为象数易学；第二是以费直为代表的易学，注重义理，为义理派之先声；第三种就是以严遵、扬雄为代表的将易学与黄老学相结合的学说（朱伯崑《易学哲学史》，廖名春《周易研究史》）。这说明以严遵、扬雄为代表的巴蜀易学在汉代易学园地里具有重要的地位。不仅如此，一般认为魏晋盛行的玄学以《老子》《庄子》《周易》为"三玄"，它们以《老》入《易》、以《易》解《老》的注解方式，严、扬一派的易学实开其先声。

（六）史学的初步崛起

近代史学家刘咸炘曾说："统观蜀学，大在文史。"从整个蜀学发展史来看，史学确实是蜀学的大宗之一。但汉代巴蜀地区还没有涌现出全国一流的史学名家名著，因此还不能说蜀学中的史学根基是在这一时期奠定的。不过汉代蜀地在史学方面确实出现了一批有建树的学者和著述。

一是西汉末年扬雄、阳城衡二人补续《史记》。关于扬雄续修《史记》的情况，最早提及的是东汉初年的王充。他在列举宣扬"汉家功德"诸家著作时曾说："司马子长纪黄帝以至孝武，扬子云录宣帝以至哀、平。"③ 即是说司马迁《史记》的记事上起黄帝时代，下迄汉武帝；扬雄补续的则是从汉宣帝到平帝之间七八十年较完整的西汉后期历史。唐朝李贤等人注《后汉书·班彪传》和刘知几《史通·古今正史》中不仅都提到扬雄续修《史记》，还提到了另一蜀人阳城衡。《后汉书·班彪传》载："武帝时，司马迁著《史记》，自太初以后，阙而不录，后好事者颇或缀集时事……"李贤注

---

① ［晋］常璩著：《华阳国志校注》卷一〇上《先贤士女总赞上》，巴蜀书社1984年版，第701—702页。
② 金生杨：《汉唐巴蜀易学研究》，巴蜀书社2007年版，第71页。
③ ［汉］王充撰，张宗祥校注，郑绍昌标点：《论衡校注》卷二〇《须颂篇》，上海古籍出版社2010年版，第406页。

称："好事者谓扬雄、刘歆、阳城衡、褚少孙、史孝山之徒。"①《史通·古今正史》则说："《史记》所书，年止汉武，太初已后，阙而不录。其后刘向、向子歆及诸好事者，若冯商、卫衡、扬雄、史岑、梁审、肆仁、晋冯、段肃、金丹、冯衍、韦融、萧奋、刘恂等，相次撰续，迄于哀、平间，犹名《史记》。"一般认为，这里的卫衡即是蜀人阳城衡。扬雄、阳城衡二人补续的《史记》当是班彪、班固修《汉书》时的重要参考。正如学者指出："这部书（按指扬雄补续的《史记》）没有流传下来，可能大量内容已为班固采入《汉书》，本身已失去存在的价值。"②据《华阳国志·序志》，扬雄、阳城衡还著有记录蜀地历史的《蜀本纪》。扬雄还本着儒家经学立场，对历史人物和历史现象多有评论，具体内容就反映在他效法《论语》而成的名著《法言》中，不少内容为后来《汉书》借鉴和吸取（详下一部分的专门论述）。

二是东汉初年成都人杨终受诏删减《史记》。杨终曾研习《春秋》，著有《春秋外传》12卷、《春秋章句》15万余言；又与史学巨匠班固等人同为校书郎，并受诏"删《太史公书》为十余万言"③。据《论衡·佚文篇》，他还著有反映今云南保山一带少数民族历史的《哀牢传》。可惜杨终的著作早已佚失，现仅有《哀牢传》佚文1条，见《后汉书·西南夷传》注、《册府元龟》卷九五六"种族"部分④。

三是东汉初年杜抚、李尤参与《东观汉记》的写作。《东观汉记》是反映东汉一朝历史的重要史书，在东汉历朝陆续修撰而成，是我国第一部官修的纪传体史书，开创了后世官修国史之例。在修撰过程中，已知有杜抚、李尤两位蜀地学者参加。杜抚，字叔和，犍为武阳（今四川眉山市彭山区）人，以经学名家，受业薛汉，定《韩诗章句》。他在东汉明帝时曾与班固等人同为校书郎，一起"杂定《建武注记》"⑤，开始了《东观汉记》修撰。李尤是广汉雒（今四川广汉）人，以文学名世，曾与刘珍等共撰《东观汉记》，史称"（李尤）安帝时谏议大夫，受诏与谒者仆射刘珍等俱撰《汉记》"⑥。尽管杜、李二人对《东观汉记》的最终成书贡献不算突出⑦，但毕竟参与了修撰，显示了巴蜀史学的水平。值得注意的是，杜抚归里教授，弟子千余人，其中有来自东南的会稽山阴（今浙江绍兴）人赵晔，史称其"到犍为资中，诣杜抚，受《韩

---

① ［南朝宋］范晔：《后汉书》卷四〇上《班彪传》，中华书局1965年版，第1324—1325页。
② 周桂钿：《虚实之辨——王充哲学的宗旨》，人民出版社1994年版，第292页。
③ ［晋］常璩：《华阳国志校注》卷一〇上《先贤士女总赞上》，巴蜀书社1984年版，第713页；［南朝宋］范晔：《后汉书》卷四八《杨终传》，中华书局1965年版，第1599页。
④ 刘纬毅：《汉唐方志辑佚》，北京图书馆出版社1997年版，第12—13页。
⑤ ［南朝宋］范晔：《后汉书》卷二四《马援传附马严传》，中华书局1965年版，第859页。
⑥ ［南朝宋］范晔：《后汉书》卷八〇上《李尤传》，中华书局1965年版，第2616页。
⑦ 吴树平先生考证指出："对《东观汉记》一书贡献最大的人有三个"，分别是班固、刘珍、蔡邕。见其《秦汉文献研究》，齐鲁书社1988年版，第122页。

诗》，究竟其术。积二十年，绝问不还"，后来著成地方史名著《吴越春秋》①。这又反映出巴蜀本地史学已具有一定的对外影响力。

另外，据《华阳国志·序志》，西汉末年精于道家之学的严遵（字君平）、东汉人郑廑（伯邑）、尹贡（彭城）也著有《蜀本纪》（均佚）。又据有关文献记载，西汉大辞赋家王褒（字子渊）还著有地方史志《云阳记》（又名《云阳宫记》），至今还有10条佚文传世②。这些地方史志有助于后来常璩撰写"方志之祖"《华阳国志》。

以上这些学者及其史学著作集中来看，标志着巴蜀史学已在两汉时期兴起并初步显示了较高的水平。

集上述文学（含语言文字学）、天文历法、道家之学、儒家经学、易学和史学等优长于一身的是西汉末年的扬雄，他是当时全国最突出的学者之一，长期在蜀学和中华学术文化史上居于重要地位。下一部分就对其进行专门论述。

二、"西道孔子"扬雄的经史成就

从前面的论述可以看出，扬雄的成就是多方面的，这里主要讨论他对儒家经学的推崇及以此为标准来评判历史著作和历史人物的情况。

（一）扬雄的"通博"及其对儒家经学的推崇

据《汉书·扬雄传》记载：扬雄"少而好学，不为章句，训诂通而已，博览无所不见。为人简易佚荡，口吃不能剧谈，默而好深湛之思，清静亡为，少耆欲，不汲汲于富贵，不戚戚于贫贱，不修廉隅以徼名当世"。具有崇高的人生境界和学术修为，而且著述宏富，史载："（雄）好古而乐道，其意欲求文章成名于后世，以为经莫大于《易》，故作《太玄》；传莫大于《论语》，作《法言》；史篇莫善于《仓颉》，作《训纂》；箴莫善于《虞箴》，作《州箴》；赋莫深于《离骚》，反而广之；辞莫丽于相如，作'四赋'，皆斟酌其本，相与放依而驰骋云。"③ 之外，著名的语言文字学著作《方言》和记述蜀地早期历史的《蜀王本纪》也长期被认为出于扬雄之手（近代以来则被质疑），其文章至少在隋朝以前已被编为《扬雄集》传世④。可以说，扬雄的著作广涉

---

① ［南朝宋］范晔：《后汉书》卷七九下《赵晔传》，中华书局1965年版，第2575页。
② 刘纬毅：《汉唐方志辑佚》，北京图书馆出版社1997年版，第6—7页。云阳县，汉置，有云阳宫，故治在今陕西淳化西北。
③ ［汉］班固：《汉书》卷八七《扬雄传》，中华书局1962年版，第3514、3583页。
④ ［唐］魏徵、令狐德棻：《隋书·经籍志》已见著录，五卷。后散佚，清人又重辑。

经、史、子、集四部，种类繁多①，在整个西汉时期已卓冠群儒。有学者统计认为："西汉时代，有著作流传至今的人很不少……论字数，司马迁的《史记》最多。论种类，刘向、东方朔与扬雄并列第一。"②

扬雄不但以学识渊博、著述宏富著称，而且思想深邃、造诣极高，为东汉时期的学林普遍称誉。学者往往将他与董仲舒、司马迁、刘向相提并论，甚至有将他与孔子、孟子、荀子等先秦大儒比美。如光武即位，征求"通博之士"，大司空宋弘推荐桓谭，认为他"才学洽闻，几能及扬雄、刘向父子"③。会稽人谢夷吾推荐晚年的王充时指出："充之天才，非学所加，虽前世孟轲、孙卿，近汉扬雄、刘向、司马迁，不能过也。"④扬雄成为时人评价博通之士的典范。

事实上，像桓谭、王充，还有班固、张衡这些东汉时期的一流巨儒，无不推重扬雄。如桓谭或云扬雄是"汉兴以来未有"之人⑤，或把他比作孔子，"张子侯曰：扬子云西道孔子也，乃贫如此。吾应曰：子云亦东道孔子也。昔仲尼岂独是鲁孔子？亦齐、楚圣人也"⑥。王充是"博通众流百家之言"者⑦，对扬雄也评价极高，认为"汉作书者多，司马子长、扬子云，河汉也，其余泾渭也"⑧。一代史学名家班固不但在《汉书·扬雄传》中对扬雄称誉有加，又在《汉书·楚元王传赞》中写道："自孔子后，缀文之士众矣，唯孟轲、孙况（即荀子）、董仲舒、司马迁、刘向、扬雄。此数公者，皆博物洽闻，通达古今，其言有补于世。《传》曰'圣人不出，其间必有命世者焉'，岂近是乎？"⑨直把扬雄与孟子、荀子、董仲舒、司马迁、刘向等一流大儒相提并论。被后世誉为大科学家的张衡酷爱研读扬雄《太玄》，曾对人说："吾观《太玄》，方知子云妙极道数，乃与《五经》相拟，非徒传记之属，使人难论阴阳之事，汉家得天下二百岁之书也。"⑩直把《太玄》作为汉代开国以来最伟大的著作！

以"通博"著称的扬雄生当儒家经学正盛的西汉后期，他顺应时势，对孔子及其代表的儒家经学极为推崇。

---

① 王春淑：《扬雄著述考略》，《四川师范大学学报》1996年第3期。
② 周桂钿：《虚实之辨——王充哲学的宗旨》，人民出版社1994年版，第292页。
③ ［南朝宋］范晔：《后汉书》卷二六《宋弘传》，中华书局1965年版，第904页。
④ ［南朝宋］范晔：《后汉书》卷四九《王充传》注引谢承《后汉书》，中华书局1965年版，第1630页。
⑤ ［汉］王充著，张宗祥校注，郑绍昌标点：《论衡校注》卷一三《超奇篇》，上海古籍出版社2010年版，第280页。
⑥ ［唐］马总：《意林》卷三《新论十七卷》，影印文渊阁《四库全书》本。
⑦ ［南朝宋］范晔：《后汉书》卷四九《王充传》，中华书局1965年版，第1629页。
⑧ ［汉］王充著，张宗祥校注，郑绍昌标点：《论衡校注》卷三九《案书篇》，上海古籍出版社2010年版，第564页。
⑨ ［汉］班固：《汉书》卷三六《楚元王传》，中华书局1962年版，第1972页。
⑩ ［南朝宋］范晔：《后汉书》卷五九《张衡传》，中华书局1965年版，第1897页。

扬雄对孔子有种近乎对神灵的崇拜,他说:"仲尼,神明也,小以成小,大以成大。虽山川、丘陵、草木、鸟兽,裕如也。""(孔子)关百圣而不惭,蔽天地而不耻,能言之类,莫能加也。贵无敌,富无伦,利孰大焉?"①认为孔子无所不知,孔子之道无所不包。进而又盛赞孔子整理的《五经》,他说:"惟五经为辩。说天者莫辩乎《易》,说事者莫辩乎《书》,说体者莫辩乎《礼》,说志者莫辩乎《诗》,说理者莫辩乎《春秋》,舍斯,辩亦小矣。"②认为《五经》分别是天、事、体、志、理的最高真理。如此,《五经》就如同天地一样高深,包容一切学说:"或问:'圣人之经不可使易知与?'曰:'不可。天俄而可度,则其覆物也浅矣;地俄而可测,则其载物也薄矣。大哉!天地之为万物郭,《五经》之为众说郭。'"③

正由于扬雄将孔子及《五经》视为高于一切、包容一切的圣人和学说,所以他要求用所谓孔圣人和儒家经学的标准来统一人们的思想,所谓:"或曰:'人各是其所是而非其所非,将谁使正之?'曰:'万物纷错则悬诸天,众言淆乱则折诸圣。'或曰:'恶睹乎圣而折诸?'曰:'在则人,亡则书,其统一也。'"这里的人、书,分别指孔子和《五经》。扬雄甚至认为舍弃孔子和儒家经典就无法入道、达道,即是说:"舍舟航而济乎渎者,末矣!舍五经而济乎道者,末矣!弃常珍而嗜乎异馔者,恶睹其识味也!委大圣而好乎诸子者,恶睹其识道也!""山径之蹊,不可胜由矣;向墙之户,不可胜入矣。曰:'恶由入?'曰:'孔氏。孔氏者,户也。'"④

我们知道,儒家最核心最本质的内容是纲常伦理。对孔子及儒家经典推崇到无以复加地步的扬雄,自然对儒家伦理也极为崇尚。他的两部代表作《太玄》和《法言》,都贯穿了儒家伦理这一主线。《法言》始"学行",终"孝至",清楚地说明该书以人的道德践履为开始,而以达到孝——伦理的最高境界作为归宿。《太玄》虽言天道,但中心仍在伦理,扬雄曾明确地讲到这一点:"或曰:'《玄》何为?'曰:'为仁义。'"⑤因此,解释《太玄》八十一首的十一篇,是以忠、孝作为结尾的,即是:

> 故善言天地者以人事,善言人事者以天地。明晦相推而日月逾迈,岁岁相荡而天地弥陶,之谓神明不穷。原本者难由,流末者易从。故有宗祖者则称乎孝,序君臣者则称乎忠,实告大训。⑥

---

① 韩敬译注:《法言·五百》,中华书局2012年版,第213、206页。
② 韩敬译注:《法言·寡见》,中华书局2012年版,第173页。
③ 韩敬译注:《法言·问神》,中华书局2012年版,第123页。
④ 韩敬译注:《法言·吾子》,中华书局2012年版,第53、41、43页。
⑤ 韩敬译注:《法言·问神》,中华书局2012年版,第132页。
⑥ [汉]扬雄撰,郑万耕校释:《太玄校释·太玄告》,北京师范大学出版社1989年版,第377页。

由于扬雄坚信儒家的纲常伦理，所以他对非儒家的诸子学说的批评，基本上都是从儒家伦理的角度进行的。比如，扬雄虽然深受老子的影响，但在涉及仁义礼智这些儒家伦理时，则态度鲜明："《老子》之言道、德，吾有取焉耳；及搥提仁、义，绝灭礼、学，吾无取焉耳。"① 显然，扬雄坚守儒家仁义礼智的伦理观念，并以此来批评老子。至于对其他诸子学说的批评，扬雄也基本是如此立场：

申、韩之术，不仁之至矣。

或曰："庄周有取乎？"曰："少欲。""邹衍有取乎？"曰："自持。至周罔君臣之义，衍无知于天地之间，虽邻不觌也。"②

或问："公孙龙诡辞数万以为法，法与？"曰："断木为棋，梡革为鞠，亦皆有法焉！不合乎先王之法者，君子不法也！"③

或问："（张）仪、（苏）秦学乎鬼谷术而习乎纵横言，安中国者各十余年，是夫？"曰："诈人也。圣人恶诸！"④

庄、杨荡而不法，墨、晏俭而废礼，申、韩险而无化，邹衍迂而不信。⑤
一言以蔽之，"吾见诸子之小礼乐也，不见圣人之小礼乐也"⑥。儒家思想与其他诸子学说最根本的区别，就在于是否遵从"礼乐"。这自然是以儒家伦理为中心、为本位做出的判断。

既然扬雄推崇孔子及其代表的儒家经学，并坚守儒家那套纲常伦理，那么他以此为标准来评价历史上的种种人事，就是十分顺理成章的事了。

（二）扬雄对《史记》主导思想的批评及其影响

扬雄论史内容主要见于他的《法言》一书。该书以大量的篇幅来品评历史人物，《重黎》和《渊骞》两篇尤为集中，评价的标准主要就是儒家经学，特别是儒家的伦理思想。其中一些论史内容是专门针对司马迁及其《史记》的，并对后来的班固及其

---

① 韩敬译注：《法言·问道》，中华书局2012年版，第88页。
② 韩敬译注：《法言·问道》，中华书局2012年版，第105、110页。
③ 韩敬译注：《法言·吾子》，中华书局2012年版，第40页。
④ 韩敬译注：《法言·渊骞》，中华书局2012年版，第330页。
⑤ 韩敬译注：《法言·五百》，中华书局2012年版，第224页。
⑥ 韩敬译注：《法言·问道》，中华书局2012年版，第82页。

《汉书》写作产生了重要影响。这在汉代经史关系、史学史上具有重要意义。

司马迁《史记》早在西汉末期就得到学者刘向、扬雄等人的高度评价。班固在《汉书·司马迁传赞》中写道："刘向、扬雄博极群书，皆称迁有良史之材，服其善序事理，辨而不华，质而不俚，其文直，其事核，不虚美，不隐恶，故谓之实录。"① 这段话一向被视为对司马迁及其《史记》的原则性评论。扬雄以《史记》为"实录"，见于其《法言·重黎》。由此不但可见扬雄对《史记》的确切把握，也可见班固对扬雄史论的重视与采纳，但这些评论显然还没有涉及儒家经学的标准。

事实上，司马迁《史记》写作于汉武帝时期，其时虽然"独尊儒术"已经开始，儒学成为官方钦定的意识形态，但儒家思想还没有完全占据支配地位，并没有达到一统天下的地步；反映到司马迁的思想上，他虽然曾从孔安国、董仲舒等大儒学习，但并没有独尊儒家的观念，因而也就没有以儒家思想为指导来撰写《史记》；他的《史记》虽然着力"厥协《六经》异传，整齐百家杂语"②，但并没有以儒家思想来一以贯之，其思想内容与正统儒家的要求还存在很大距离。这样，随着儒家经学统治地位的全面确立，一些人就开始从经学的立场来批评《史记》。目前所知最早这样批评的人是西汉成帝初年的权臣王凤，《汉书》卷八〇《宣元六王传》记此事道：

（东平思王刘宇）上疏求诸子及《太史公书》，上（汉成帝）以问大将军王凤，对曰："……诸子书或反经术，非圣人，或明鬼神，信物怪；《太史公书》有战国从横权谲之谋，汉兴之初谋臣奇策，天官灾异，地形厄塞：皆不宜在诸侯王。不可予。不许之辞宜曰：'《五经》圣人所制，万事靡不毕载。王审乐道，傅相皆儒者，旦夕讲诵，足以正身虞意。夫小辩破义，小道不通，致远恐泥，皆不足以留意。诸益于经术者，不爱于王。'"③

这段话很有意思，一是将诸子（当指儒家以外的其他诸子百家）与《史记》（即《太史公书》）并提，二是将诸子及《史记》与儒家五经对立。很明显，王凤是站在儒家经学本位的立场，对《史记》并非仅"有战国从横权谲之谋"的批评，而是把《史记》看成是"非圣人"之书，是与《五经》对立的"小辩""小道"。

扬雄较王凤晚出，他对孔子及《五经》更为推崇，对非儒家的诸子也多有批评，因此他能依循王凤的思路，对《史记》违背儒家经学的一面提出更为尖锐和直接的批评：

---

① ［汉］班固：《汉书》卷六二《司马迁传》，中华书局1962年版，第2738页。
② ［汉］司马迁：《史记》卷一三〇《太史公自序》，中华书局1959年版，第3319—3320页。
③ ［汉］班固：《汉书》卷八〇《宣元六王传·东平思王刘宇》，中华书局1962年版，第3324—3325页。

雄见诸子各以其知舛驰，大氐诋訾圣人，即为怪迂，析辩诡辞，以挠世事，虽小辩，终破大道而或（惑）众，使溺于所闻而不自知其非也。及太史公记六国，历楚汉，讫麟止，不与圣人同，是非颇谬于经。①

而且，扬雄对《史记》的批评较王凤更为丰富。他在《法言》一书中多次批评《史记》非儒家经典的一面。如《法言·问神》："或曰：'淮南、太史公者，其多知与？曷其杂也！'曰：'杂乎杂！人病以多知为杂，惟圣人为不杂。'""书不经，非书也；言不经，非言也。言、书不经，多多赘矣。"②认为司马迁杂而不纯，其《史记》是"不经"之作，没有以儒家经书为矩范。这层意思在《法言·君子》的一段论述中也得到反映："淮南说之用，不如《太史公》之用也。《太史公》，圣人将有取焉；淮南，鲜取焉尔。必也儒乎！乍出乍入，淮南也；文丽用寡，长卿（司马相如）也；多爱不忍，子长（司马迁）也。仲尼多爱，爱义也；子长多爱，爱奇也。"③将孔子"爱义"与司马迁"爱奇"对比，实际就是说司马迁"不与圣人同"了。《法言·寡见》还说："或问：'司马子长有言曰：五经不如《老子》之约也，当年不能极其变，终身不能究其业。'曰：'若是，则周公惑，孔子贼。'"④认为周、孔胜过老子，反对司马迁菲薄"五经"的思想。这一说法大约是针对司马迁《史记·太史公自序》中载录其父司马谈的《论六家要旨》一文。该文总的思路是老子高于孔子，认为老子为代表的道家"指约而易操，事少而功多"，而儒家则相反，"博而寡要，劳而少功"。具体说来，"儒者以《六艺》为法。《六艺》经传以千万数，累世不能通其学，当年不能究其礼"。

扬雄在对货殖和游侠等社会现象的看法上也与司马迁《史记》针锋相对。《法言·渊骞》载："'货殖？'曰：'蚊。'曰：'血国三千，使捋疏饮水褐博，没齿无愁也？'"⑤认为货殖之人有如蚊子一样，吸他人之血以自饱，以致很多人不得不为吃喝发愁。这是对《史记·货殖列传》观点的反驳。《史记·货殖列传》引用"天下熙熙，皆为利来；天下攘攘，皆为利往"之语以表明追逐财富是人的本能，并举列一批当世"贤人所以富者，令后世得以观择"的货殖名人，反映出司马迁"崇货殖之富"的明显倾向。而扬雄则以"蚊"的一面来抹杀货殖人物的全部作用。《法言·渊骞》又载：

---

① ［汉］班固：《汉书》卷八七下《扬雄传》，中华书局1962年版，第3580页。
② 韩敬译注：《法言·问神》，中华书局2012年版，第129、130页。
③ 韩敬译注：《法言·君子》，中华书局2012年版，第368页。
④ 韩敬译注：《法言·寡见》，中华书局2012年版，第177页。
⑤ 韩敬译注：《法言·渊骞》，中华书局2012年版，第336页。

"'游侠？'曰：'窃国灵也。'"① 又是反驳《史记·游侠列传》的观点。在司马迁看来，游侠是救人缓急，为人打抱不平的社会势力。在专制政治下，"以中材而涉乱世之末流乎？其遇害何可胜道"，"而布衣之徒，设取予然诺，千里诵义，为死不顾世，此亦有所长，非苟而已也。故士穷窘而得委命，此岂非人之所谓贤豪间者邪？"把侵凌孤弱、役贫自快的暴豪之徒，与游侠之徒划清界限："余悲世俗不察其意，而猥以朱家、郭解等令与暴豪之徒同类而共笑之也。"扬雄则完全不同意司马迁的看法，直将游侠视为窃国威福大权之徒，予以贬斥。

扬雄对《史记》"不与圣人同，是非颇谬于经"的看法，对司马迁引录其父司马谈"五经不如《老子》之约"看法的批评，对《史记》中《货殖列传》《游侠列传》观点的反驳，很自然地就凝成了如下评论：

> 其（司马迁）论术学，则崇黄老而薄五经；序货殖，则轻仁义而羞贫穷；道游侠，则贱守节而贵俗功：此其大敝伤道。……诚令迁依五经之法言，同圣人之是非，意亦庶几矣。②

这段话并非出自扬雄，而是源于班固的父亲班彪。那么班彪的思想是否来源于扬雄呢？这完全是有可能的。文献表明，班彪与扬雄有十分清楚的学术渊源关系。扬雄与班彪的父亲班稚关系密切，班固自称：班彪"幼与兄嗣共游学，家有赐书，内足于财，好古之士自远方至，父党扬子云以下莫不造门"。将扬雄列为班彪的"父党"代表，足见扬雄与班稚过从甚密，非同一般，班彪从小就受到扬雄的影响是显然的。后来班彪"唯圣人之道然后尽心焉"③，在讨论"上古之士，处身行道，辅世成名，可述于后者"时，专门下及汉代的陆贾、董仲舒、刘向和扬雄四人，认为他们"皆及时君之门闱，究先圣之壶奥，婆娑乎术艺之场，休息乎篇籍之囿，以全其质而发其文，用纳乎圣听，列炳于后人"④。对扬雄备极推崇。因此，班彪对司马迁及其《史记》的上述看法，说是源于扬雄的影响，当不为过。

后来班固综合班彪和扬雄的看法，在《汉书·司马迁传赞》中指出：

> 其是非颇谬于圣人，论大道则先黄老而后六经，序游侠则退处士而进奸雄，述货殖则崇势利而羞贱贫，此其所蔽也。⑤

这段话是说司马迁的主导思想有三大方面的失误，分别表现在"论大道""序游

---

① 韩敬译注：《法言·渊骞》，中华书局2012年版，第336页。
② ［南朝宋］范晔：《后汉书》卷四〇上《班彪传》，中华书局1965年版，第1325页。
③ ［汉］班固：《汉书》卷一〇〇上《叙传》，中华书局1962年版，第4205、4207页。
④ ［汉］班固：《汉书》卷一〇〇上《叙传》，中华书局1962年版，第4230—4231页。
⑤ ［汉］班固：《汉书》卷六二《司马迁传》，中华书局1962年版，第2737—2738页。

侠"和"述货殖"方面①。表面上看,这段话更接近于班彪之论。但从上述的分析可知,班彪之论主要源于扬雄。因此,班固的这段原则性评论,实际是在扬雄论评的基础上形成的。进一步考察,班固在《汉书·货殖传》中谓货殖中人"运其筹策,上争王者之利,下锢齐民之业,皆陷不轨奢僭之恶";在《汉书·游侠传》中大倡"民服事其上,而下无觊觎"的政治等级命定论,认为"郭解之伦,以匹夫之细,窃杀生之权,其罪已不容于诛矣",可以说都是站在儒家重义轻利、不能以下犯上的伦理思想立场,都是在发挥扬雄的义旨。

这里要补充说明的是,我们说班彪、班固父子对司马迁《史记》主导思想的批评渊源于扬雄,但并不是说扬雄的思想就是他们唯一的来源。事实上,《史记》自成书以后,就不断有学者从儒家经学的标准给予批评,这是一种由弱而强的时代思潮,除了前举王凤、扬雄以外,东汉初年还有大臣范升上书批评"太史公违戾《五经》,谬孔子言"②。班固的上述评论未尝没有受到范升等人的影响。

(三) 扬雄以儒家观念评价历史人物及其对《汉书》的影响

在对一些具体历史人物的评论上,扬雄也注意运用儒家忠、仁、义等观念,而且与司马迁相较,既有继承,又有变化,总的来看是标准更为严苛,思想更为偏狭,表现出强烈的经学立场,一些内容也对后来班固的《汉书》产生了明显影响。

如在运用"忠"的观念时,扬雄的确对司马迁的看法有继承,这突出地表现在对李斯的评价上。《法言·重黎》载:

> 或问:"李斯尽忠,胡亥极刑,忠乎?"曰:"斯以留客,至作相,用狂人之言,从浮大海,立赵高之邪说,废沙丘之正,阿意督责,焉用忠?"③

这一否定李斯忠于秦廷的观点,实际上源于司马迁,《史记·李斯列传赞》就说:

> (李)斯知六艺之归,不务明政以补主上之缺,持爵禄之重,阿顺苟合,严威酷刑,听(赵)高邪说,废適立庶,诸侯已畔,斯乃欲谏争,不亦末乎!人皆以斯极忠而被五刑死,察其本,乃与俗议之异。④

进一步对读《史记》和《法言》,扬雄对"忠"观念的理解和运用要比司马迁更为突出。如对汉朝开国名将韩信、黥布的评价,司马迁承认他们的才智功勋,但十分惋惜他们善始而不能善终,说"假令韩信学道谦让,不伐己功,不矜其能,则庶几哉,于汉家勋可以比周、召、太公之徒,后世血食矣。不务出此,而天下已集,乃谋畔逆,

---

① 周桂钿、李祥俊:《中国学术通史·秦汉卷》,人民出版社2004年版,第339页。
② [南朝宋] 范晔:《后汉书》卷三六《范升传》,中华书局1965年版,第1229页。
③ 韩敬译注:《法言·重黎》,中华书局2012年版,第294页。
④ [汉] 司马迁:《史记》卷八七《李斯列传》,中华书局1959年版,第2563页。

夷灭宗族，不亦宜乎"①，"（黥布）功冠诸侯，用此得王，亦不免于身为世大僇。祸之兴自爱姬殖，妒媚生患，竟以灭国"②。很明显，司马迁这里更多强调的是韩信、黥布不够明智，虽然也有批评他们背叛汉高祖刘邦、不能将忠心贯彻到底的意思，但并没有明确运用"忠"的价值观念进行评断。扬雄则不同，他说："韩信、黥布皆剑立南面称孤，卒穷时戮，无乃勿乎？"或曰："勿则无名，如何？"曰："名者，谓令名也。忠不终而躬逆，焉攸令？"③ 大意是说韩信、黥布皆拱立南面为侯王，最终却遭到极刑的下场，难道不是由于暗昧吗？忠而不能贯彻始终，乃谋叛逆，有什么美名可传呢？扬雄这里明确运用了"忠"的价值判断，较司马迁有更为浓厚的儒家道德原则。班固受此影响，在《汉书·韩彭英卢吴传》赞语中发挥道：

> 昔高祖定天下，功臣异姓而王者八国。张耳、吴芮、彭越、黥布、臧荼、卢绾与两韩信，皆徼一时之权变，以诈力成功，咸得裂土，南面称孤。见疑强大，怀不自安，事穷势迫，卒谋叛逆，终于灭亡。张耳以智全，至子亦失国。唯吴芮之起，不失正道，故能传号五世，以无嗣绝，庆流支庶。有以矣夫，著于甲令而称忠也！④

正如学者指出：这段评论将韩信、黥布等人的"才智、功勋、冤屈，一概置之不论，这是受了扬雄的影响"⑤。

扬雄评论西汉名臣霍光的所谓"忠"行，也影响到班固。扬雄十分感叹霍光忠心之"不终"："始元之初，（霍光）拥少帝之微，摧燕（王旦）、上官（桀）之锋，处兴废之分，堂堂乎忠，难矣哉！至显，不终矣。"⑥ 联系当时的有关人事，这段话大意是说，始元初年，霍光受襁褓之托，立少子为昭帝，行周公事，后又诛灭燕王旦、上官桀等谋反；及昭帝崩，无嗣，霍光等迎立昌邑王刘贺，贺荒淫迷乱，不能承宗庙，于是霍光又召丞相、御史、将军、大夫、博士等会议，废昌邑王而迎立孝宣皇帝。这都是霍光忠于社稷的表现，乃他人所难及。至霍光夫人显谋立其女儿成君为皇后，毒杀许皇后，霍光知晓之后，又企图匿情不纠，则其忠不能贯彻始终。这一评论比较公允，得到班固的重视，他在《汉书·霍光传赞》中写道：

> 霍光以结发内侍，起于阶闼之间，确然秉志，谊形于主。受襁褓之托，任汉

---

① ［汉］司马迁：《史记》卷九二《韩信传》，中华书局1959年版，第2630页。
② ［汉］司马迁：《史记》卷九一《黥布传》，中华书局1959年版，第2607页。
③ 韩敬译注：《法言注·重黎》，中华书局2012年版，第285页。
④ ［汉］班固：《汉书》卷三四《韩彭英卢吴传》，中华书局1962年版，第1895页。
⑤ 徐复观：《两汉思想史》第二卷，华东师范大学出版社2001年版，第327页。
⑥ 韩敬译注：《法言·重黎》，中华书局2012年版，第294页。

室之寄，当庙堂，拥幼君，摧燕王，仆上官，因权制敌，以成其忠。处废置之际，临大节而不可夺，遂匡国家，安社稷。拥昭立宣，光为师保，虽周公、阿衡，何以加此！然光不学亡术，暗于大理，阴妻邪谋，立女为后，湛溺盈溢之欲，以增颠覆之祸，死财三年，宗族诛夷，哀哉！①

很明显，班固的意思本于扬雄之论而又有所发挥，进一步指出霍光不能彻底尽忠的原因在于其"不学亡术，暗于大理"，较扬雄走得更远。

扬雄对隐士的一些看法也为班固所吸取。如扬雄从儒家重义轻利的立场，推举当世的隐士郑子真"不屈其志"，龚胜、龚舍兄弟和严君平"不改其操"，见于《法言》：

或曰："君子病没世而无名，盍势诸？名，卿可几也。"曰："君子德名为几。梁、齐、赵、楚之君，非不富且贵也，恶乎成名？谷口郑子真，不屈其志而耕乎岩石之下，名振于京师。岂其卿，岂其卿！"②

楚两龚之絜，其清矣乎！蜀庄沉冥。蜀庄之才之珍也。不作苟见，不治苟得，久幽而不改其操，虽隋、和，何以加诸？举兹以旃，不亦珍乎？③

扬雄说郑子真"名振于京师"，以龚胜、龚舍兄弟和严君平为国之珍宝，足见其对当世隐士的推崇和钦敬。班固《汉书·王贡两龚鲍传》全引此文，可见受扬雄影响很深。

扬雄推崇隐士，但对自称"朝隐"的东方朔却十分不满。司马迁的《史记·滑稽列传》对淳于髡这班人能以智术口才，自抒其志于君王之前，颇为欣赏，所以在《传赞》中有"岂不伟哉"之语。司马迁虽然在《滑稽列传》中没有收录东方朔，但后来褚少孙仿其意而加以弥补，其中有一段话这样写道：

（东方）朔行殿中，郎谓之曰："人皆以先生为狂。"朔曰："如朔等，所谓避世于朝廷间者也。古之人，乃避世于深山中。"时坐席中，酒酣，据地歌曰："陆沈于俗，避世金马门。宫殿中可以避世全身，何必深山之中、蒿庐之下。"④

东方朔自诩的这种"避世于朝廷间者"的"朝隐"做法，扬雄不以为然，并予以猛烈批判：

世称东方生之盛也。言不纯师，行不纯表，其流风遗书，蔑如也。或曰："隐者也。"曰："昔之隐者，吾闻其语矣，又闻其行矣。"或曰："隐道多端。"曰："固也。圣言圣行不逢其时，圣人隐也。贤言贤行不逢其时，贤者隐也。谈言谈

---

① [汉]班固：《汉书》卷六八《霍光传》，中华书局1962年版，第2967页。
② 韩敬译注：《法言·问神》，中华书局2012年版，第136—137页。
③ 韩敬译注：《法言·问明》，中华书局2012年版，第161页。
④ [汉]司马迁：《史记》卷一二六《滑稽列传·东方朔传》，中华书局1959年版，第3205页。

行,而不逢其时,谈者隐也。……"或问:"东方生名过其实者,何也?"曰:"应谐、不穷、正谏、秽德。应谐似优,不穷似哲,正谏似直,秽德似隐。""请问名。"曰:"诙达""恶比?"曰:"非夷、齐而是柳下惠,戒其子以尚容首阳为拙,柱下为工,饱食安坐以仕易农,依隐玩世,诡时不逢,其滑稽之雄乎!"①

显然,扬雄认为东方朔并不是真正的隐士,他的所作所为只是玩世不恭而已。这一态度深深影响了班固,以致在《汉书·东方朔传》赞语中详录扬雄的上述论评,仅在文字上稍有增删而已。

扬雄对汉赋政治劝化功能的认识也对班固有明显影响。辞赋在西汉时期甚为流行,人们不仅欣赏其文学美,也认为它具有政治劝化的价值。如司马迁就高度称赞司马相如辞赋的"风谏"作用:"《春秋》推见至隐,《易》本隐之以显,《大雅》言王公大人而德逮黎庶,《小雅》讥小己之得失,其流及上。所以言虽外殊,其合德一也。相如虽多虚辞滥说,然其要归引之节俭,此与《诗》之风谏何异。"②扬雄早年对同乡司马相如的辞赋推崇备至,极力模仿,写下了不少著名的篇章,但后来随着儒家经学的浸润,他对赋体的政治劝化功能发生了质疑,于是"辍不复为"③。班固受其影响,在《汉书·司马相如传》的赞语中先录司马迁的上述论评,接着笔锋一转:"扬雄以为靡丽之赋,劝百风一,犹驰骋郑卫之声,曲终而奏雅,不已亏乎!"④班固显然接受了扬雄的辞赋观。

扬雄是西汉末期巴蜀地区涌现出的一位杰出学者,他博学通达,成就卓著,在两汉之际的思想界影响巨大。扬雄的同僚且位在其上的桓谭指出:"凡人贱近而贵远,亲见扬子云禄位容貌不能动人,故轻其书……今扬子之书文义至深,而论不诡于圣人,若使遭遇时君,更阅贤知,为所称善,则必度越诸子矣。"并说:"汉兴以来,未有此人。"⑤桓谭的学生王充对扬雄也推崇备至,将扬雄与孔子相提并论:"身与草木俱朽,声与日月并彰,行与孔子比穷,文与扬雄为双,吾荣之。"⑥在这样的思想氛围下成长起来的班固对扬雄也十分推崇,不仅在《汉书·扬雄传》赞语中照录桓谭的上述论评,还称赞他"恬于势利","好古乐道","用心于内,不求于外",并用大量篇幅记载其言行和著作,特别是详列《法言》一书的篇目和序言,"(《汉书》)凡所列汉人著述,

---

① 韩敬译注:《法言·渊骞》,中华书局2012年版,第346页。
② [汉]司马迁:《史记》卷一一七《司马相如传》,中华书局1959年版,第3073页。
③ [汉]班固:《汉书》卷八七下《扬雄传下》,中华书局1962年版,第2609页。
④ [汉]司马迁:《史记》卷一一七《司马相如传》,中华书局1959年版,第3073页。
⑤ [汉]桓谭:《新论》,上海人民出版社1977年版,第61页。
⑥ [汉]王充著,张宗祥校注,郑绍昌标点:《论衡校注》卷三〇《自纪篇》,上海古籍出版社2010年版,第584页。

未有若是之详者"①。明乎此，班固在自称"旁贯《五经》，上下洽通"（语出《汉书·叙传》）的《汉书》中大量参考和引用扬雄的论述特别是《法言》的人物评论，就是十分自然的事了。

（作者单位：四川大学）

---

① ［清］纪昀等著，四库全书研究所整理：《钦定四库全书总目》（整理本）卷九一《〈法言集注〉提要》，中华书局1997年版，第1199页。

汉代的高禖神与民间神禖习俗

黄剑华

内容提要：早在先秦时期，就有了高禖神的传说与祭祀活动。古人认为高禖神既是主婚之神，也是求子之神。因而古时高禖之祠，主要是皇族求子的祭祀礼仪。到了汉代，祭祀高禖的活动比较盛行，地方官府与民间百姓也深受影响。高禖神其实是一位虚构的神灵，并因此而成了一种祭祀概念。

关键词：高禖之神；先秦民俗；神话传说；祭祀活动；汉代画像

《汉书·扬雄传》记述：汉成帝的时候，有人向皇帝推荐扬雄文似相如，汉成帝正在"郊祠甘泉泰畤、汾阴后土，以求继嗣，召雄待诏承明之庭"①。文中说的郊祠，是汉代皇室的一项重要祭祀活动。而"以求继嗣"，则与高禖神有关。扬雄随从皇帝参加了这次祭祀活动，回来后写了《甘泉赋》，由此而名声大振。借用扬雄这个话题的由头，撰写这篇小文，主要想探讨一下高禖究竟是一位什么神灵？高禖神对民俗又产生了哪些重要影响？

我们知道，中国先秦时期就有了传说的高禖神与祭祀活动。关于高禖，从文献记载看，这是西周甚至更早就已出现的一种祭祀活动与祭祀仪式了。古人认为高禖神，既是主婚之神，也是求子之神。高禖作为管理婚姻与生育之神，地位甚高，深受重视，成为每年春天必须祭祀之神，早在先秦对此就已有了记载。譬如《礼记·月令》记载：孟春之月，"其帝大皞，其神句芒"。根据郑玄与孔颖达的注疏，大皞即宓戏氏，句芒为少皞氏之子，其意是说圣人奉天时及万物节候也，就要开始举行祭祀活动了。因为伏羲居三皇之首，句芒是治春之神，所以古人开春首先要祭祀大皞与句芒。然后到了

---

① ［汉］班固：《汉书》卷八七上《扬雄传》，中华书局1962年版，第3522页。

仲春之月，就要祭祀高禖神了，"是月也，玄鸟至。至之日，以太牢祠于高禖，天子亲往。后妃帅九嫔御，乃礼天子所御，带以弓韣，授以弓矢，于高禖之前"。郑玄注曰："高辛氏之出，玄鸟遗卵，娀简吞之而生契，后王以为媒官嘉祥而立其祠焉。"又说："带以弓韣，授以弓矢，求男之祥也。"①

文中所说的玄鸟，也就是春燕。仲春之月，正是春燕归来的时节。在这个季节，周天子和后妃嫔御一起祭祀高禖，主要是为皇帝求子，同时也包含有祈求丰产和希望子孙昌盛之目的。在祭礼中，嫔妃以弓箭插入弓套之中并授于高禖神之前，这是一种具有性巫术意味的祭式，认为以此为帝王求子必得。由此可知，周代已有了高禖神，祭祀高禖已成为一种很重要的国家祭礼。此后春秋战国秦汉时期，都要祭祀高禖。《吕氏春秋·仲春纪》对此就有与《礼记·月令》相同的记载②。这种祭祀高禖神的活动，通常都是在城郊举行的，因而高禖也叫郊禖，或称之为皋禖。古声高与郊同，故借高为郊。《诗·大雅·生民》曰："厥初生民，时维姜嫄。生民如何？克禋克祀，以弗无子。"毛苌传曰："弗，去也。去无子，求有子，古者必立郊禖焉。玄鸟至之日，以大牢祠于郊禖，天子亲往。"③这里说的郊禖，也就是高禖。也有（如《玉烛宝典》）解释，高犹尊也，禖犹媒也，因而古时高禖之祠，主要是皇族求子的祭祀礼仪。

《礼记·月令》是上古时代具有经典地位的时历书，同时也是政书，对天子岁时祭祀的种类、举行仪式的季节、祭祀的功能与作用，做出了具有规定性的记述，所以也为后世历代帝王们所恪守。到了汉代，祭祀高禖的活动就比较盛行。《汉书·外戚传》说："武帝即位，数年无子。平阳主求良家女十余人，饰置家。帝祓霸上，还过平阳主。"④汉武帝"祓霸上"，就是在长安南郊祭祀高禖之后，上巳时节又去霸上祓除，并顺便游春，回宫途中顺道拜访了平阳公主。平阳公主就借这个机会将卫子夫献给了汉武帝，卫子夫后来为汉武帝生了三女和皇子，遂立为皇后。东汉时期也是要祭祀高禖的，《后汉书·礼仪志》就记载："仲春之月，立高禖祠于城南，祀以特牲。"卢植注云："玄鸟至时，阴阳中，万物生，故于是以三牲请子于高禖之神。居明显之处，故谓之高。因其求子，故谓之禖。以为古者有媒氏之官，因以为神。"⑤《汉书·扬雄传》记述汉成帝举行郊祠，祭祀高禖"以求继嗣"，就继承了汉武帝重视高禖之祭的传统。我们也由此可知，汉朝历代皇帝对祭祀高禖神的重视。

---

① ［清］阮元校刻：《十三经注疏·礼记正义》上册，中华书局1980年版，第1353、1361页。
② 陈奇猷校释：《吕氏春秋校释》第1册，学林出版社1984年版，第63页。
③ ［清］阮元校刻：《十三经注疏·毛诗正义》上册，中华书局1980年版，第528页。
④ ［汉］班固：《汉书》卷九七上《外戚传》，中华书局1962年版，第3949页。
⑤ ［南朝宋］范晔：《后汉书》第11册，中华书局1965年版，第3107—3108页。

自先秦以来，正是由于皇室高度重视高禖祭祀，地方官府与民间百姓也深受影响，因而每年春天各地祭祀高禖也就成了一种非常盛行的活动。民间的高禖祭祀活动，也为男女相会提供了机会。《周礼·媒氏》记载："中春之月，令会男女，于是时也，奔者不禁。"① 古人认为，简狄生契与姜嫄生稷，都是春季于郊外升烟野祭、祷于高禖的灵验。所以每年这个时候，就成了一个全民求子的宗教节日，也可以称为全国性的求偶节与求育节。祭祀高禖的地方，都在郊外，或在桑林，或在水畔，都是风景优美之处。盛会期间，还要配以祀神的美妙音乐、舞蹈，让男女们尽情地欢乐。如果情投意合，就可以自由婚配，如同"天作之合"。每逢这个时候，发生私奔与野合也是很正常的，不必过问，也不必追究。这因此而成了一种民俗，自上古以来在很多地方都流行不衰。在这个全民求子的节庆盛会中，最主要的活动仍是祭祀高禖，以宗教形式祈求多子丰育、人丁兴旺；其次便是"会男女"，为男女性爱活动提供机会。四川汉墓出土的画像砖中有"高禖"与"野合"画面，四川博物院就收藏有两件此类画像砖②，两幅画面中都用写实的方式，描绘了男女在桑下野合的情景，便是两汉时期祭祀高禖盛会期间民俗风情的真实写照。

汉代画像砖上的高禖野合图（四川博物院藏）

山东平阴县孟庄发现的几件汉代画像石，画面人兽杂陈，作舞蹈状，还有男女搂抱作交媾状，以及男子手握生殖器的画面③，描绘的也是地方神禖之俗，通过交感巫术，以祈求丰育，企盼子孙繁昌，并含有古老生殖崇拜的寓意。从高禖神到野合图，

---

① ［清］阮元校刻：《十三经注疏·周礼注疏》上册，中华书局1980年版，第733页。
② 参见《中国画像砖全集·四川汉画像砖》，四川美术出版社2006年版，第149页图二一一，第150—151页图二一二。参见高文、王锦生编著《中国巴蜀汉代画像砖大全》，国际港澳出版社2002年版，第67页图六五，第68页图六六。
③ 参见《中国画像石全集》第3册图一九一—图一九六，参见序言第5页，山东美术出版社、河南美术出版社2000年版。

说明了汉代崇巫之风犹存，应该是当时社会生活中的一种真实存在的情形。在一定意义上，也可以说祭祀高禖的节庆盛会，就是中国古代民间的情人节与狂欢节。

仲春之后，紧接着还有古代的上巳节，其时间为每年暮春的农历三月三日。《后汉书·礼仪志》中就说："是月上巳，官民皆絜于东流水上，曰洗濯祓除去宿垢疢为大絜。"① 可知上巳节主要是河畔江边的水上活动，或乘舟浮川，或沐浴香薰，以祓除宿垢，求得吉祥。两汉时期，祭祀高禖求子的传统，与上巳节祓禊之俗，原是分别进行的。这种情形一直延续到唐代都没有什么改变，唐代杜佑撰著的《通典》卷五五对这两个活动举行的时间就记述得很清楚。因为仲春二月燕归之日，与暮春三月三在时间上非常相近，祭祀高禖与上巳节又都是在郊外进行的大众活动，现在学界有些人撰文将二者混为一谈，很显然是一种误解。如果认真阅读一下史料，深入了解一下古代的典章制度，就知道祭祀高禖与上巳节是不同时节的两种活动，在内容与形式上都有明显的不同。上巳节也有"会男女"的色彩，但主要是水畔赏春交游，而不是求偶求子，性质上是不一样的。东汉之后，到了魏晋时期，上巳节除了洗濯祓禊和郊外相会，又增加了曲水流觞与踏青游乐等内容，逐渐变成了贵族炫耀财富和游春娱乐的盛会。这个节日，在中世纪仍盛行不衰，直至近代才逐渐淡化了。在我国很多少数民族地区，也都流行这一节日。例如云南等省区一些少数民族的三月三，就是由此而来，迄今仍很盛行，仍是少数民族地区郊外游春、男女交游、娱乐聚会的节日。

我们在这里需要特别探讨的一个问题是，高禖神究竟是谁？根据文献史料中的记载，从古至今曾有很多不同的解释，有认为高禖是高辛氏，有认为句芒是高禖神，有认为高禖是天神，有认为伏羲是高禖神，又有认为高禖是女性，传说中造人的女娲、殷商的祖先简狄、周人的祖先姜嫄，都是高禖神。学界对此也有不同的理解。譬如闻一多先生认为，"古代各民族所记的高禖各是该民族的先妣"，"夏、殷、周三民族都以其先妣为高禖，想来楚民族不会是例外"②。丁山先生认为："高禖，犹言'高祖母'，甲骨文所谓'高妣'是也。"③ 袁珂先生认为："女娲因为替人类建立了婚姻制度，使男女们互相配合，做了人类最早的媒人，所以后世的人把女娲奉为高禖，高禖就是神禖，也就是婚姻之神的意思。"④ 王孝廉先生也认为："女娲造人主婚，见于后人所引东汉应劭的《风俗通义》，是源于以女娲为原始母神的'皋禖信仰'（高禖、郊禖），古时建立媒神的祠庙于郊野而祭祀之叫作高禖或郊禖，所祭祀的神通常是作为自己部族

---

① ［南朝宋］范晔：《后汉书》第11册，中华书局1965年版，第3110页。
② 闻一多：《伏羲考》，上海古籍出版社2009年版，第95—96页。
③ 马昌仪编：《中国神话学文论选萃》上册，中国广播电视出版社1994年版，第77页。
④ 袁珂：《中国古代神话》（修订本），中华书局1960年版，第55—56页。

原始母神的女神,夏人祀女娲,殷人祀简狄,周人祀姜嫄,也就是说女娲、简狄、姜嫄都是主婚的高禖之神。"① 或认为:"女娲充当的是好合男女的媒妁之神,因而她又被后人祀奉为'皋禖之神'""在中国古代史上,被祀奉为媒神的还有殷人的始母简狄、周人的始母姜嫄等等……从起源上来讲,女娲形象的产生可能是更古老的,她最初可能主要是某一氏族或某一部落崇奉的始祖神,主司繁衍、生殖,因为她别男女、立婚姻,使人类自行繁衍,因而稍后又被祀为媒神和送子娘娘。"② 总之,"高禖神是个极复杂的历史现象"③。

类似的论述颇多,此不赘述。这些看法都颇有见地,并为学界所沿用,却都属于推测之见,与古代的真实情形其实是有出入的。闻一多、袁珂等学者依据的主要是古代文献中关于高禖的记载,而未看到后来出土的汉代画像资料,所以才有以上的推论。若从出土汉代画像中描绘的高禖神来看,将伏羲女娲搂抱在一起的高禖神显然不是夏商周三代的先妣。

其实,高禖神应该是一位虚构的神灵,古人对高禖神的形象并没有形成固定的模式。而祭祀高禖神,表达的主要是一种信仰,或者说是一种传统习俗。叶舒宪先生也认为:"由于中国神话的过早散佚和历史化,高禖神在现有记载中早已失去了人格化形态,近乎一个抽象的祭祀概念,遗留在礼书的条文规定之中。关于高禖祭典,我们只知道有祈求生育和丰产的性质。伴随着该祭典的还有象征性的性爱活动。"④ 汉武帝祭祀的高禖神就没有具体的人格化形态,而是一块石头。晋朝皇帝祭祀高禖,沿袭的也是高禖石。据《后汉书·礼仪志》中刘昭注释说:"晋元康中,高禖坛上石破,诏问出何经典,朝士莫知。博士束晳答曰:'汉武帝晚得太子,始为立高禖之祠。高禖者,人之先也。故立石为主,祀以太牢。"⑤《通典》卷五五说:"汉武帝年二十九乃得太子,甚喜,始立为高禖之祠于城南,祭以特牲。"文后也引用了晋朝博士束晳所述。文中还说:"契母简狄,盖以玄鸟至日有事高禖而生契焉。"⑥ 可见殷初已有祭祀高禖之俗,却不知高禖神是谁。到了汉武帝时,才用大石"立为高禖之祠"。所谓"立石为主",就是以石头作为高禖神之象征的意思。干宝《搜神记》卷七也记述说:"元康七年,霹雳

---

① 马昌仪编:《中国神话学文论选萃》下册,中国广播电视出版社1994年版,第425页。
② 杨利慧:《女娲的神话与信仰》,中国社会科学出版社1997年版,第65页。
③ 申华清:《神鬼世界与人类思维》,黄河文艺出版社1990年版,第201页。
④ 叶舒宪:《高唐神女与维纳斯》,中国社会科学出版社1997年版,第387页。
⑤ [晋]司马彪:《后汉书志》第四"礼仪上",[南朝宋]范晔:《后汉书》第11册,中华书局1965年版,第3108页。
⑥ [唐]杜佑:《通典》第2册,中华书局1988年版,第1551—1552页。

破城南高禖石。高禖，宫中求子祠也。"① 在《晋书·五行志》等史籍中，对此也有记载。这里说的高禖石，或称郊禖石，均是高禖神的象征。有人认为，高禖石象征生殖器官，标志着母系社会向父系社会的转变，但这也只是后人的一种推测。其实高禖石就是因为当时人们不知道高禖神究竟是谁，所以才"立石为主"，将一块大石作为高禖神的象征。立石作为高禖象征，这是汉代皇室的做法，而在汉代民间流行的画像中，则出现了将高禖神形象化的描绘。

既然高禖神是一个祭祀概念，为什么汉代画像中描绘的高禖神又具有多种形态呢？概而言之，这可能与汉代民间画风的昌盛有着较大的关系，显然是汉代画像制作者虚构想象的产物。用画像来装饰墓室，以表达对逝者的孝敬，是汉代崇尚厚葬之风的一种体现。在那些埋入地下的画作中，既有对历史人物故事的描绘，也有对当时社会生活情景的记录，还有对各种神话故事的虚构。将上古以来传统风俗中的高禖神与伏羲女娲绘画在一起，很可能是民间汉画制作者的一种即兴创作，因此带有一定的随意性，而无固定的模式；所以有的将高禖神画成了神人，有的将高禖神画成了力士，甚至还有将高禖神画成了神怪。

河南唐河针织厂出土的"高禖"画像

山东嘉祥县纸坊镇敬老院出土的"高禖"画像

譬如南阳出土的一件"高禖"画像，高禖神是一位赤身裸体的神人，将伏羲女娲搂抱在一起。在河南唐河针织厂出土的一件画像石上，也刻画了类似的画面，图版说

---

① ［晋］干宝著，汪绍楹校注：《搜神记》，中华书局1979年版，第99页。

明称:"右下一巨人,疑为高禖神,头梳高髻,正面而立,将人首蛇躯、手持仙草的左之女娲、右之伏羲联袂在一起。"① 山东出土的几件画像石上也刻有类似画面,例如嘉祥县纸坊镇敬老院出土的一件画像石上,画面上层"中间刻高禖,头戴'山'字形冠,三角眼,阔嘴,露齿,一手抱伏羲,一手抱女娲"②。山东平邑县平邑镇皇圣卿东阙南面画像上,画面第一层刻画了"中一神人,双手拥抱人身蛇尾、手执规矩的伏羲、女娲,左有玄武,右有朱雀"③。在山东沂南县北寨村出土的一件画像石上,"画面上部刻一力士,以强壮的双臂拥抱人身蛇躯的伏羲和女娲,力士肩后有一规一矩。左右上角各缀一飞鸟"④。有学者认为,画面中的力士应是高禖神的写照。还有河南新野出土的一件画像砖上,刻画了伏羲、女娲,两尾缠绕玄武⑤。有学者认为图中的玄武寓意与高禖有相近处。山东画像石上的高禖神是膀阔腰圆的男性神,用强壮有力的双臂把伏羲、女娲抱合在一起,表示阴阳的结合与生命的繁衍。南阳出土画像砖上的玄武,与伏羲、女娲两尾缠绕,也体现了同样的含义。因为在古人的心中,天上的星斗与人之生死有关,玄武是四灵之一,象征北方神灵,而司命星属于玄武宫中虚宿之一星,画像中用玄武充当高禖使人类的始祖神伏羲、女娲匹合,也同样表达了让生命繁衍不息的愿望⑥。总之,这是别开生面很有创意的一种描绘。

河南南阳麒麟岗汉画像石墓也出土有多幅高禖神图,有的为单幅画像,"高禖裸体,圆耳,圆眼,长喙,大口,大腹。两手上举作漫舞之状。其周围饰云气"。有的由6块石板组合刻成,"画中刻神高禖,全身赤裸,圆眼,大嘴,长喙下颚有齿。右手执条状物,右肘窝揽住女娲蛇尾。伏羲蛇尾卷曲于高禖神左腿后侧。高禖神左手伸出,弓步作揽拽之状"。黄雅峰先生认为:"伏羲女娲与高禖在同一画面,则暗示高禖促使伏羲女娲交合,表达了墓主人希望生命得以延续和再生的愿望。"⑦ 与河南唐河针织厂、山东沂南等地出土的高禖神图像相比,南阳麒麟岗出土的高禖神图像,展示了更加丰富的想象,在充满动感的画面中对高禖神与伏羲女娲做了更为浪漫奔放的描绘。这些画像,所依据的都是上古以来祭祀高禖之俗,表现的都是高禖神的题材,而将高禖神刻画成多种形态,则显示了构思上的不同特点。这与各地汉画制作者的艺术造诣、创

---

① 参见《中国画像石全集》第6册,山东美术出版社、河南美术出版社2000年版,图一六。
② 参见《中国画像石全集》第2册,山东美术出版社、河南美术出版社2000年版,图一一五。
③ 参见《中国画像石全集》第1册,山东美术出版社、河南美术出版社2000年版,图八。
④ 参见《中国画像石全集》第1册,山东美术出版社、河南美术出版社2000年版,图一八二。
⑤ 参见《中国画像砖全集·河南画像砖》,四川美术出版社2006年版,图一〇〇。
⑥ 参见南阳文物研究所编《南阳汉代画像砖》,文物出版社1990年版,第33—34页文字介绍,图版58,拓本166、拓本167。
⑦ 参见黄雅峰主编:《南阳麒麟岗汉画像石墓》,三秦出版社2008年版,第16页,第19页,第20页,第65页,第205页图版98,第232页图版122。

作习惯、思维与审美方面的差异，以及地域文化习俗的不同，也有一定的关系。

河南南阳麒麟岗出土的伏羲女娲高禖图

通过以上对文献记载和考古资料的梳理考证，可知祭祀高禖原是上古以来流行于宫廷与民间的一种重要习俗。高禖这一古俗，在举行的过程中，常展现出较为浓郁的巫术色彩。譬如在皇室祭礼中嫔妃以弓箭插入弓套并授于高禖神之前，又譬如民间的男女欢聚桑林野合，有认为其性质都属于高禖祭祀活动中的巫术行为，是颇有道理的。也可以说，中国古代的感生神话就来源于高禖这一古俗。

总之，古俗中的高禖神本是一种祭祀概念，汉代画像中出现了高禖神的形象，通常与伏羲女娲搂抱在一起，以表达交合求子、生命繁衍之意，同时也进一步渲染和强调了阴阳创世的观念。汉画中的伏羲女娲主要是作为阴阳二神的象征，构图造型大都作人首蛇躯交尾状，画面中增添了搂抱阴阳二神的高禖神，其创世与繁衍的含义也就随之更加鲜明和浓郁了。而这些都与汉代崇尚子孙繁衍的民俗有着很大的关系。也正是由于民俗崇尚的关系，所以高禖与伏羲女娲的画像也就在汉代格外流行起来。

（作者单位：四川省文物考古研究院、四川省人民政府文史研究馆）

绵阳西山隋唐宋道教题记辑注

李德书

绵阳，古称涪县、绵州。西山观，古名仙云观，在绵州治西六里。西山，一名凤凰山。相传尔朱仙修炼于此。又有玉女泉，是川西著名的道教圣地。西山道教造像较多，有隋大业、唐武德、贞观、乾封、咸亨、上元和宋绍圣等造像题记。于此足见川西造像规模与风气之盛。

一、仙云观大业造象题记

（一）

大业六年，太岁庚午，十二月廿八日，三洞道士黄法暾奉为存亡二世，敬造天尊象一龛供养。

（二）

文托生母

大业十年正月八日，女弟子文托生母为儿托生造天尊象一龛，愿生长寿子，福沾存亡，恩被五道供养。

注释：

这两则题记辑自《巴蜀道教碑文集成》。造像时间分别是大业六年（610）与大业十年（614），位于西山仙云观下面的玉女泉崖壁。此据《金石苑》卷二，以《八琼室金石补正》互校。仙云观，在绵阳市西郊，俗称西山观。隋前佛教造像多见，而道教造像罕观，故这里的天尊造像在中国道教造像史上有重要意义。这两处造像在海外也有一定影响。美国把玉女泉造像中的女供养人作为东方艺术珍品藏入博物馆,日本将其造像题记作为书法佳作拓录入书。1914 年,法国考古学家色加蓝来此考察后,在《中国西部考古记》一书中做了介绍。

二、仙云观武德造像题记

武德二年,太岁己卯,三月八日,三洞弟子文□□敬造天尊像一龛供养。

注释:

这则题记辑自《巴蜀道教碑文集成》。造像时间为武德二年(619),此据民国《绵阳县志·艺文·金石》。记中"武德"二字在《道家金石略》中作"至德",后有陈智超按云:"至德二年为丁酉,非己卯。"据《绵阳县志》云:"原本武德二年,太岁己卯,首'武'字漫灭,为谬妄子剜作'至'字。考至德年号,前属陈后主,后属唐肃宗,岁甲均非己卯。惟高祖二年为己卯,始建唐基。与大业造像为一石,字体亦相近。"

三、仙云观咸通造像题记

(一)

孙季良	景公坦	张法振	李宗简	黄 □
严公叙	孙行立	青阳晟	景行丰	白义连
何全约	黄允甫	辨公枚	王羲童	张羲宗
□□□	王金简	严令宣	雍 盈	雍伯良
陈 亮	陈□□	景怀羲	张士谈	张士谔
李钦□	伍孝恭	邓伯端	申荣宗	王 成
□□景	□ □	邑人张羲成	景伯□	景伯用
文允智	袁 清	张 成	杨仲兴	张南岑
文行直	上座何重凡	录事张□简	□□□	
□□观押观孙□□		同邑道士孙灵聱	李天岑	
张太仙	严道□			

咸通七年,岁次丙戌,更镌此功德已,□□岁在□□三月廿五日庆毕(下缺)□□□□遂结一社□玉玄观,立于廿年春初□□□答众圣之恩。

（二）

三洞真一道士孙灵讽，当州紫极宫樊献兼神仙云（下缺）一坛，各愿合平安，永为供养。（下缺）声犹如独□，愿结一社，用答恩，敬造天尊、老君一铺。以咸通拾贰年岁次辛□三月十一日修黄箓斋□中三夜表庆毕。

专主社务兼书人景好古

三洞真一道士孙灵讽

洞玄道士张（下缺）

注释：

这则题记辑自《巴蜀道教碑文集成》。造像时间分别为咸通七年（866）与咸通十二年（871）。此据《金石苑》卷二，并以《道家金石略》所据《艺风堂拓片》录文参校。

四、仙云观绍圣题记

绍圣丁丑仲冬己卯，提点刑狱公事顿起，邀新永川太守文辂，同游仙云观。至玉女常，读王助所作汉大夫杨公真像记。巴西主簿岑穟、尉陈升偕行。

注释：

这则题记辑自《巴蜀道教碑文集成》。此据《道家金石略》。此题记为宋哲宗绍圣四年（1097）四位地方官游仙云观的题记。顿起、文辂、岑穟、陈升事迹俱不详。巴西为宋代绵州治地县名。王助，绵州人，唐大中年间（847—860）进士，曾立有"富乐山碑"。汉大夫杨公，即中散大夫扬雄（字子云）。现西山仙云观下玉女泉旁有扬雄读书台，台基石上刻有"扬子云真像"，王助所作的扬公真像记已佚。旁边有清道光年间重刻的《子云先生传略》和为扬雄辩污的《读史管见》。此题记实证了"扬子云真像"是唐代所刻，具有重要的历史价值。

（作者单位：四川省社科院禹羌文化研究所、中国先秦史学会禹羌文化研究中心）

李白评扬雄草《太玄》管见

沈曙东

内容提要：李白深受巴蜀士文化传统的影响，对扬马等乡贤极为敬仰，尤其是扬雄。他常常以扬雄献赋自喻，述说自己两入长安待诏翰林的得意经历。同时，李白又极力批评扬雄后期草《太玄》。在揄扬扬雄献赋的同时，又极力批评其后期草《太玄》，个中缘由须联系李白的隐逸观进行进一步讨论。从某种意义上讲，隐逸实际上是李白为了实现人生抱负所采取的一种积极的手段。同时，在李白看来，作为仕进手段的隐逸和功成之后的退隐是不一样的，其逻辑顺序是隐逸以待时机—实现功成理想—功成而后退隐。因此，李白瞧不起那些迂腐的儒生以及为隐逸而隐逸之辈。正是基于上述隐逸观，李白对扬雄后期草《太玄》提出了批评。但是，换一个角度，李白对扬雄草《太玄》又表现出了深深的共鸣。同是对道的坚守，李白从功成而后身退的角度对扬雄后期草《太玄》提出了批评，又从失意以道自守、不以得丧为心的角度对其给予了高度评价。

关键词：扬雄；李白；《太玄》；功成身退；复古

李白深受巴蜀士文化传统的影响，对扬马等乡贤极为敬仰，尤其是扬雄。他常常以扬雄献赋自喻，述说了自己两入长安待诏翰林的得意经历。

其《温泉侍从归逢故人》云："汉帝长杨苑，夸胡羽猎归。子云叨侍从，献赋有光辉。激赏摇天笔，承恩赐御衣。逢君奏明主，他日共翻飞。"[1]《汉书·扬雄传》："明年，上将大夸胡人以多禽兽，秋，命右扶风发民入南山，西自褒斜，东至弘农，南驱汉中，张罗罔罝罦，捕熊罴豪猪虎豹狖玃狐菟麋鹿，载以槛车，输长杨射熊馆。以罔

---

[1] ［清］王琦注：《李太白全集》卷九，中华书局1977年版，第486页。

为周阹,(纵)禽兽其中,令胡人手搏之,自取其获,上亲临观焉。是时,农民不得收敛。雄从至射熊馆,还,上《长杨赋》,聊因笔墨之成文章,故借翰林以为主人,子墨为客卿以风。"①朱谏释此诗云:"李白侍从明皇游温泉,归逢故人,而作此诗,以子云从成帝于长杨之事言之。昔者汉成帝游于长杨之苑,大夸胡人以多禽兽,遂为羽猎之举。子云侍从,献赋讽谏,辞严义正,有光辉焉。蒙天子之激赏,有御衣之颁赐。我今侍从温泉,乃与子云同一揆也。乃是天子之近臣,安敢蔽贤以固宠也?归途逢君,知君之才,以俟他日当荐于朝,同升诸公,相与翻飞于云霄之上也。"②类似的情形在之后的作品中经常出现。《东武吟》云:"好古笑流俗,素闻贤达风。方希佐明主,长揖辞成功。白日在高天,回光烛微躬。恭承凤凰诏,欻起云萝中。清切紫霄迥,优游丹禁通。君王赐颜色,声价凌烟虹。乘舆拥翠盖,扈从金城东。宝马丽绝景,锦衣入新丰。依岩望松雪,对酒鸣丝桐。因学扬子云,献赋甘泉宫。天书美片善,清芬播无穷。归来入咸阳,谈笑皆王公。"③《忆旧游寄谯郡元参军》云:"翠娥婵娟初月辉,美人更唱舞罗衣。清风吹歌入空去,歌曲自绕行云飞。此时行乐难再遇,西游因献《长杨赋》。北阙青云不可期,东山白首还归去。"④《答杜秀才五松山见赠》云:"昔献《长杨赋》,天开云雨欢。当时待诏承明里,皆道扬雄才可观。敕赐飞龙二天马,黄金络头白玉鞍。浮云蔽日去不返,总为秋风摧紫兰。"⑤不仅如此,李白还将好友比作扬雄,如《送王屋山人魏万还王屋》:"吾友扬子云,弦歌播清芬。虽为江宁宰,好与山公群。乘兴但一行,且知我爱君。"⑥此指江宁县令杨利物。

同时,李白又极力批评扬雄后期草《太玄》。《侠客行》云:"赵客缦胡缨,吴钩霜雪明。银鞍照白马,飒沓如流星。十步杀一人,千里不留行。事了拂衣去,深藏身与名。闲过信陵饮,脱剑膝前横。将炙啖朱亥,持觞劝侯嬴。三杯吐然诺,五岳倒为轻。眼花耳热后,意气素霓生。救赵挥金槌,邯郸先震惊。千秋二壮士,烜赫大梁城。纵死侠骨香,不惭世上英。谁能书阁下,白首《太玄经》。"⑦萧士赟释云:"此诗似祖鲍照诗'闭帏草《太玄》,兹事太愚狂'之意。"⑧《汉书·扬雄传》:"哀帝时丁、傅、董贤用事,诸附离之者或起家至二千石。时雄方草《太玄》,有以自守,泊如也……夫

---

① [汉]班固:《汉书》卷八七下,中华书局1962年版,第3557页。
② 詹锳主编:《李白全集校注汇释集评》,百花文艺出版社1996年版,第1354—1355页。
③ [清]王琦注:《李太白全集》卷五,中华书局1977年版,第311—314页。
④ [清]王琦注:《李太白全集》卷一三,中华书局1977年版,第663—667页。
⑤ [清]王琦注:《李太白全集》卷一九,中华书局1977年版,第904—907页。
⑥ [清]王琦注:《李太白全集》卷一六,中华书局1977年版,第748—760页。
⑦ [清]王琦注:《李太白全集》卷三,中华书局1977年版,第216—218页。
⑧ 詹锳主编:《李白全集校注汇释集评》,百花文艺出版社1996年版,第493页。

蔺先生收功于章台，四皓采荣于南山，公孙创业于金马，票骑发迹于祁连，司马长卿窃訾于卓氏，东方朔割（炙）于细君。仆诚不能与此数公者并，故默然独守吾《太玄》……王莽时，刘歆、甄丰皆为上公，莽既以符命自立，即位之后欲绝其原以神前事，而丰子寻、歆子棻复献之。莽诛丰父子，投棻四裔，辞所连及，便收不请。时雄校书天禄阁上，治狱使者来，欲收雄，雄恐不能自免，乃从阁上自投下，几死。莽闻之曰：'雄素不与事，何故在此？'间请问其故，乃刘棻尝从雄学作奇字，雄不知情。有诏勿问。然京师为之语曰：'惟寂寞，自投阁；爱清静，作符命。'"①

在揄扬扬雄献赋的同时，又极力批评其后期草《太玄》，个中缘由须联系李白的隐逸观进行进一步讨论。

一方面，"尧、舜之事不足惊，自余嚣嚣直可轻。巨鳌莫载三山去，吾欲蓬莱顶上行"②；一方面，"纵死侠骨香，不惭世上英。谁能书阁下，白首《太玄经》"③。这不禁令我们疑惑：在进与退之间，李白到底做何选择？

在《上安州裴长史书》一文中，李白对自己青少年时代在蜀中的生活经历有如下回忆："昔与逸人东严子隐于岷山之阳，白巢居数年，不迹城市。养奇禽千计，呼皆就掌取食，了无惊猜。广汉太守闻而异之，诣庐亲睹，因举二人以有道，并不起。此则白养高忘机，不屈之迹也。又前礼部尚书苏公出为益州长史，白于路中投刺，待以布衣之礼。因谓群寮曰：'此子天才英丽，下笔不休，虽风力未成，且见专车之骨。若广之以学，可以相如比肩也。'四海明识，具知此谈。"④ 文中记述了李白隐岷山、州举有道不应以及被苏颋赞誉三件事。岷山之阳，指的是大匡山（一名康山，亦名戴天山），在绵州彰明县北三十里，杜诗有"匡山读书处，头白好归来"⑤ 句。

逸人东严子不详何人，杨慎《李太白诗题辞》谓"东岩子，梓州盐亭人赵蕤"⑥，不知何据。赵蕤擅纵横术，有《长短经》传世。然从上千奇禽呼之皆来取食于手掌的情形看，释东严子为道教信奉者似更为合理，因为这种能与鸟兽群处的人在道家看来是为得道者，而道教的宗教哲学基础则源自道家。李白成长的玄宗时代，道家、道教繁荣。李白自言，"家本紫云山，道风未沦落"⑦，"十五游神仙，仙游未曾歇"⑧，其隐

---

① [汉] 班固：《汉书》卷八七下，中华书局1962年版，第3565—3584页。
② [清] 王琦注：《李太白全集》卷八，中华书局1977年版，第448页。
③ [清] 王琦注：《李太白全集》卷三，中华书局1977年版，第216页。
④ [清] 王琦注：《李太白全集》卷二六，中华书局1977年版，第1246—1247页。
⑤ [清] 仇兆鳌注：《杜诗详注》卷一〇，中华书局1979年版，第858页。
⑥ [明] 杨慎撰，王大厚笺证：《升庵诗话新笺证》，中华书局2008年版，第1180页。
⑦ [清] 王琦注：《李太白全集》卷二五，中华书局1977年版，第1152页。
⑧ [清] 王琦注：《李太白全集》卷二四，中华书局1977年版，第1104页。

逸自然渗入了道家和神仙道教的元素。结合被苏颋赞誉事,李白与东严子之隐逸就带有欲以道术之士的身份来培植声名的味道,"州举有道不应"属实,但追求更为高远的理想是真。

也就是说,从某种意义上讲,隐逸实际上是李白为了实现人生抱负所采取的一种积极的手段,这在李白后来的几次实践中可以得到进一步证实。

一入长安之时,李白曾隐居终南山,《春归终南山松龙旧隐》《下终南山过斛斯山人宿置酒》《玉真公主别馆苦雨,赠卫尉张卿二首》等诗可证。之所以有此经历,或与"终南捷径"有一定关系。《新唐书·卢藏用传》载:"子昂、贞固前死,藏用抚其孤有恩,人称能终始交。始隐山中时,有意当世,人目为'随驾隐士'。晚乃徇权利,务为骄纵,素节尽矣。司马承祯尝召至阙下,将还山,藏用指终南曰:'此中大有嘉处。'承祯徐曰:'以仆视之,仕宦之捷径耳。'藏用惭。"①然而,终南山的经历不仅没有给李白带来仕宦的捷径,反而令其陷入困境。《玉真公主别馆苦雨,赠卫尉张卿二首》其一云:"秋坐金、张馆,繁阴昼不开。空烟迷雨色,萧飒望中来。翳翳昏垫苦,沉沉忧恨催。清秋何以慰,白酒盈吾杯。吟咏思管、乐,此人已成灰。独酌聊自勉,谁贵经纶才。弹剑谢公子,无鱼良可哀。"②李白以管仲、乐毅自比,向驸马都尉、卫尉卿张垍求助,希望得到援引。又其二云:"苦雨思白日,浮云何由卷。稷、卨和天人,阴阳乃骄蹇。秋霖剧倒井,昏雾横绝巘。欲往咫尺涂,遂成山川限。潨潨奔溜闻,浩浩惊波转。泥沙塞中途,牛马不可辨。饥从漂母食,闲缀羽陵简。园家逢秋蔬,藜藿不满眼。蠨蛸结思幽,蟋蟀伤褊浅。厨灶无青烟,刀机生绿藓。投箸解鹔鹴,换酒醉北堂。丹徒布衣者,慷慨未可量。何时黄金盘,一斛荐槟榔。功成拂衣去,摇曳沧洲傍。"③尽管隐居生活处境艰难,但李白追求的、渴望得到帮助的却是被赏识、被引荐,以实现"功成拂衣去,摇曳沧洲傍"的人生理想。

二入长安之前,李白曾"与鲁中诸生孔巢父、韩沔、裴政、张叔明、陶沔等隐于徂徕山,酣歌纵酒,时号'竹溪六逸'"④。韩沔当为韩准,李白诗《送韩准裴政孔巢父还山》可证⑤。期间,李白还不时外出求仙访道。《寄王屋山人孟大融》云:"我昔东海上,劳山餐紫霞。亲见安期公,食枣大如瓜。"⑥然而,李白的心境是复杂的。《早

---

① [宋]欧阳修、宋祁:《新唐书》卷一二三,中华书局1975年版,第4375页。
② [清]王琦注:《李太白全集》卷九,中华书局1977年版,第475页。
③ [清]王琦注:《李太白全集》卷九,中华书局1977年版,第476页。
④ [后晋]刘昫等撰:《旧唐书》卷一九〇下,中华书局1975年版,第5053页。
⑤ [清]王琦注:《李太白全集》卷一六,中华书局1977年版,第774页。
⑥ [清]王琦注:《李太白全集》卷一三,中华书局1977年版,第662页。

秋赠裴十七仲堪》云:"穷溟出宝贝,大泽饶龙蛇。明主傥见收,烟霄路非赊。"① 忘怀世事并非真意,李白对未来实际上充满了希望。

陈贻焮先生指出:"至于隐逸、求仙,本是出世的表现,似乎与干禄无关,但实际上却早已为士大夫所利用,而成为另一类行之偶见奇效的'登龙术'了。"② 天宝元年(742)秋,唐玄宗下诏征召李白进京。自东鲁奉诏入京时,李白即兴写下了《南陵别儿童入京》一诗:"白酒新熟山中归,黄鸡啄黍秋正肥。呼童烹鸡酌白酒,儿女嬉笑牵人衣。高歌取醉欲自慰,起舞落日争光辉。游说万乘苦不早,着鞭跨马涉远道。会稽愚妇轻买臣,余亦辞家西入秦。仰天大笑出门去,我辈岂是蓬蒿人?"③ 诗人欣喜若狂,仰天大笑,兴奋至极,热烈至极,这也进一步说明李白隐逸的真正目的。

同时,在李白看来,作为仕进手段的隐逸和功成之后的退隐是不一样的。《代寿山答孟少府移文书》云:"近者逸人李白自峨眉而来,尔其天为容,道为貌,不屈己,不干人,巢、由以来,一人而已。乃虬蟠龟息,遁乎此山。仆尝弄之以绿绮,卧之以碧云,漱之以琼液,饵之以金砂。既而童颜益春,真气愈茂,将欲倚剑天外,挂弓扶桑。浮四海,横八荒,出宇宙之寥廓,登云天之渺茫。俄而李公仰天长吁,谓其友人曰:吾未可去也。吾与尔,达则兼济天下,穷则独善一身。安能飡君紫霞,荫君青松,乘君鸾鹤,驾君虬龙,一朝飞腾,为方丈、蓬莱之人耳,此则未可也。乃相与卷其丹书,匣其瑶瑟,申管、晏之谈,谋帝王之术。奋其智能,愿为辅弼,使寰区大定,海县清一。事君之道成,荣亲之义毕,然后与陶朱、留侯,浮五湖,戏沧洲,不足为难矣。"④ 这里,我们看出了一种清晰的逻辑顺序:隐逸以待时机—实现功成理想—功成而后退隐。

因此,李白瞧不起那些迂腐的儒生以及为隐逸而隐逸之辈。《嘲鲁儒》云:"鲁叟谈《五经》,白发死章句。问以经济策,茫如坠烟雾。足着远游履,首戴方山巾。缓步从直道,未行先起尘。秦家丞相府,不重褒衣人。君非叔孙通,与我本殊伦。时事且未达,归耕汶水滨。"⑤ 对于鲁仲连、商山四皓等功成身退的榜样人物,李白给予了热情的歌颂。《古风五十九首》其十云:"齐有倜傥生,鲁连特高妙。明月出海底,一朝开光曜。却秦振英声,后世仰末照。意轻千金赠,顾向平原笑。吾亦澹荡人,拂衣可

---

① [清]王琦注:《李太白全集》卷九,中华书局1977年版,第467页。
② 陈贻焮:《唐代某些知识分子隐逸求仙的政治目的——兼论李白的政治理想和从政途径》,《北京大学学报(人文科学版)》1961年第3期。
③ 安旗等笺注:《李白全集编年笺注》卷四,中华书局2015年版,第404页。
④ [清]王琦注:《李太白全集》卷二六,中华书局1977年版,第1225页。
⑤ [清]王琦注:《李太白全集》卷二五,中华书局1977年版,第1157页。

同调。"① 又《商山四皓》云："白发四老人，昂藏南山侧。偃蹇松云间，冥翳不可识。云窗拂青霭，石壁横翠色。龙虎方战争，于焉自休息。秦人失金镜，汉祖升紫极。阴虹浊太阳，前星遂沦匿。一行佐明两，欻起生羽翼。功成身不居，舒卷在胸臆。窅冥合元化，茫昧信难测。飞声塞天衢，万古仰遗迹。"②

在巴蜀士文化传统的滋养下，李白少时便有远大的理想，认为"士生则桑弧蓬矢，射乎四方，故知大丈夫必有四方之志"③。开元十二年（724），李白离开家乡时作《别匡山》以明志："晓峰如画参差碧，藤影摇风拂槛垂。野径来多将犬伴，人间归晚带樵随。看云客倚啼猿树，洗钵僧临失鹤池。莫怪无心恋清境，已将书剑许明时。"④

出蜀漫游后，李白主动作为，积极进取，多次干谒地方长官，上书自叙高洁人品和过人才华，以求赏识推荐和知遇鉴拔。其中，如《与韩荆州书》述其意愿云："白闻天下谈士相聚而言曰：'生不用万户侯，但愿一识韩荆州。'何令人之景慕，一至于此耶！岂不以有周公之风，躬吐握之事，使海内豪俊，奔走而归之，一登龙门，则声誉十倍。所以龙盘凤逸之士，皆欲收名定价于君侯。愿君侯不以富贵而骄之，寒贱而忽之，则三千宾中有毛遂，使白得颖脱而出，即其人焉。"⑤

李白积极乐观，从不消沉，从不绝望。天宝十载（751），何昌浩通过书信向李白转达了范阳节度使安禄山的邀请。经过苦苦思考，李白认为这未尝不是一次武功报国的好机会。《赠何七判官昌浩》云："有时忽惆怅，匡坐至夜分。平明空啸咤，思欲解世纷。心随长风去，吹散万里云。羞作济南生，九十诵古文。不然拂剑起，沙漠收奇勋。老死阡陌间，何因扬清芬。夫子今管、乐，英才冠三军。终与同出处，岂将沮、溺群"。⑥《登邯郸洪波台置酒观发兵》云："我把两赤羽，来游燕、赵间。天狼正可射，感激无时闲。观兵洪波台，倚剑望玉关。请缨不系越，且向燕然山。风引龙虎旗，歌钟昔追攀。击筑落高月，投壶破愁颜。遥知百战胜，定扫鬼方还。"⑦ 但这次努力最终还是失败了。安史乱后，为了早日扫除胡虏，收复两京，李白加入了永王李璘的幕府，意气风发。《永王东巡歌十一首》其一云："永王正月东出师，天子遥分龙虎旗。楼船一举风波静，江汉翻为雁鹜池。"⑧ 不料被无情地卷入王室争斗，并获死罪。后经

---

① ［清］王琦注：《李太白全集》卷二，中华书局1977年版，第101页。
② ［清］王琦注：《李太白全集》卷二二，中华书局1977年版，第1031页。
③ ［清］王琦注：《李太白全集》卷二六，中华书局1977年版，第1244页。
④ ［清］王琦注：《李白全集编年笺注》卷一，中华书局1977年版，第21页。
⑤ ［清］王琦注：《李太白全集》卷二六，中华书局1977年版，第1239页。
⑥ ［清］王琦注：《李太白全集》卷九，中华书局1977年版，第482页。
⑦ ［清］王琦注：《李太白全集》卷二一，中华书局1977年版，第974—975页。
⑧ ［清］王琦注：《李太白全集》卷八，中华书局1977年版，第427页。

宣慰大使崔涣及中丞宋若思援救，改长流夜郎，历尽坎坷，遭受痛苦。然而，李白的用世之志始末不渝。

正是基于"隐逸以待时机—实现功成理想—功成而后退隐"的隐逸观，李白对扬雄后期草《太玄》提出了批评。但是，换一个角度，李白对扬雄草《太玄》又表现出了深深的共鸣。《留别广陵诸公》云："忆昔作少年，结交赵与燕。金羁络骏马，锦带横龙泉。寸心无疑事，所向非徒然。晚节觉此疏，猎精草《太玄》。空名束壮士，薄俗弃高贤。中回圣明顾，挥翰凌云烟。骑虎不敢下，攀龙忽堕天。还家守清真，孤洁励秋蝉。炼丹费火石，采药穷山川。卧海不关人，租税辽东田。乘兴忽复起，棹歌溪中船。临醉谢葛疆，山公欲倒鞭。狂歌自此别，垂钓沧浪前。"① 朱谏云："言我于少年之时，习于任侠之事，及至晚年，自觉其非，乃潜心于经史，猎道德之精以草《太玄》。"② 《古风》其四十六云："一百四十年，国容何赫然！隐隐五凤楼，峨峨横三川。王侯象星月，宾客如云烟。斗鸡金宫里，蹴鞠瑶台边。举动摇白日，指挥回青天。当涂何翕忽，失路长弃捐。独有杨执戟，闭关草《太玄》。"③ 扬雄《解嘲》云："当涂者入青云，失路者委沟渠，且握权则为卿相，夕失势则为匹夫。"④ 徐祯卿曰："此辈得志之人，据要路则气焰挥霍，而失路则终于弃捐而不用也。唯扬子云则闭门著书，以道自守，不以得丧为心。"⑤ 在《古风》其一中，李白就明确地提出了自己志在删述的理想，诗云："大雅久不作，吾衰竟谁陈。王风委蔓草，战国多荆榛。龙虎相啖食，兵戈逮狂秦。正声何微茫，哀怨起骚人。扬、马激颓波，开流荡无垠。废兴虽万变，宪章亦已沦。自从建安来，绮丽不足珍。圣代复元古，垂衣贵清真。群才属休明，乘运共跃鳞。文质相炳焕，众星罗秋旻。我志在删述，垂辉映千春。希圣如有立，绝笔于获麟。"⑥

和扬雄一样，李白立志于删述亦是以道自守。《本事诗》："李白才逸气高，与陈拾遗齐名，先后合德，其论诗云：'梁、陈以来，艳薄斯极，沈休文又尚以声律，将复古道，非我而谁与！'故陈、李二集，律诗殊少。尝言兴寄深微，五言不如四言，七言又其靡也，况使束于声调俳优哉！故戏杜曰：'饭颗山头逢杜甫，头戴笠子日卓午。借问别来太瘦生，总为从前作诗苦。'盖讥其拘束也。"⑦ 这和蜀地乡贤陈子昂反对"彩丽

---

① ［清］王琦注：《李太白全集》卷一五，中华书局1977年版，第718—719页。
② 詹锳主编：《李白全集校注汇释集评》，百花文艺出版社1996年版，第2158页。
③ ［清］王琦注：《李太白全集》卷二，中华书局1977年版，第143—144页。
④ ［汉］班固：《汉书》卷八七下，中华书局1962年版，第3568页。
⑤ 詹锳主编：《李白全集校注汇释集评》，百花文艺出版社1996年版，第216页。
⑥ ［清］王琦注：《李太白全集》卷二，中华书局1977年版，第87页。
⑦ ［唐］孟棨撰，董希平等评注：《本事诗》，中华书局2014年版，第103—104页。

竞繁""兴寄都绝"、重"风雅""兴寄"、倡"汉魏风骨"的复古理论主张一脉相承。陈子昂《与东方左史虬修竹篇序》云："文章道弊，五百年矣。汉魏风骨，晋宋莫传，然而文献有可征者。仆尝暇时观齐梁间诗，彩丽竞繁，而兴寄都绝，每以永叹，思古人，常恐逶迤颓靡，风雅不作，以耿耿也。一昨于解三处见明公《咏孤桐篇》，骨气端翔，音情顿挫，光英朗练，有金石声。遂用洗心饰视，发挥幽郁。不图正始之音，复睹于兹；可使建安作者，相视而笑。"①

功成身退，天之道。人之所为，"功成事立，名迹称遂，不退身避位，则遇于害，此乃天之常道也。譬如日中则移，月满则亏，物盛则衰，乐极则哀"②。同是对道的坚守，李白从功成而后身退的角度对扬雄后期草《太玄》提出了批评，又从失意以道自守、不以得丧为心的角度对其给予了高度评价。

（作者单位：绵阳师范学院）

---

① ［清］彭定求等编：《全唐诗》，中华书局1960年版，第895—896页。
② 王卡点校：《老子道德经河上公章句》卷一，中华书局1993年版，第32页。

"西蜀子云亭"的文化意涵及其开掘

蒲玉春

内容提要:"西蜀子云亭"在我国家喻户晓。它不仅关联着扬雄的生平、经历与事迹,更承载着他的文化人格与精神,在某种意义上已成为中华优秀传统文化的象征。本文从"地理或物理意义上的子云亭、历史变迁中的子云亭、文学作品里的子云亭、精神或文化地标上的子云亭"四个层面对"西蜀子云亭"的文化意涵进行了富于创新性的探讨和开掘,具有较强的理论意义和现实意义。

关键词:扬雄研究;西蜀子云亭;文化意涵

西蜀子云亭,既是风景名胜,亦为文物古迹。其得名,来自西汉末年的辞赋家、哲学家、语言学家扬雄——是以他的字命名的,与扬雄有着直接的关系。而西蜀子云亭的出名,则得益于唐代诗人刘禹锡——在他的文学名篇《陋室铭》结尾处,有一个名句:"南阳诸葛庐,西蜀子云亭。孔子云:'何陋之有?'"在中华大地可谓是家喻户晓,尽人皆知。由此看来,"西蜀子云亭",不仅仅有物理和地理意涵,更有历史和文化意蕴——它承载着人们的生活追求和精神向往,在某种意义上已经成为中华民族的精神刻度与文化地标。本文试对此进行探讨。

要探讨西蜀子云亭的"文化意涵",我们很有必要对"文化"的意涵做一界定——因为"文化"的含义,实在是太丰富了!据不完全统计,文化有160多种定义[1],但概括起来,不外乎广义和狭义两种。广义的文化与自然相对,泛指人类所创造的一切文明成果,包括物质态文化、社会关系态文化(制度文化)、观念态文化(比如哲学、宗教等)、心理态文化(价值体系、思维方式、行为模式、情感方式、审美情趣

---

[1] 参见〔美〕菲利普·巴格比:《文化:历史的投影》,上海人民出版社1987年版,第91页。

等）四个层次。狭义的文化指人类所创造的一切观念意识形态成果，是人类精神文明的一个组成部分，人们常把它与经济、政治等概念并列使用，以概括社会生活中相互区分又相互联系的三个部分——政治，主要解决人际关系问题；经济，主要解决社会人与自然的关系问题；文化，主要解决人的精神存在问题。

"西蜀子云亭的文化意涵"，是广义的文化概念——它至少包括了"地理或物理意义上的子云亭、历史变迁中的子云亭、文学作品里的子云亭、精神或文化地标上的子云亭"这样四层意涵。下面逐一分析探讨。

一、地理或物理意义上的子云亭

如前所述，西蜀子云亭，因唐代刘禹锡《陋室铭》而蜚声中外，天下闻名——据说英国的《简明不列颠百科全书》亦将其收入条目。

经查蜀中有记载的子云亭共有四处：绵州、成都、郫邑和犍为。其中，郫邑是扬雄出生、成长地，成都是扬雄求学、讲学地，绵州、犍为是扬雄研学、游历地。民国以前，属于单体建筑的"子云亭"主要有三处：一处在郫筒镇西街（今郫筒一小旧址），一处在绵州"州西七里凤岭下仙云观"，一处在原嘉定州犍为县"治南十里子云山上"。这三处子云亭，以绵州最具规模，也最为典型，也是目前硕果仅存的"西蜀子云亭"。

据梁琳筠《扬雄生平及著述年表》[①] 记载：公元前17年夏至公元前16年秋（汉成帝鸿嘉四年甲辰至永始元年乙巳），扬雄37岁至38岁。一路游学参访，途中经过绵竹，创作有《绵竹颂》，并于同年深秋，经费花光，且时近天寒，北上的气候凛冽，故暂停于涪城（今绵阳市）至次年春，数月间，以教书为计，积攒路费盘缠。

《汉书·扬雄传》载："雄年四十余，自蜀来游京师。"有学者认为扬雄出川"四十余"不确，应为"三十余"——约在32—39岁之间[②]。而《汉书·扬雄传》的上述内容，采录自扬雄《自序》，即传文中所谓"雄之自序云尔"。明确这一点，我们就会发现一个很有趣的问题：扬雄汉成帝永始元年乙巳（前16年秋）38岁时就到了涪县（绵阳）；而他"自蜀来游京师"时，"年四十余"——如果此话属实，则扬雄在绵阳（古钟阳镇和西山观）待的时间就不是"数月"，而是"数年"，发生玉女奉茶、窥书

---

① 微信公众号"扬雄文库"2021-01-25 21：12。
② 杨福泉：《扬雄至京、待诏、奏赋、除郎的年代问题》，原载《上海大学学报》2002年第1期，收录《扬雄研究文选》，四川人民出版社2020年版。

并暗生情愫之类的故事,就完全有可能。

据说扬雄侨寓涪县期间,曾"结庐西山,潜心治学",后人于其读书处筑亭以资纪念,这就是著名的"西蜀子云亭"。按照嘉庆《直隶绵州志》的说法就是:扬雄"或曾侨寓左绵,后人即其所至之地,标名氏以志芳躅,皆事理所有"。嘉庆元年(1796)余飞南《重修玉皇殿》四方碑序言:"其亭虽有数处,而崖际稍平衍者,相传为亭之故址,则西蜀子云亭,惟此为确耳。"1983年绵阳文物普查时,发现"子云亭"题记云:"淳熙十四年(1187)……仙云游,访子云像,酌玉女泉……瞻建炎己酉(1129)题字,憩尔朱仙丹洞。"这些文字刻于离子云亭咫尺的玉女泉边的石崖上,是绵阳发现记载扬雄读书台最早的文字①。

原子云亭为一剪茅亭,在西山东侧,山石荦确,行径幽微;因年代久远,时修时圮,清代前期复为六角单檐亭,民国六年复为六角重檐亭,1978年毁于洪水后又遵旧制复为六角单檐亭。1987年,由长虹机器厂捐资,绵阳市人民政府迁亭于西山凤岭易址重建,旧子云亭则改称"扬雄读书台",匾额为郭沫若题写;台下有扬雄石刻座像及道教造像,至今犹存。

如今的子云亭,位于绵阳市西山子云亭风景区(原西山公园),坐落在凤凰山凤头上,占地10余亩,建筑面积1400多平方米,高23米,共3层,集楼、台、亭、阁于一体——凤头子云亭,凤背蒋琬墓,凤尾安阳亭、凤尾湖;右翼营盘嘴(相传为姜维屯兵处),左翼仙云观、玉女泉及道教摩崖造像、玉女湖,皆西蜀名胜。山中有万古常青之木,园内见四时不败之花;更兼小桥流水,楼台掩映,亭阁巍巍,好一幅江南山水画!人们徜徉其中,举目青山山有意,移步换景景无穷;半疑仙境半疑梦,满湖山水满湖诗……

二、历史变迁中的子云亭

笔者在研究中发现,关于刘禹锡笔下的"西蜀子云亭",在学界引发过不少的争论!争论的核心问题是:刘禹锡写《陋室铭》的时候,"西蜀"到底有没有"子云亭"?如果有,它究竟在哪里?如果没有,刘禹锡《陋室铭》中的"西蜀子云亭"所指为何?绵阳的子云亭究竟建于何时?如此等等。

例如,赵树中先生就认为,"禹锡作《陋室铭》之时,西蜀并无子云亭"。其最具说服力的证据是:"唐代到过四川的诗人为数不少,如早于刘禹锡的王勃、杨炯、李

---

① 四川省地方志编纂委员会编:《四川省志·文物志》,四川人民出版社1999年版,第195页。

白、杜甫，晚于禹锡的罗隐、裴休，他们留下了咏诵蜀中（特别是成都、绵阳一带）古迹名胜的大量诗作，却都未提到子云亭。"那么，刘禹锡在《陋室铭》中所咏的"子云亭"又是指的什么呢？赵树中先生通过考察"亭"的来龙去脉、形制和用途，得出的结论是：子云亭"泛指扬雄的故居和他在西蜀游历求学住过的客舍，而不是专指后人为纪念他在某处修建的那种雕梁画栋、甍瓦飞檐、'何陋之有'的纪念亭"①。

杨令勋先生进一步认为，《陋室铭》中的"子云亭"，是唐人刘禹锡化用"子云宅"而形成的。他在《绵阳西山古迹名胜群初探》一文中认为，刘诗说的"子云亭"是指扬雄老家的"子云宅"（据《汉书·扬雄传》称，扬雄"有田一廛，有宅一区"，后人常称"扬子宅"），是"为了押韵之故，以名"——因为"灵""亭"押韵，故改"宅"为"亭"②。

早在此之前，近代学者王力先生就曾释子云亭为扬子云宅；清人吴楚材、吴调侯注"西蜀子云亭"曰："子云居西蜀，有玄亭。"史载扬雄宅有"草玄亭"，即著《太玄》之所——看来这个问题还真是"其来有自"！李白在《淮南卧病书怀寄蜀中赵征君蕤》诗中也是"朝忆相如台，夜梦子云宅"；而不是"夜梦子云亭"！注释称，相如台：汉代蜀人司马相如琴台，在成都；子云宅：汉代蜀人扬雄故宅，在成都。二者都是蜀人，诗人"朝忆""夜梦"这些地方，都是表达对故乡的怀念。

而邓亚曾先生则在《子云阁下话扬雄》一文中说，"扬雄40岁左右，曾侨居涪县（今绵阳），结庐西山，潜心治学。有关绵阳的地方志记载，隋大业十一年（615），邑人于扬雄读书处筑亭纪念。以后历代皆缘其址，圮而复修"③。只是作者没有指出而笔者也尚未查到"有关绵阳的地方志"。

从目前掌握的情况来看，在宋代朱熹之前，扬雄名声很好、评价特别高，修亭纪念的可能性极大——对于"隋大业十一年（615），邑人于扬雄读书处筑亭纪念。以后历代皆缘其址，圮而复修"这个说法，笔者比较认可！其具体理由和推论的依据，如下：

已知西山玉女泉道教造像有隋炀帝大业六年（610）、大业十年（614）和唐高祖武德二年（619）的，因此，造像的同时，在造像旁边近在咫尺的扬雄读书台上修亭的可能性很大，纪念扬雄亦在情理之中。

西山观是古道观，因尔朱仙修道而闻名（尔朱仙，相传为蜀八仙第八，唐末五代

---

① 《绵阳文史丛书》之六，1998年版，第18—21页。
② 《绵阳文史资料》第二期，1986年6月，第214页。
③ 《绵阳文史丛书》之三，1995年版，第117页。

时人)。西山观何时建?无可查考。但"根据道观范围内雕刻题记考查,至少已有一千五百年以上建观历史"①。西山观后改称仙云观,虽创年无考,但观下玉女泉旁唐咸通三年(862)道教造像题记中已有"仙云观"之名,可见最迟创于唐代咸通年间。"仙"指尔朱仙,"云"即是指扬雄。

仙云观前殿有副对联也把"仙云"二字嵌入上下联内:"金阙仙朝大莫(漠)京,亦尊莫偶;玉阶云捧雨而化,实一而神。"对联中的"仙"指上天阙的尔朱仙,他曾经去过大漠的京城朝拜(大漠京即西域梵都,古代西域包括印度在内),因他本是道长,回观后也尊奉了大漠的佛教菩萨和经典;"云",暗示仙云观下扬子云读书台,正是他把玄学和道教的教义化为一体,表明道学演变成为道教,扬雄的《太玄》起了催化作用和理论宗师的开创作用。由于扬雄中年的思想及其文章著作,已摒弃效法司马相如词赋的绮丽、屈原的离忧忿世,均带有浓郁的世俗观念;而扬雄这个时期的思想境界,已沉于清静无为,超凡入圣。

综上所述,刘禹锡《陋室铭》中的"西蜀子云亭",在物理和地理上的存在,具有一定的可信度。既然扬雄宅有"草玄亭",扬雄居涪县数月乃至数年,并且崇儒好道,很大可能入住西山观并于观下磐石上读书治学,悠游卒岁,后人仿其"草玄亭"筑亭以纪之,是说得过去的!

还有一种可能性,就是:扬雄侨居西山时,西山观下磐石上本来就有一座十分简陋但能遮风挡雨的亭子,可供扬雄栖身读书。因为当时的涪江从西山脚下流过,西山位于"城西七里",山上很可能设有驿站和驿亭,而驿亭就建在扬雄读书的那块巨石上,"西山之巅,原有寺观之附属建筑,有寺观名,现已荡然无存"②。至于为什么在刘禹锡之前,没有被人"发现"和题咏,可能性之一是这座亭子当时还没有被"命名",它实在是太"陋"了,或者无人照护,经常性的残破不堪,有失体统和风范!

三、文学作品里的子云亭

文学作品里的"子云亭",当首推刘禹锡的《陋室铭》:不仅开创性地提出了"西蜀子云亭"这个概念(即为之"命名"),而且影响力大,传播范围广,持续时间长,从《陋室铭》诞生之日起,迄今已有一千二百年!

刘禹锡(772—842),字梦得,自言西汉中山靖王刘胜之后,"家本荥上,籍占洛

---

① 李尧东:《绵阳西山观修复胜迹散记》,《绵阳文史丛书》之二,1995年版,第225页。
② 李尧东:《绵阳西山观修复胜迹散记》,《绵阳文史丛书》之二,1995年版,第227页。

阳",唐代宗大历七年(772)生于河南郑州荥阳。他"少年负志气,信道不从时";一生跌宕起伏,几起几落,充满戏剧色彩:最初因参与朝廷政治改革失败而遭贬,后又两度因写诗犯禁、涉讥刺而被谪,然始终信念坚定,无怨无悔,忠义耿直,豪情满怀,是当之无愧的政界翘楚、诗坛斗士。

刘禹锡的《陋室铭》,创作于其和州任上(824—826),充满了曲折和故事。联系刘禹锡和扬雄的身世,观《陋室铭》全文,可以明显地看出,其咏诵子云亭,旨在以扬雄自勉——他把自己的陋室,比之于诸葛亮的草庐和扬雄的陋亭,并且拉孔子出来说了句"何陋之有"的公道话,既是在述志和自勉,也有一种炫耀和骄傲的意味!

自从《陋室铭》问世后,"子云亭"的影响就远远超过了"子云宅"。正是因为这个原因,后世的扬雄文化遗迹,无论是扬雄故居、子云宅、子云坟、子云书院,还是扬雄洗墨池这类纪念性建筑中,都少不了"子云亭"这个名目的附属建筑——"子云亭"这个名称,完全成了扬雄文化物质遗存的代名词;而后世文人,对此也多有题咏。

据笔者查证资料和搜索网络,得民国及以前题咏子云亭的诗词、联语、游记37篇(首),涉及作者34人——其中既有达官显宦、社会名流,也有名不见经传的文士学者和香客游人。时间较早为南宋邵博的《过子云亭》,诗云:"自负天人学,甘居寂寞滨。却令载酒客,似识草玄人。三世官应绌,一区宅更贫。行年寻故里,感涕独沾巾。"

元代王恽《感皇恩夏日,同延陵君遇签事顺之心远堂》有"子云亭户好、龙津路"之语;黄公望《倪云林为子章征士画》有"荒山白石带古木,个中仍置子云亭"句;倪瓒《再用韵呈诸公》有"旧宅荒芜时入梦,墨池谁访子云亭"句;元末明初谢应芳《昆山陈伯康筑亭山巅杨边梅过之题曰玉山高处且为赋诗命郭羲仲刘景仪及余和之》有"人杰地灵风物美,绝胜西蜀子云亭"句;等等。

到了明代,文人士大夫寻访子云亭,吟诗作对,雅集唱和。或借子云亭抒怀,蔚为风气,留下了大量歌赞扬雄、子云读书台和子云亭的摩崖题刻和作品。比如,解缙《白扇歌》:"何须避暑子云亭,何须濯热瑶池冰,何须远访芙蓉城";李梦阳《世不讲曹李诗尚矣内弟会余河上能章章道也惊有此赠》:"今朝理酒船,来过子云亭";李攀龙《谢中丞枉驾见过兼惠营草堂赀》其四:"傥忆故园能载酒,贫家不让子云亭",《杨山人》其一:"千林万壑子云亭,从他世人还解事,白头不厌太玄经";姚光虞《赠别黄幼彰次韵》:"傍午何人此扣肩,携尊特过子云亭";王慎中《壮游篇赠庄君采捧郊诏入蜀》:"丞相庙深老柏裂,子云亭古苍苔芊";邓云霄《米君梦过小斋赋以赠之》:"闭声著书春草合,几人能过子云亭";明末顾炎武《题李先生矩亭》:"董生祠畔子云亭,涧雨岩虹望独扃";等等。

据乾隆《直隶绵州志》载,"扬子云读书台,州西五里许西山观,古名仙云观。山腰盘石，宽广方丈，相传雄读书于此。台前石壁刊有雄像，左镌'扬子真像'四字，至今尚存。明州先达高第、高简、金皋、金深，及郡守诸游人题咏甚多，惜剥落不能成读。"绵阳本土文史爱好者陈友良先生据拓片释读明人摩崖，见白翱有"歇马独来寻故事，文章西汉愧扬雄"句；周淑有"老君道观云阴覆，扬子书台草色侵"句；苏民望有"出尘风景追三岛，入画书台胜五城"句；胡秉中有"别墅道成西渡隅，子云台去只须臾。独乘野兴闲登览，断刻犹存汉大夫"诗；胡汝翼有"当年身价重儒林，□向玄坛盉玳簪"句；彭道有"□□□幽诵法言，重□遗像共评论"句；金皋有"逢时巧尽机关险，得路玄言道德尊"句。

而西山玉女泉畔清晰留下了明嘉靖元年壬午（1522）州牧尹衮《仲春望日子云亭怀古》摩崖石刻诗，云："昨日东山今日西，西山遥望此山齐。仙云台殿归尘土，岩石犹存姓字题。扬子仙游不可从，涪西山下访遗踪。山灵不记千年事，回首东风劝力农。"

清人写子云亭的诗歌也非常多。如清代僧人祖观《赠王子春》："寂寞草玄嗟岁晚，问奇谁过子云亭。"常纪《子云亭》："寂寞终投阁，何如草亭下。门径自萧然，时来问字者。千秋符命本冥冥，元理深探此未醒。往日风流余宿草，浮云烟树映空亭。"李调元《西山观石壁所刻扬子云真像歌》："西山冤鸟清昼闻，攀藤觅路松颠分。中有石像须眉古，礕窠书题扬子云。嗟公吾蜀词坛祖，前无相如竟谁伍……"彭锡珑有句："千佛自知面目非，子云犹作草元记。"孙澈《洗墨池》有句："扬子文章擅两川，才高为累至今传"；欧阳尚异有联："胜地足通京，索引钩深，山下试寻扬子宅；雄城堪吊古，词明旨远，尊前谁赋越王楼。"文启《左绵竹枝词》："有谁提笔怕题糕？载酒邀游意自豪。偶向西山深处去，子云亭上共登高。"犍为县岁贡吴廷佐和浙江山阴人龚启都曾创作有诗歌《子云亭》，浙江宁波人姜嘉祐有诗歌《望子云亭有感》，等等。

晚清，吴朝品偕陈潭、邓昶访西山，有《偕经畲伯山登仙云观望子云亭有感》："玉垒村中春草碧，子云往矣空遗迹……读书台上西山路，至今人祠恭侯墓……三字沉冤莽大夫，美新剧秦本来无。冤狱平反天下快，千秋惟凭范来书。"① 又有长诗："城西六七里，居金山之阳。扬子昔侨寓，洗墨池水香……辞赋长卿胜，经书子云长……锦城一都会，涪县遥相望。梓潼长卿山，巴西子云乡。西山读书台，造像凌风霜……"陈潭《生日述怀》有句："毛生脱颖自有日，请看西山高处尚有扬子读书台。"

民国杨东寅《仙云观》诗有句："欲向草玄分片席，苔藓青遍读书台。"1939 年 6

---

① 《绵阳县志》载民国重建之事：仙云观有磐石，相传为读书台，前清里人建亭其上，后圮。民国六年，绅首西屏史邦彦等更廓而新之。崔映棠有记，亭下有碑，前刻《扬雄传》，后附刻《读史管见》。

月,文物鉴定大家吴景洲访西山子云亭,失望而归。有记:"八日,酷暑不可耐,因留绵阳小休。中、交两行约午餐,下午过绵阳城外五里许,访子云亭。初以为《陋室铭》中所谓'西蜀子云亭'者,真乃如此。至其地,乃知道庙中建之以为点缀,藉为招徕游人之地耳。寺清代乾隆时建,门外有乐台,仅存铁柱孔架,然以为可知其规模。门口塑子云像,工既粗劣,仅占一角地,简陋若土地祠,果本《陋室铭》意所建欤?入内阅无一人,空屋数楹而已。"[1] 1981 年,我国著名科学家钱伟长教授来绵阳讲学,也亲临其境,并于子云亭摄影留念。真是群贤毕至,古今皆同。

从上述引用中,我们可以看出,文人士大夫笔下的"子云亭",具有三重意义:一是与"庐"(居宅)相当的字面意义,子云亭犹言子云宅;二是与"人杰"相当的象征意义;三是与"贫穷"相当的指代意义。

四、精神或文化地标上的子云亭

扬雄是我国西汉时期百科全书式的文化宗师,除了文学成就(汉赋)颇高外,还在哲学、经学、语言文字学、历史学、音乐学等方面做出了整个中国文化史上都堪称一流的重大贡献,在汉代就被尊奉为圣人——"西道孔子",享有崇高的威望和历史地位。

扬雄,字子云(前53—18),西汉蜀郡成都人。其祖先出自周姬姓,不知是西周哪位王的庶出旁支有名伯侨的,受封采地于晋之杨邑,并以此为氏(即扬雄本来姓杨);后来迁居"岷山之阳郫邑"——今成都市郫都区友爱镇子云村,扬雄就出生在那里,并且是家里五代单传的独子;家里"有田一廛,有宅一区,世世以农桑为业",属于普通耕农家庭;"家产不过十金,乏无儋石之储"——家境并不富裕,接近于贫困线,"人皆文绣,余褐不完;人皆稻粱,我独藜餐",甚至到了食不果腹、衣不蔽体的地步!为了生计,扬雄不得不顶风冒雨,亲操耒耜,参加生产劳动,"身服百役,手足胼胝;或耕或籽,沾体露肌",是一个典型的农民形象。但是他胸怀大志,以圣人之业自任,不以产业为意,对"既贫且娄"的家道,处之"晏如也"(以上见扬雄《自序》,下同)。

扬雄"少而好学,不为章句,训诂通而已,博览无所不见。为人简易佚荡,口吃不能剧谈,默而好深湛之思,清静亡为,少耆欲,不汲汲于富贵,不戚戚于贫贱,不修廉隅以徼名当世","自有大度,非圣哲之书不好也;非其意,虽富贵不事也",是一

---

[1] 吴景洲:《蜀西北纪行·川北各县》。

个好学、深思，同时又有高尚修养的儒者——扬雄自40余岁来京师，43岁为黄门侍郎；直到71岁逝世，在京师共度过了30年的宦游生涯，共经历成帝、哀帝、平帝和王莽的新朝四世两朝，只在王莽初转过一次官，做过十年中散大夫，竟20年未徙官！

扬雄博览群书，大隐于朝，潜心学术，"好古而乐道，其意欲求文章成名于后世，以为经莫大于《易》，故作《太玄》；传莫大于《论语》，作《法言》；史篇莫善于《仓颉》，作《训纂》；箴莫善于《虞箴》，作《州箴》；赋莫深于《离骚》，反而广之；辞莫丽于相如，作四赋；皆斟酌其本，相与放依而驰骋云。用心于内，不求于外，于时人皆忽之；唯刘歆及范逡敬焉，而桓谭以为绝伦"。扬雄"为天地立道，为人世立法"，延伸了儒家核心理念，为唐宋以后儒学的复兴起到了无可替代的作用；他创立了"相对认识论""三分宇宙观"；他提出了"因循革化"的继承发展科学命题，为维护华夏道统做出了卓越的贡献，在中国文化史上产生了十分重大而深远的影响，赢得了崇高的声誉！王充说他有"鸿茂参圣之才"，韩愈赞他是"大纯而小疵"的"圣人之徒"。李白非常崇拜扬雄，说"唯有扬执戟，闭关草《太玄》"；他著名的《侠客行》最后一句"谁能书阁下，白首《太玄经》"写的就是扬雄。杜甫也说，"赋料扬雄敌，诗看子建亲"。王安石是扬雄的粉丝，他写诗赞誉扬雄："儒者陵夷此道穷，千秋止有一扬雄。"司马光推尊扬雄为孔子之后，超荀越孟的一代"大儒"。

扬雄继承了古代巴蜀文化中天文历法、艺文辞赋、阴阳占筮和黄老道术等传统文化。蒙文通先生指出："辞赋、黄老和卜筮、历数是古巴蜀文化的特点。"扬雄的前辈学人，司马相如擅文赋，落下闳长天数，严君平兼黄老、卜筮，扬雄既从严君平肄业，传习黄老、易卜之术，是一位思想家；又依仿相如为辞赋，是汉末杰出的文学家；今又传落下闳之业，研算天文历法。于是，古代巴蜀传统四学，兼而有之，最为全面，最为博洽。北宋范镇作《载酒亭群公画像记》[①]，称扬雄去世千年后，"其乡人之学者，森然若林之植于亩"，益州提点刑狱度支高君"既葺子云之居，镂其书，又画其像以及其徒"。画像中的子云之徒包括：太平兴国年间的田锡、苏易简，淳化年间的陈充、朱台符，景德大中祥符年间的张及、王湜、张达，庆历年间的李畋、彭乘、孙抃、陈希亮、梅挚、何郯、郭辅、张中庸、李绚等，这些士人都是"子云之徒，学其道而得其传者"。扬雄对四川的最大贡献，是写了一部《蜀王本纪》，记载了古蜀国五代蜀王的故事，为东晋史学家常璩《华阳国志》所采用。不过那时候，人们都只是把它当作传说来看——直到后来挖掘出三星堆和金沙遗址，众多的考古证据和扬雄所有的记载都比较吻合，人们这才相信。

[①] 《四川通志》卷四一，文渊阁《四库全书》本。

扬雄作为中国的文化圣人之一，道贯古今，学为人仰。明代三才子之首、学富五车的杨升庵有诗云："何时一棹穿巴峡，得就扬雄问太玄？"清代"蜀中诗人之冠"张问陶为子云亭撰联云："高文不让贤臣颂，胜迹曾传陋室铭。"近代诗人、作家、历史学家和考古学家郭沫若盛赞扬雄为"巴蜀文宗"，将扬雄与司马相如、李白、苏轼并称为"马扬李苏"，并亲笔为扬雄读书台、玉女泉和子云亭题匾。鉴于扬雄的高尚人格、巨大成就和杰出贡献，绵州士民从宋代起就将其列为乡贤，建思贤堂奉祀之。思贤堂位于绵州"州治东，内绘扬雄、杜甫、李白、樊绍述、苏易简、欧阳修、司马光、苏轼、唐庚九贤像祀之，宋州守史祁记"①。

扬雄的思想与学问是中华民族宝贵的遗产，应该被更多的人所认识和推崇。但长期以来，扬雄的历史价值被忽略了。值得欣慰的是，在扬雄诞生2070周年（2017年）之际，他获评"四川省首批十大历史名人"，四川省学术界成立了"四川省扬雄研究会"，扬雄家乡郫都区政府为他举办了隆重的纪念活动……对于一生淡泊名利，"欲求文章成名于后世"的扬雄来说，他的人生目的算是达到了，足以告慰其在天之灵！

综上所述，"西蜀子云亭"不仅关联着扬雄生平、经历与事迹，更承载着他的文化人格与精神；在某种意义上，扬雄及其子云亭已成为中华优秀传统文化的象征。我们后辈学人，当承先贤德风，继华夏道统，深刻领会"西蜀子云亭"的文化意涵，深入挖掘、整理相关文献资料，做好推广、应用和普及工作，大力弘扬扬雄为人、处世和为学的崇高品格与精神，进一步推动文艺兴盛、学术繁荣，促进文旅融合，达致以史资政、以文化人、以文兴旅、造福社会之目的。

（作者单位：绵阳市人大常委会教科文卫工委）

---

① ［清］《四川总志》卷三，成都府。

关于城市文化地标打造问题的思考

——以绵阳建市初期的"子云亭热"为例

肖佳忆

内容提要：绵阳建市伊始，掀起了重建"子云亭"以及子云亭风景区建设高潮。子云亭作为历史文化地标和市民的精神坐标，诠释了绵阳的发展使命和鲜活形象，助推了电子科技城的繁荣发展。由于子云亭文化建设"重表轻里"，内涵的深度挖掘缺乏，曾经全城"傍名气""蹭热度"的"子云亭"牌产品，市场上消失得无影无踪，子云亭也逐渐游离在市民的视野之外。这种现象背后的问题值得探究。

关键词：文化地标；子云亭；重表轻里；绵阳；文化建设

20世纪80年代初，绵阳城鲜为人知。长虹电视机、五洲电池、涪江洗衣机、湖山音响……生产厂址中的"绵"字，常被消费者尴尬误认为是辽宁省锦州市锦县（今凌海）。建市初，对于力图在全国城市版图中大放异彩的绵阳而言，打造独具魅力的文化地标迫在眉睫。随着子云亭风景区打造建设，绵阳名望日增，成功晋升为省级历史文化名城。然而，事过境迁，三十年后"子云亭"文化从"热"到"冷"，销声匿迹，淡出公众视线，绵阳子云亭逐渐湮没无闻①。笔者经过实地调查和查阅当时的文献资料，试图通过绵阳"子云亭"文化的轻重建设现象这一个案，探讨打造地方历史文化地标中外形建设与内涵挖掘之间的关系。

---

① 在四川省委网信办、省文旅厅主办的"2020四川最受网民喜爱的网红打卡地"大型网络评选活动中，绵阳城的越王楼、126文化创意园、圣水寺、马家巷等成功参与评选，而子云亭榜上无名。

一、附骥攀鸿天下扬

1985年2月8日,国务院批准撤销绵阳地区行署、决定建立省辖地级绵阳市①。建市后,绵阳城开始了一个由农村县城向中等城市迈进的历程。

(一) 强劲增长

绵阳实施的推进"军转民"的发展战略,使绵阳电子军工发展势头,一直保持了10多年40%—50%的增长速度发展②。1989年,绵阳电子系统实现工业总产值15亿元,实现税利2.5亿元。在全国26个电子中心城市中位居第九。1990年,绵阳国内生产总值达到61.2亿元③。到1991年,全市军工企业的民品产值已由1985年的4.8亿元增长到23.5亿元④。随着五洲电源厂、中国工程物理研究院等一批著名的企业和研究机构迁移绵阳市中区,开启了城区发展"快速时代"。城区人口从1985年的15.8万人⑤,达到了1990年的25万人⑥。城区面积由1985年的13平方公里⑦扩大到1990年的24平方公里⑧。

(二) 科教文脉

1985年,绵阳率先提出"科技兴绵"并将其确定为"电子科技城"发展的"驱动内核"。扬雄为西汉著名天文学家,是一位"百科全书式"的大家。乡土教材《可爱的绵阳》誉其为市中区科教文脉之源。

> 绵阳自汉代以来,学风很盛,这不能不归功于汉代寓居绵阳的文学大师扬雄。千年古台散书香,扬雄的勤学苦读,对绵阳市中区以后浓厚学风的形成裨益极大。自扬雄以后,杜微、尹默、李仁、李撰、李福、李余、张寿、王晏等一大批卓有建树的文士名播蜀地,成为蜀汉、两晋时期绵阳市中区境内的儒林高人,其文名后先辉映、垂范千秋,绵阳学子从中获益匪浅,对后学的启迪影响深远。⑨

子云亭文化所蕴含的"淡泊名利,安贫乐道"精神,不仅是古代儒家思想倡导下的传统,仁人隐士追求的精神境界,更具有现实意义。"三线"建设时期赋予绵阳铸造

---

① 参见《国务院关于四川省设立绵阳、广元、遂宁三个省辖市的批复》([85]国函字20号)。
② 参见王世林:《中国城市系列——绵阳》,中央电视台《中国报道》,2002年2月16日。
③ 杨子林编:《绵阳城市文化研究》,四川科学技术出版社2000年版,第191页。
④ 郭若雪:《"科技兴绵"为绵阳发展装上腾飞之翼》,绵阳日报社,2018年11月18日,第2版。
⑤ 杨子林编:《绵阳城市文化研究》,四川科学技术出版社2000年版,第298页。
⑥ 《可爱的绵阳》编写组编:《可爱的绵阳》,四川大学出版社1991年版,第3页。
⑦ 杨子林编:《绵阳城市文化研究》,四川科学技术出版社2000年版,第298页。
⑧ 《涪城区志》编纂委员会编:《涪城区志》(1986—2002),四川科学技术出版社2007年版,第190页。
⑨ 《可爱的绵阳》编写组编:《可爱的绵阳》,四川大学出版社1991年版,第128页。

"两弹一星"的历史重任,邓稼先、朱光亚等"淡泊名利,潜心研究"核事业,成为新时代科学家精神的塑造者、传承者和践行者。打造子云亭文化地标是传播科学精神,传递电子科技城文化形象需要。

(三) 人文荟萃

1985年3月7日,建市不到一个月,绵阳博物馆就在西山挂牌成立①。之所以选择吉光片羽的西山,是因其有子云亭(扬雄读书台)、宋代石雕的扬子云真像、洗墨池和扬雄传碑,"后人即其所至之地,标名氏以志芳躅"②。有隋大业六年(610)和十年(614)、唐武德二年(619)的道教摩崖造像,有蜀汉名臣蒋琬祠墓、纪念欧阳修父亲的崇公祠、传为"蜀中八仙"之一尔朱仙修炼处仙云观……西山古墓群有三国至南北朝时期的岩墓30余座,仅1984年掘出的22座南朝岩墓中出土的瓷、陶、铜、铁器和钱币等器物达到536件,其中,出土的黑瓷为四川迄今出土最早的黑瓷③。

(四) 借冕播誉

绵阳打开城门,面对飞速发展的世界,渴望通过文化方式,让世界认识自己。绵阳城是欧阳修出生地,但欧阳修三岁就与父母出川,其知晓率微乎其微。城东有越王楼遗址,虽是唐太宗李世民第八子李贞任绵州刺史时所建,但与眉山苏东坡故里的认同感相形失色。有蜀汉涪城会遗址,然与成都武侯祠同论聊胜于无,缺发影响力。"西蜀子云亭"进入教科书,则家喻户晓。地方文史专家为"新"城建设发展决策"把脉开方":一代宗师扬雄在绵苦读勤学的佳话在绵阳广播人口,斯文一脉流传千古,"子云亭"文化激励着绵阳学子热心向学,为后世科教的发祥投下了折射千古的光环④。"串联做大"子云亭文化,将聚焦绵阳城历史记忆、文化基因,彰显历史文化脉络,更好地传承发展绵阳文化、绵阳精神,也有利于电子科技城声名鹊起。

二、同频共振颜值重

建市初期,市政府在按下扩建城市"快进键"的同时,决定开发具有观赏、文化和科学价值的西山文物资源,恢复文物名胜,建成以文物园林为主要内容的西山风景名胜区。在清理收回文物景点面积0.26公顷的基础上,征用了城郊乡三里村四组总面积23.99公顷(359.96亩)土地。市政府拨款530万元,用于征地、搬迁、道路及水

---

① 绵阳地区编制委员会:《关于同意建立绵阳博物馆的批复》(绵地编〔1985〕010号),1985年3月7日。
② [清]文棨撰,绵阳市地方志办公室整理重刊:《同治直隶绵州志》,方志出版社2012年版,第193页。
③ 《涪城区志》编纂委员会编:《涪城区志》(1986—2002),四川科学技术出版社2007年版,第459页。
④ 《可爱的绵阳》编写组编:《可爱的绵阳》,四川大学出版社1991年版,第130页。

电基础设施的建设。动员驻绵企事业单位及个人 132 家，捐资 410 多万元用于景点建设①。城区各单位干部职工到西山挑土砌石，投工投劳，千军万马声势浩大，1990 年，风景区正式以子云亭命名。

（一）"凤头"上的"新地标"

西山因山形似一只高飞的凤凰，古人视为风水龙脉宝地。在重建的"子云亭"单檐石阙大门墙面，刊有大理石"西蜀子云亭工程"简介：

主建单位绵阳市人民政府，捐建单位国营长虹机械厂。开工日期 1988 年 2 月，竣工日期 1989 年 8 月 31 日。工程董事会：王金城（时为绵阳市市长）、倪润峰（时为长虹厂长）、余光银（时为长虹党委书记）、邱文德（时为副市长）、高显齐（时为市政协副主席）、陈明星（时为市文化局长）、王代升（时为市文化局副局长）、赵树中（时为市博物馆长）、何文虎（时为市园林建筑工程公司总经理）。

由于原址改建的六角"子云亭"难副盛名，1987 年市政府确定仿清代阁楼式子云亭重建。首任市长王金城"点名"国营长虹机器厂，在凤凰山"凤头"上捐建"子云亭"。长虹厂能愉快慷慨解囊，首先是感恩荷德。王金城 1962 年大学毕业分配到长虹厂后，眼界开阔，做事大气而又务实肯干，深受职工尊重。王金城在担任长虹厂的第七任厂长期间，针对当时国内外市场需求，为长虹定下了"保军转民"的发展方向，在民品上，以生产电视机为主攻方向，为后来长虹名满天下奠定了基础；其次是富埒陶白。1986 年以来，长虹厂连续 4 年名列全国电子行业百家企业前 10 名②。1989 年，销售收入达 8.41 亿元，实现利税 1.47 亿元。1990 年，销售收入达 11.51 亿元，在全国百家电子企业名次表中，上升为第二。工业总产值达 13.18 亿元，跃居全国电子行业首位。实现利税 2 亿元，连续 3 年保持全行业冠军③。

1989 年 9 月 25 日，李鹏总理亲笔题"子云亭"匾额④。新"子云亭"占地 10 余亩，建筑面积 1400 多平方米，高 23 米，共三层，集楼、台、亭、阁于一体，外形典雅，雄伟壮观。"子云亭"被市建设局以"世界最大的亭"城市标志性建筑，推评为 2009 年绵阳符号、绵阳骄傲"最绵阳"形象。

（二）"劝募"捐建名企四"展"

子云亭景区建设是绵阳城建多渠道筹资共建的尝试，在地方财政收支缺口情况下，

---

① 《涪城区志》编纂委员会编：《涪城区志》（1986—2002），四川科学技术出版社 2007 年版，第 203 页。
② 张履平：《天上彩虹人间长虹——国营长虹机器厂晋升档案管理国家二级记事》，《四川档案》1991 年 2 期，第 27 页。
③ 李南玲，成建：《搞活大中企业系列报道"蜀大王"的"奇招"——国营长虹机器厂搞活产销纪实》，《瞭望周刊》1991 年 31 期，第 18 页。
④ 《涪城区志》编纂委员会编：《涪城区志》（1986—2002），四川科学技术出版社 2007 年版，第 9 页。

企业响应政府"劝募"。长虹厂的率先捐建践行了"兼济天下"的传统观念，彰显了儒家文化中重义轻利的价值观念。在潜移默化间滋养了本土企业捐赠文化，许多表现积极、捐款较多的企业得到公众的空前追捧。

表一：绵阳博物馆对子云亭风景区部分景点捐建塑碑情况表

景点名称	捐建企业	时间
蜀八仙殿	绵阳市永生食品厂捐资维修（碑文附后）	1987.5
玉潭轩	国营涪江机器厂捐建	1988.12
曲苑风荷	绵阳市工具厂捐建	1988.12
玉水碧山	涪江有线电厂捐建	1989.1
月到风来	电子仪器厂捐赠	1989.1
半漪亭	绵阳市百货站捐建	1989.1
玉泉春深	岭南分公司捐建	1989.1
桂花岛	四川省盐业公司绵阳分公司捐建	1989.3
扬雄雕塑像	绵阳市饮食服务公司捐建	1989
遇仙桥	国营绵阳市酿造厂捐建（碑文附后）	1989
紫薇园	绵阳市面粉厂捐建	1989.4
玉皇殿	绵阳印染厂维修玉皇殿捐资（碑文附后）	1989.12
玉女雕塑像	绵阳市糖酒公司捐建（碑文附后）	1993
大佛殿塑像	绵阳市工贸总公司捐资重塑（碑文附后）	1994.10
紫藤园	绵阳市无线电厂集资捐建（碑文附后）	1995
流溪园	绵阳浓缩饲料厂捐建	
桂花园	新都孙大兴、李元发捐建	

子云亭风景区共建共赢的"四个展示"，体现了企业创造财富，财富滋养文化。一是形象，展示了绵阳历史文化的新形象、企业发展形象；二是境界，展示了企业的思想境界、道德境界；三是责任，展示了企业的发展责任、社会责任；四是风尚，展示了企业的求实求效、团结互助风尚。

（三）植入广告投桃报李

为聚集各界力量，把子云亭风景区打造成城市名片和历史文化基地，市政府制定捐建褒奖方案。根据捐建金额，对捐款、捐物的企业或个人，市政府和博物馆分别颁发捐建牌匾、荣誉奖牌或荣誉证书刻名褒奖。在新建的子云亭入门大厅墙壁、捐建景点分别设立芳名碑以志宣传、广而告之，把人民公园人民建的业绩铭传后世。

绵阳市政府为长虹机械厂捐建子云亭勒石纪念：

国营长虹机械厂位于绵阳市，创建于1958年，是国家大型骨干电子企业，生产雷达广播、电视等多系列产品，享誉海内外，造福亿万家。工厂三十余年来，以质量第一，用户至上为宗旨，发扬创新求实拼搏奉献的长虹精神。不断丰富长虹企业文化，以建设高度的精神文明和物质文明为己任，艰苦奋斗，开拓进取，首批进入国家一级企业。为弘扬祖国文化，振奋民族精神，该厂捐资巨万，重建西蜀子云亭，其事利国利民，万古流芳，为彰其义举，特勒石以记。

绵阳市人民政府立1989年10月1日

绵阳博物馆对捐建"子云亭风景区"的企业树碑立传：

绵阳市糖酒公司捐建玉女像，团结展宏图，为民作贡献。党委书记梁国正　总经理宁显禹

国营绵阳市永生食品厂乃四川新型现代化综合性食品骨干企业，生产历史三十年有余，1985年以来成绩显著，先后建成具有现代化设施之糖果饼干生产大楼与千吨容量之冷库，精制各种食品达二百余种，畅销国内，响誉四方。该厂为拯救文物弘扬国粹，慷慨捐资十万元，易修茸蜀八仙殿，借物铭志，造福人民，功昭万代，铭石永志。

绵阳印染厂位于市中区南山风景区，是经省批建的一家现代化印染企业。设备从日本、荷兰成套引进。漂染印整的生产能力具有现代化生产水平。主要生产涤棉、维棉、纯棉、麻棉及涤麻漂白、染色和印花布。幅宽达一点六米，品多色新，深受用户欢迎。本厂致力为国家创财富，为社会作贡献，为企业求发展，在改革中开拓前进。为造福人民，特捐资维修玉皇殿。

四川省绵阳印染厂，党委书记戴旭东、厂长李平

绵阳市工贸总公司捐资重塑大佛殿塑像，董事长陈孔显。大佛殿原名蜀八仙殿，为仙云观之正殿。清代成为佛徒圣地，塑有佛像数十尊，后毁。1994年9月，绵阳市工贸总公司捐款两万元重塑殿内佛像，为彰其恢复古迹之善举特勒石铭记。

国营四川省绵阳市酿造厂系出口酱造生产厂，有酱油、酿醋、豆瓣酱、酱腌菜等70余个品种，远销国内外深受欢迎。

绵阳市无线电厂集资捐建紫藤园，厂长刘会廷、书记吴晓云

子云亭风景区，为企业提供了一个募集专款、修缮与建造文化景点、宣传企业品牌的平台载体。"赠人玫瑰，手留余香"，在公共设施上为企业立榜，歌功颂德，其本身就是要让每一个游客铭记这些企业在做大做强的同时，让参与企业的大义在社会上实现最大化的营销回报和得到民众情怀的回报。这种新的双赢模式的出现，无疑是对

企业参与公共事业建设的一种有益探索,满足了企业多元化精神文化建设需求,也使公共资源能够惠及更多民众。

三、傍名泛滥内涵轻

2019年国庆假日,绵阳举办《庆祝新中国成立70周年——绵阳市民收藏老物件展》,20世纪八九十年代的"子云亭"牌系列商标、粮票、徽章等实物展示成为"网红",吸引了市民驻足,并拍照留念。

(一)放大"子云亭"效应

随着子云亭风景区建设推进,子云亭文化成为绵阳具有特定内涵的人文地标。首先是名标青史,在关系到千家万户温饱的"1987年版绵阳市食油供应票"和"1988年版绵阳市粮票"的半公斤、贰公斤、五公斤方寸购粮凭证上,凸显写意和精摹细琢的子云亭(后改名扬子云读书台)。《涪城文史资料选》连续十三辑封面刊登子云亭画像,让子云亭成为两千年涪县文化代言人和"形象大使";其次是改换门庭,为符合城市发展潮流,子云亭社区、子云小区、子云幼儿园、子云小学、子云酒店、子云社、子云轩、子云亭文学社、子云街、子云路等,通过"改名"成为撬动擦亮品牌的变革出路;最后是借风使船,企业踊跃争先推出了子云亭酒、子云亭罐头、子云亭表、子云亭水泥……扩大了子云亭文化的传播力和影响力。

表二:20世纪八九十年代部分"子云亭"商标及图案情况

绵阳市糖酒公司监制, 子云亭商标"西蜀春"酒	绵阳卷烟厂生产, "子云亭"香烟	绵阳钟表工业公司组装, "子云亭"手表

"子云亭"商标系列罐头	子云亭（原）图案五公斤购粮券
子云亭图案食油供应票	子云亭重建纪念章　子云亭（新）图案门票

绵阳市糖酒公司"子云亭"商标，以南宋四川安抚制度使袁说友"子云载酒亭"说，元末明初诗人钱宰《分题赋载酒亭送友人之四川》等诗文，开发了"子云亭"牌系列白酒，虽师出有名，但质非文是，市场无人问津，浅尝辄止，半途而废。绵阳钟表工业公司组装的"子云亭"牌手表，因技术指标不过关，"盛名难副，名不副实"扼死摇篮。在品牌保护不力和缺乏对相关产品质量监管下，片面地追求"子云亭"地标产品效益，致使鱼目混珠以次充好层见迭出。在遭受了"品牌流星现象"致命伤后，大部分绵阳"子云亭"牌产品因"名败"而被市场无情淘汰声销迹灭。名称是单位、地名精神、文化的灵魂载体。借助子云亭的知名度和影响力来提升档次，传承与发展子云亭文化的精神力量，建构市民的精神港湾本无可非议。但一些单位为"名"改名，品质与子云亭文化内涵相差甚远，难以俘获公众认同，结果有名无实。

（二）子云亭商标频遭抢注亟待保护

笔者在互联网搜索引擎上输入"子云亭牌"后，网上随即闪现数十个以子云亭命名的产品和企业。大部分是个人、企业注册的"子云亭"商标和申请，实则生拉硬拽攀附"子云亭"品牌的知名度和美誉，跟"子云亭"文化没有任何关系。

表三：部分子云亭商标注册信息

商标	使用商品	注册人
子云亭	70，S直标香烟；80，S横标香烟	绵阳卷烟厂
子云亭	水泥	绵阳市涪城水泥厂
子云亭	水果、蔬菜、午餐肉、京酱肉丝等食品	绵阳罐头食品厂
子云亭	含酒精的饮料（啤酒除外）	刘桃（双流白家镇）
子云亭	古荞酒、白酒	成都市子云亭酒业有限公司
子云亭	啤酒、矿泉水和汽水等不含酒精的饮料	何国喜
子云亭	茶叶代用品等方便食品	四川子云亭茶业有限公司
子云亭	大豆粉、调味等以谷物为主的零食小吃	四川泰多爱科技公司
子云亭	皮蛋、菜油、果冻、牛奶饮料等食品	四川子云亭茶业有限公司
子云亭	临时餐馆、自助餐馆、快餐馆等	四川华旗实业有限责任公司
子云亭	餐厅、茶馆、酒吧、饭店等餐饮住宿	四川子云亭茶业有限公司
子云亭	饲料、种籽、花卉、园艺等农林生鲜	吴家玉
子云亭	补药、蚊香、兽医用生物制剂等医药	四川子云亭茶业有限公司
子云亭	洗衣粉、化妆品、肥皂、洁肤乳液、洗洁精、抛光制剂等日化用品	江西伟宇日化用品有限公司
子云亭	建筑材料	张钧
子云亭	床垫、镜子（玻璃镜）、软垫等家具	仙游县轩辕阁工艺品公司
子云亭	广告销售	四川子云亭茶业有限公司

　　随着子云亭文化品牌在全国的知名度逐渐打开，冠以"子云亭"名称注册的公司类别有：酒业、茶业、家居、文化传媒、体育发展、教育咨询、艺术培训、餐饮娱乐、网络科技、电子商务、装饰工程、集成建筑、汽车销售、环保科技、商贸等多个行业。从以上举例可以发现，子云亭文化被过度商业化开发利用。一些企业不尊重子云亭文化的精神属性，以"子云亭"作为前缀名号，挣噱头、赚眼球，从而攫取子云亭文化品牌价值的超额利润，导致子云亭文化品牌庸俗、泛化。

　　北京等城市规定将历史文化地标等纳入公共历史文化资源保护名录，不能随意登记、注册、使用。政府通过授权许可使用或无偿转让等形式，将公共历史文化资源转化为区域经济和文化的公共竞争力，让具有地方特色、历史传承、文化内涵的公共历史文化资源"活"起来，成为地方发展的"金名片"。

（三）对子云亭文化的内涵理解不够

　　人民文学出版社推出的《全日制义务教育语文课程标准》"语文新课标必读丛书"

《陋室铭》篇，对"子云亭"有个精准解读："借物抒情，通过为陋室作铭来表明陋室的主人即作者自己安贫乐道、不慕富贵浮名的高尚品德"，指出他们（诸葛亮、扬雄）也曾住在陋室里，但最后在学问、功业方面取得了成就，言外之意是：本文所写这所陋室的主人，也具有诸葛亮、扬雄一样的品行和抱负。文章最后引孔子"何陋之有"的话作为结束，其实暗含了孔子的前一句话"君子居之"，再次申明陋室主人以自己高尚的品行为荣的主旨①。

《陋室铭》彰显了子云亭文化意蕴及其精神内涵。一是从德的角度称颂子云亭不陋，呈现了扬雄遗世孤立、高洁伟岸的品格，凌云之志②和坚定的理想信念的人格之美；二是从子云亭外形的简陋与内涵精神丰富，表达了扬雄在困窘的物质条件下，不汲汲于富贵，不戚戚于贫贱③、博览多识、潜心治学并最终成就大家美名，蕴含享受清贫、恬然遁世、淡泊名利的精神之美；三是引用孔子"君子居之，何陋之有"④，来诠释子云亭文化内涵是君子轻视物质享受、重视精神追求的价值观的典范，赞扬扬雄高洁的君子之美。

绵阳子云亭惊鸿一瞥之后逐渐无人光顾的尴尬，应是文化内涵的挖掘、整理与开发工作未合理展开的缘故。实际上，大部分历史文化地标面临和子云亭同样的问题，没有把握其精髓实质，在内涵深刻性上打了折扣，失去文化认同、情感支撑成为浮光掠影，继因文化软实力不足而影响了后续发展。

（四）子云亭文化内涵挖掘滞后

子云亭是绵阳文化的传承、绵阳城文化自信的培育，是对两千年绵阳优质文化基因的诠释。高大上的子云亭成为"天下第一亭"后，绵阳是否读懂了子云亭，是否领悟了子云亭文化，是否传承了子云亭的文化内涵？

第一，体制待完善。建市初，子云亭风景区与博物馆一套班子两个牌子，文化主管部门重文化内容，文物展、摄影赛、书画征集、吟诵诗节等文青活动常有。建设局主管后，山清水秀，花香鸟语，健身舞喧哗，子云亭多了烟火俗子少了淡然雅士。绵阳城内7所高校、33个社科研究中心、20个文化研究会至今没有1个挖掘研究子云亭（扬雄）文化组织机构，研究子云亭文化形单影只，仅为屈指可数几个地方文史爱好者。扬雄文化研究与同城的李白、欧阳修、苏易简、蒋琬、大禹、嫘祖、岐伯等研究学会无论是人力、物力、组织及成果相比都黯然失色。

---

① 王峰，马奔腾注释：《初中生必背古诗文50篇》，人民文学出版社2002年版，第36页。
② ［汉］班固撰，［唐］颜师古注：《汉书》卷八七下《扬雄传》，中华书局2013年版，第3575页。
③ ［汉］班固撰，［唐］颜师古注：《汉书》卷八七上《扬雄传》，中华书局2013年版，第3514页。
④ 童恩正：《古代的巴蜀》，四川人民出版社1979年版，第77页。

第二，内涵缺深度。绵阳子云亭文化研究基本是碎片式、粗糙的、照本宣科式的或翻译式的研究，缺乏针对性、系统性关注子云亭文化精神对绵阳的影响。很少开展专题学术研讨活动，缺乏整理和研究的深度与广度，导致文化研究零打碎敲，七零八落。加强深入发掘子云亭蕴藏的历史文化内涵和时代价值，准确把握子云亭文化的根柢、内涵与精神，夯实文化软实力基础势在必行。

第三，资源低利用。子云亭长期处于守业、维护状态，历史文化资源的产业化开发和创意化发展薄弱，缺乏对子云亭文创市场的分析、研判、培育，没有形成具有吸引力和感染力的文化产业链。子云亭文化是文化富矿，须从年轻受众的角度创新突破，建立子云亭文化与大众的情感连接，增进子云亭文化的时代感、生活感、意义感，做好子云亭文化IP转化，子云亭文创产品才能抓住年轻人的心，获得消费者青睐。

习近平指出，"文化是城市的灵魂。城市历史文化遗存是前人智慧的积淀，是城市内涵、品质、特色的重要标志"①。历史文化地标是一座城市"精气神"的集中体现，重形象"颜值"更要厚文化"底蕴"。子云亭文化内涵是绵阳民众千年来共同创造或接受、靠言传身教留传于世的，相较于外表的子云亭来说，对民众的影响更直接更具体，因而影响更大。不羡浮华表面，深究精神内核。刚性的打造需要柔性的塑造，需要政府、社会、企业、学者和公众多方的参与和协作。只有更好地把握子云亭文化内涵，理解子云亭文化的精髓，才能拥有子云亭的价值和精神财富。

四、结语

随着经济建设高潮的到来，不可避免地将要出现一个文化建设的高潮②。绵阳建市初期，依托子云亭知名度，探索绵阳城市定位，塑造城市新形象，增强了绵阳吸引力。首先，子云亭文化是绵阳科教文脉，扬雄文化中的独立人格、百姓情怀、创新精神、批判意识、艰苦卓绝、砥砺前行的顽强意志，契合了"科技兴绵"战略，与崇文尚贤、崇尚科学、艰苦奋斗、拼搏奉献、自强争先、创新实干为特征的绵阳精神③一脉相承；其次，随着子云亭文化地标打造，"绵阳造"名噪一时。"一个城区人口不足60万的地方，却集聚了16万科技人才，成为由中央决策建设的中国唯一一座工业科技城。历史上最辉煌的时候，绵阳经济曾在西部所有城市中位列第五，仅次于重庆、成都、西安

---

① 《习近平在上海考察时强调深入学习贯彻党的十九届四中全会精神提高社会主义现代化国际大都市治理能力和水平》，光明日报，2019年11月4日，第1版。
② 毛泽东：《中国人民站起来了》，《毛泽东选集》第5卷，人民出版社1977年版，第6页。
③ 杨子林编：《绵阳城市文化研究》，四川科学技术出版社2000年版，第274页。

和昆明。"① 最后,绵阳"子云亭"的"褪色"以及泛滥的商标,说明了打造历史文化地标切忌虚浮态度与形式的泡沫。华冠丽服的地标,新鲜感转瞬之间会荡然无存。子云亭文化是绵阳文化中最本质、最集中的体现,是绵阳城市精神的根脉和灵魂,是实现优秀传统文化"创造性转化、创新性发展"的绝佳载体。深入研究子云亭文化精神,挖掘其思想精髓,提升精神品质与当代价值结合,已经成为绵阳新时代创新发展的迫切需要。

(作者单位:78133 部队)

---

① 安易:《绵阳:科技城创造商机》,《中国经济周刊》(香港)2005 年第 4 期,第 62—65 页。

关于在西山公园建立"子云书院"的几点思考

刘仲平

内容提要：本文就依托西山公园打造现代城市书院文化、建立"子云书院"、唤醒"南阳诸葛庐，西蜀子云亭"的文化记忆，提出了改造发展建议。

关键词：绵阳西山公园；子云书院；历史文化遗迹建设

党的二十大报告关于"传承中华优秀传统文化，满足人民日益增长的精神文化需求""健全现代公共文化服务体系，创新实施文化惠民工程"等重要论述为加强城市文化建设指明了方向。2022年6月中旬，我市党政代表团到厦门市考察时，厦门书院文化给予较大的启示。为此，建议依托西山公园打造现代城市书院文化，建立"子云书院"，唤醒"南阳诸葛庐，西蜀子云亭"的文化记忆，衍生文化形态和业态，充实市委八届五次全会提出的打造"成渝教育文化医疗副中心"内涵。

一、西山公园建设书院的比较优势

西山公园文化内涵丰富，有专家称其为"涪江文化源头的高峰代表"；环境优美，具有建设书院的良好条件。

（一）唤醒城市文化记忆

绵阳地标建筑——子云亭已在人民群众心目中留下了不可磨灭的印记。在西山公园建设书院，可让书院文化赢得更多的共鸣和拓展支持。西山公园新子云亭建成34年之久，该建筑群内详尽地展示了子云文化的丰富内容，深得广大游人喜爱，这为子云书院建设奠定了坚实的文化基础和群众基础。

（二）挖掘丰厚文化底蕴

西山公园建于 1987 年，占地 550 亩，是四川地级城市中较大的公园。公园以西蜀子云亭为中心，融子云文化、三国文化、道教文化和自然风光于一体，具有很深厚的历史文化底蕴。

1. 扬雄文化。据记载，西汉时著名的思想家、文学家、哲学家、语言学家、历史学家扬雄（字子云），中年时前往京城长安，途经绵阳，曾在绵阳西山长时间停留攻读，留有读书台、洗墨池等文化遗迹，以及唐宋元明清历代修建的"西蜀子云亭"。扬雄素有"西道孔子"之称，在文学、哲学、天文学、文字学、历史学等领域有众多鸿篇巨制，被评为四川省首批历史名人，是巴蜀大地及中原宋前的道统儒学思想的集大成者，在中国思想史上占有重要地位。就他的哲学思想而言，扬雄上承《易经》《老子》，下启王充、张衡乃至魏晋玄学；就他的社会政治思想而言，扬雄上继孔子、孟子和董仲舒，并给后来的封建正统思想家以深刻影响。在一代鸿儒扬雄曾读书之地建子云书院，既是对先贤的尊崇，也是对中华优秀传统文化的传承和弘扬，更是绵阳独具文化底蕴之处。

2. 三国文化。蜀汉名臣蒋琬，三国时期杰出的政治家、军事家，是诸葛亮钦点的继任者。延熙元年（238）蒋琬进驻汉中伺机伐魏、延熙六年（243）因病调整战略部署，还驻涪县（今绵阳城区），囤涪固蜀。延熙九年（246）病逝于涪县而葬于西山（今西山公园内）。谥号"恭"，世称"蒋恭侯"。蒋琬墓历史上一直存在，历代都有修葺。现墓是清道光二十九年（1849）绵州知州李象昺于残冢上修建立碑。关于墓与祠，《三国志·蜀书·蒋琬传》《元和郡县志》《蜀中名胜记》以及《绵阳县志》等典籍史书均有记载，是绵阳蜀汉三国文化重要的遗迹。

中华人民共和国成立以来，朱德、邓小平、张爱萍等党和国家领导人以及文化名人郭沫若等，先后来过墓地，并留下墨宝。蒋琬墓 1986 年被市政府确定为市级文保单位；2012 年，被省政府确定为省级文保单位。

3. 道教文化。一是仙云观。中国传统文化中的"八仙"久负盛名，而道教传说容成公、李耳、董仲舒、张道陵、严君平、李八百、范长生、尔朱仙等八人均在蜀中得道成仙，东晋谯秀《蜀记》一书称其为"蜀之八仙"。相传尔朱仙曾在西山修道成仙，留下了遗迹西山观（又名仙云观）。仙云观创建于隋唐，尔后几经兴废，现存建筑为清道光十五年（1835）重建。该观是一处结构较为完整，儒、释、道三教同居一堂的古观。仙云观原有殿宇三重，前山门现已毁不存，现存中殿玉皇殿和后殿大佛殿。二是隋代摩崖石刻造像群。隋代玉女泉道教摩崖石刻造像群被誉为"东方艺术瑰宝"。玉女泉崖壁和扬雄读书台下方崖壁上的摩崖石刻道教造像，是四川开凿时间最早、雕刻精美的一处道教造像。开凿于隋大业六年至唐咸通十二年，时间跨度从隋至唐中晚期，保留了隋代、唐初造像题记，是研究隋唐时期道教造像在四川的传播、发展以及道教和道教艺术不可多得的实物材料，在道教艺术史上具有很高的影响。1956 年，被列为四川省文物保护单位。梁思成、郭沫若等都曾来此考察，给予高度评价，留下了手记、照片和墨宝。

此外，公园还有包括玉女泉、凤尾湖、玉女湖等独特的湖光山色。

（三）用好清幽的园林环境

西山公园内绿化面积占总用地面积的 90%，主要植物有桂花、紫薇、海棠、梅花等，湖、楼、阁与绿树红花交相辉映，春夏秋冬景色宜人。经多年建设，西山公园已成为集文物古迹、名亭、古墓、寺观、秀山、碧水于一体的风景名胜区。园内茂林修竹、亭台楼榭、湖光山色清新雅致，各种特色品种的花卉和古树名木让整个公园四季鸟语花香，风景秀丽，环境清幽，可为市民和世人提供良好的读书学习环境。

（四）整合两处建筑群落

一是读书台玉女泉片区。临近扬雄读书台，文化遗存底蕴丰厚，风景优美，环境清幽。有现成楼、轩、廊、厢房共计 843 平方米，古朴典雅，具备浓郁的书院氛围。二是竹林湾片区（原宣传部培训中心）。总建筑面积约 2600 平方米，配套齐全，临近子云亭，文化氛围浓厚。

二、子云书院筹建态势较好

经过近年多方面的交流与讨论，西山公园建立书院已形成了较为广泛的社会共识。

（一）多方协作，挖掘文化底蕴

近年来，绵阳各方面注重挖掘西山公园文化底蕴，形成了不少成果。市政协文史委、市社科联等编辑了西山公园读本资料。市委党校（市行政学院）成立"扬雄文化与绵阳西山公园"课题组，形成了专题报告，开发了相关培训课程。市决咨委组织撰写了《关于打造和提升西山风景管理区的建议》。市博物馆撰写了学术报告《绵阳仙云观》在《四川文物》等省级刊物发表；省社科院学者卢加强研究员撰写的报告《绵阳西山：涪江文化源头的高峰代表》在《四川经济日报》发表，都产生了积极的影响。

（二）集思广益，达成共识

市住建委邀请省社科院、市政协研究室、西南科技大学、绵阳师范学院和市委党校，以及绵阳知名文化人士及相关企业家，多次组织子云书院建设的研讨会。通过现场了解西山公园的历史文化和建设现状，围绕书院的建设规模及范围、内容及形式、运营模式等具体问题进行了深入的探讨。大家认为，在西山公园依托子云文化建设子云书院恰逢其时，是一件功在千秋、利在当代的文化惠民工程，子云书院的成功建设，将会进一步健全绵阳的公共文化服务体系，成为绵阳重要的城市文化名片，助力绵阳市申创国家历史文化名城。

（三）现场调研，协调场地

为推进子云书院的建设，市住建委党委多次现场调研、协调，在市政府的支持下，将竹林湾片区（原宣传部培训中心）建筑群整体划归西山公园管理、使用。这一举措，既解决了西山公园多年的历史遗留问题，又为子云书院的建设提供了场地保障。

（四）他山之石，学习借鉴

现代书院大致可分为三大类：专业性书院、附属性书院和融合性书院。一是专业性书院。属于独立的非盈利性法人单位，主要职能是：以儒学为本，开展研修、讲学、教学及学术交流等活动。其出资主体：可以是政府，可以是企业，也可以是私人；设立院董会，以决策书院的重大事项，但其无权干涉书院的学术宗旨与学术自由。二是附属类书院。是各企事业单位、学校、社区等内部开办的书院。它不具有独立法人地位，所需资金一般由本单位自筹。三是融合性书院。是指把传统文化与西学相结合的学习机构，适宜于高职及各类高等院校。我国具有代表性的书院有：

1. 湖南长沙岳麓书院。其特点主要有：一是文脉相传。北宋开宝九年（976），潭州太守朱洞在岳麓山下的抱黄洞附近建立岳麓书院。大中祥符八年（1015），宋真宗亲自召见山长周式，对周式兴学颇为嘉许，亲书"岳麓书院"匾额。在周式执掌下，岳麓书院的从学人数和院舍规模都有很大发展，成为天下四大书院之一。二是学风良好。清代乾隆年间，欧阳正焕任书院院长时，提出"整、齐、严、肃"四字并撰诗，刻在碑上嵌于书院讲堂右壁。现岳麓书院学规为："时常省问父母；朔望恭谒圣贤；气习各矫偏处；举止整齐严肃；服食宜从俭素；外事毫不可干；行坐必依齿序；痛戒讦短毁长；损友必须拒绝；不可闲谈废时；日讲经书三起；日看纲目数页；通晓时务物理；参读古文诗赋；读书必须过笔；会课按时蚤完；夜读仍戒晏起；疑误定要力争。"三是政府保护。自 20 世纪 80 年代初，岳麓书院由湖南大学管理和修复以来，成为全国书院中承继其传统功能的典型代表，被誉为"千年学府"。四是管理现代化。现岳麓书院文物管理处下设岳麓书院综合办公室、文物工作办公室、保卫室、旅游管理开发部；湖南大学岳麓书院下设中国哲学研究所、历史研究所、中国思想文化研究所、中国书院研究中心和中国软实力文化研究中心。五是广建基地。岳麓书院现设有历史系、哲学系、考古文博学系 3 个教学机构；建有国家级协同创新平台 1 个、湖南省重点研究基地（机构）3 个、湖南省重点学科 1 个。

2. 福建厦门筼筜书院。位于"国家重点公园"白鹭洲公园东部的筼筜湖半岛之上，被业内誉为中国当代书院典范之一。它见证了十届海峡两岸国学论坛、两位金砖国家领导人重要会晤；上百场公益讲座，数万名研修学员；目不暇接的文化活动。同时也是市民游客亲近传统、熏习国学之所。筼筜是竹之雅称，书院以竹命名，以传播中国优秀传统文化思想为主旨；秉承"旧学商量，新知培养"的理念，广泛开展多层次的国学教育普及海峡两岸国学论坛、传统音乐会以及经典文集出版等活动。

3. 上海江东书院。江东书院是改革开放以来上海批准的第一家书院。书院将以策划为中心，以国学为底蕴，以期成为沪上乃至中国高端文化的策源地，重点包括：一是文化策划板块：以高端文化策划、文化服务、文化运管为中心，拓展政府和企业的文化外包业务，经典案例包括 G20 国宴瓷策划及整合传播；二是文化地产板块：以主题文化地产为载体，打造自有 IP（知识产权）的特色文创空间，实现与所在地共同增值，尤其注重融入地方人文营建。三是文化培训板块。以国学、诗词等为优势，开展独具特色的文化教育培训，发挥通识教育和人文教育的功效，提供现行教育之外的有益补充。

三、建设子云书院的几点建议

（一）初设目标：建设省级文艺人才培训基地、传统文化研究普及基地，打造国内知名的城市文化品牌

一个城市的品位和价值，不仅在于经济发展实力，也在于市民素养提升状况。目前，绵阳城区缺乏一个市民进行文化修养的综合性场所。全市虽已建立 10 余个名叫"书院"的文化机构，但要么规模较小，要么公益性不够，很难为广大市民文化生活和城市品质提升服务。建立书院，就在于提供一个市民文化素养提升和城市品牌提升的公共平台。可整合市县政协文史资源，西南科技大学、绵阳师范学院和四川文化艺术学院等在绵高校资源，打造绵阳市民文化学校、四川特色文艺人才培训基地、传统文化研究普及基地和中国城市文化品牌，充实绵阳打造"成渝教育文化医疗副中心"内涵。

（二）界定范围：以子云文化为根基，子云亭为中心，统筹玉女泉片区和竹林湾片区的既有建筑

以子云亭作为书院的精神地标，玉女泉、读书台、仙云观片区和竹林湾区域（原宣传部培训中心）作为书院的功能区建设，建设阅读空间、艺术展陈、藏书室、学术交流厅、特色书店、市图书馆分馆、传统文化研习社、地方文化集中存储地、青少年

地方文化普及教育基地、时空对话科技体验（高科技多媒体互动）等。

玉女泉区域历史感厚重，可作文化艺术展陈区域；宣培中心临近子云亭，文化氛围浓厚，建筑体量大，可作多功能文化合作交流空间。联合高校、学会、协会、研究会等社会组织合作交流，整合资源，开展丰富多彩的文化活动，打造公共文化活动空间，让文物说话、让古籍发声……将子云书院建设成绵阳市中华优秀传统文化传承基地、普及场所，打造绵阳新的城市文化名片。

（三）构筑模式：政府支持、企业投资、公益营运

书院作为一个公益性的文化单位，有其独特的社会效益，要注重整合资源。由此，建议书院运营管理为"政府支持、企业投资、公益性经营"模式。可在现有基础上，按照政府负责书院氛围打造、优化公共园林空间和建筑空间；引入市场主体，负责进行书院室内环境及功能区域建设。市场主体按照公园管理机构统筹管理，确保经营的公益性和传承中华优秀传统文化的功能性。

（四）突破难点：化解人才欠缺、机制不活、投入不足

绵阳西山公园管理处是公益一类事业单位，有编制14个，实际在岗30人，保洁、绿化等用工60余人。目前，公园缺乏现代城市文化发展的专业人才，现有管理体制未能激发社会活力。公园建设投入严重不足，老区亟需系统改造提升，竹林湾荒芜区（即原宣培中心、云盘嘴、苗圃区域）应加快建设，公园缺乏与绵阳建设国家科技创新先行区相匹配的"品质"。一是优化人员结构。按照现代公园建设所需，尤其是现代书院建设所需高级人才和专业人才，纳入全市引进人才范畴，予以重点支持，确保3年之内有10名以上博士或高级职称人才。二是改进管理体制。完善公园管理体制，综合调动住建部门、公园所在行政区域和在绵高校积极性。可从四个角度思考：出台专项政策，联动绵阳师范学院、四川文化艺术学院等在绵高校共建共享；借鉴园区建设理念，建立包括住建、教体、文广旅和涪城区等参加的公园建设委员会，整合资源；将西山公园纳入科技城管委会管理范畴，作为特色城市公园重点打造；提升西山公园行政级别，以便整合资源建设。三是持续加大投入。着眼于建设现代化城市公园，科学规划，加大投入，系统建设。

课题组组长：

刘仲平（执笔） 绵阳市政协研究室主任，四川新时代人民政协理论与实践研究中心副主任、秘书长，市决咨委委员

成员：

卢加强 四川省社科院研究员，四川省文化软实力中心主任

李国虎　绵阳市决咨委委员，绵阳市国土资源学会理事长

安天云　绵阳市决咨委委员

罗建军　绵阳师院文学与历史学院副教授，四川新时代人民政协理论与实践研究中心学术委员

李　黎　中共绵阳市委党校（绵阳市行政学院）公共管理教研室讲师，四川新时代人民政协理论与实践研究中心副秘书长

缑志明　绵阳市政协研究室理论调研科副科长

【注】：本文原载绵阳市政协《社情民意》2023年第2期。中共四川省委常委、绵阳市委书记曹立军同志对该建议做了肯定性签批；助推了绵阳西山公园升级改造工作。

关于创建"子云耕读农业主题公园"的设想

肖庆国

内容提要：绵阳市涪城区新皂镇作为四川省首届乡村文化振兴100个魅力乡镇，是子云文化的富集之地。现拥有优质水稻、精品蚕桑基地，初步建成了以"水稻、蚕桑、蔬菜"为主导的特色农业产业体系。本文就新皂镇如何在乡村振兴大背景下，深入推进乡村文化振兴、建设农业主题公园进行了实地调研、座谈走访、思考与探索。提出了对新皂镇"子云文化""耕织文化"等优秀传统文化创造性转化和创新性发展，子云耕读农业主题公园的创设路径与思考。

关键词：绵阳；新皂镇；子云文化；耕织文化；农业主题公园

文化是地域的符号，更是农业主题公园的基本内涵。子云耕读农业主题公园建设须坚持尊崇文化至上的原则，挖掘植入绵阳市涪城区和新皂镇代表性特色文化，将山、水、田、林、居等自然资源优势转化为优秀传统文化、地域特色文化等元素，重拾群众的历史记忆、文化记忆、精神记忆，使群众了解公园、记住公园、传播公园。对此，本文将新皂代表性"子云耕读"文化做一个梳理，提出子云耕读农业主题公园文化创设。

一、子云耕读农业主题公园文化打造的意义

（一）新时代文化建设的需要

文化是一个国家，一个民族的灵魂。2023年6月2日，习近平总书记在文化传承发展座谈会上强调："要坚持守正创新，以守正创新的正气和锐气，赓续历史文脉、谱

写当代华章。"作为中华优秀传统文化的组成部分，新皂镇的耕读文化历史悠久、源远流长，可追溯到2000多年前的汉朝时期。在子云耕读农业主题公园深入挖掘展示优秀传统"子云耕读"文化的当代价值和鲜明产业文化、公园文化的独特价值，既能提升公园的文化素质和素养、丰盈持续发展的动力，又能传承文化基因、讲好中国故事、增强文化自信，也能起到凝聚人心、教化群众、淳化民风的积极作用，与党中央新时代文化建设高度契合。

（二）乡村文化振兴的需要

乡村振兴是共同富裕的基石，文化振兴则是乡村振兴的根基与"灵魂"。伴随着城市化快速推进和城市文明的扩张，传统乡村文化被忽视、被破坏、被取代的情况比较严重，乡村文化日渐荒芜。振兴乡村文化，焕发乡村文明新气象，对于助推乡村振兴具有十分重要的意义。当前，我区正深入贯彻落实党中央关于乡村振兴的战略部署、中央一号文件精神以及省委常委、市委书记曹立军探索推动乡村文化振兴路径的指示要求，加快建设"西部地区乡村文化振兴示范区"。在子云耕读农业主题公园开展文化打造，是落实市委、区委推动乡村文化振兴要求的生动实践。同时，子云耕读农业主题公园具有承载我区打造乡村文化振兴示范点的条件和基础，理应在我区建设"西部地区乡村文化振兴示范区"中走在前，做表率，为我区推动乡村文化振兴创造经验、做出示范。

（三）公园建设发展的需要

从20世纪80年代至今，全国已累计开发了大小不等的约3000个主题公园，其中，有高达70%的亏损，20%的保本，只有10%的主题公园取得了盈利，约有90%难以收回投资。抛开产业来看，"主题公园缺少主题，有了主题又没有文化，有了文化又没有独特性"，是导致简单模仿、重复建设、粗制滥造、经营不善的主要原因。因此，没有特色文化的主题公园是没有魂、没有根、没有生命力、没有吸引力、没有发展潜力的"地产式"公园，迟早会被社会所淘汰。子云耕读农业主题公园要保持成长性、生命力，在众多农业主题公园中脱颖而出，务必坚持文化和产业至上的原则，在提升产业中打造个性鲜明的特色文化。

二、子云耕读农业主题公园文化打造的依据

在汉代社会，农业被视为立国之本。扬雄（字子云）自述"世世以农桑为业"，撰《益州箴》赞西汉蜀地"丝麻条畅，有粳有稻。自京徂畛，民攸温饱"。在近年的考古发掘中，涪城先后出土了大量与农业有关的汉代文物，从这些文物可以看出涪城

的耕织文化历史悠久、源远流长，是中华优秀传统文化的重要组成部分，在中华耕织文化的传承与发展过程中起着重要作用。

（一）子云文化，绵延千年

古往今来，新皂镇誉扬雄寓涪，建纪念遗踪，以民间传说、诗词文赋，"褒赞"和传播的扬雄"先贤"楷模形象，"著书立说""淡泊名利"的价值取向，目的是"后人即其所至之地，标名氏以志芳躅"。一是"读书台"。扬雄读书台位于新皂镇政府西侧，背靠玉屏山，"是鸿儒雅士讲经论道的殿阁，也是往来白丁陶冶情操的去处"。历代新皂官绅民众笃定子云文化中的独立人格、百姓情怀、创新精神、批判意识、艰苦卓绝、砥砺前行的顽强意志，是真正德艺双馨的文人品格，堪称楷模。二是"洗墨池"。民国《绵阳县志》古迹篇记："洗墨池：在治南三十里钟阳镇（今新皂镇），扬子云读书台下。"又记：清嘉庆戊午年（1798）举人黄玉珍有寻洗墨池诗："扬子墨池何处寻？镇南修竹白森森。遗踪倩得山灵护，一任沧桑变古今。"至今当地的村民还把读书台、洗墨池旁边的一块田，称之为洗墨田。田旁边有一赵姓村民，家中至今尚存一口古井和疑似当年扬雄洗笔的石缸构建。相传扬雄洗笔时所用水，就是从这口井中取出的。三是"褒赞碑"。据民国《绵阳县志》载，绵州进士陈漳在皂角铺（今新皂镇）扬子云读书台为扬雄竖碑鸣不平，在其"记跋中"考辨甚详，有理有据，批驳"剧秦美新"之说。

（二）耕读文明，底蕴深厚

涪城有两千两百多年的建置史。出土的"大汉涪县五绝"有中国最大的汉代铜马、最大的摇钱树、最早的佛铜像、最早的人体经脉漆雕、最生动的说唱俑。新皂镇石梯村先后出土了陶俑、石刻二百多件。陶俑主要是人物劳动、舞蹈、吹奏等生活形态，石刻主要是狗、猪、鸡等形态，同时还出土了镜、摇钱树、五铢钱等，再现了汉代涪县和新皂的政治、经济、文化各个方面空前繁荣发展。此外，涪城还出土了大量代表农耕文明的历史文物：一是民居。涪城出土的陶房结构雕刻多双扇门，加上墓葬中丰富的文物和雕刻装饰，可以看出汉代涪县人的居家环境档次高。二是美食。涪城先后出土的汉代文物中，有制造糯稻酿酒（今俗称酒谷）的陶甑、铜甑、铁甑。城郊大包梁出土的庖厨俑中，案板上出现最多的也是鱼。双包山西汉灶具、九龙山东汉石灶、铜灶出土，体现汉代涪县的灶具功能多。城区东街出土的汉代双耳三足陶釜，白虎嘴青釉瓷碗、陶钵，以及境内出土的瓷杯、陶碗、铜箸等佐证餐具种类丰富。三是出行。永兴出土100余匹漆木马、西汉木牛，何家山出土的东汉大铜马是全国最大的汉代铜马。四是音乐。涪城先后出土了西汉14件陶编钟、9件陶编磬，墓主生前家中肯定有专门的乐队进行打击表演。出土的东汉器乐涵盖琴、笙、笛子、箫等，先后有多个抚琴俑、执笙俑、吹笛俑、击鼓俑等出土。五是舞蹈。涪城出土的汉代舞俑，造型多样，不排除有职业舞者的存在，汉代涪县舞蹈俑，也许就是汉唐古典舞的始祖。六是说唱。孔雀村、何家山、九龙山等出土的说唱俑，证明说唱艺术在汉代涪县广泛的发展。

（三）稻谷飘香，源远流长

《华阳国志》记，"涪县有岩田，本稻田""大旱不乱，蜀有广汉"。新皂镇崖墓所出土的汉代陶水塘、陶水田，有对水田进行分块并设有田埂，有泥片分隔作为供排水的闸门，可见水稻种植普及，种植技术成熟。陶水塘中，有田螺、泥鳅、荷花等点缀。种养结合广泛应用，已经做到了蓄水灌溉和养鱼、种植、家禽养殖业等多种经营相结合。陂塘水田上搭配的小型劳动人俑群中有一人右衽长袍，袖手立于水田的一角是监工，拱手俑一般表示官吏，可用现成的官吏来比作农耕场景的劳动监督者。另外四俑较矮小，穿短裤，有的手拿农具，有的弯腰劳作。陶水田中有一人击耨秧锣鼓，此风俗世代相传，直到今天，一些山区（如江油市雁门镇）还有打耨草锣鼓的习俗。历史学家范文澜先生评价新皂镇出土的陶水田说："田上立几个人各具神情，有的短褐折腰，有的衣冠昂然，一望而知谁是生产者，谁是剥削者。一具水田模型，实际是一幅封建社会的阶级压迫图。"

（四）桑蚕布帛，悠然桑田

史载，扬雄年少时奔波劳碌田头陌上，边读书边参加蚕桑劳动，对蚕桑生产技术做过深刻的观察、分析、研究。新皂镇姜家湾边堆山遗址出土的新石器时期"陶器纺轮 11 件"，佐证了广汉郡涪县是植麻、纺织的最早地区，不仅适宜种植桑麻，而且纺织为一种普遍的行为。在汉代的张掖郡居延县地发现和发掘出土了汉代木简共三万余枚，其中有关于"广汉八稷布"的记录，"出广汉八稷布十九匹八寸大半寸直四千三百二十给吏秩，百（石）一人，元凤三年正月尽六月积六月□"，汉代涪县的广汉蜀布不仅远销边郡，如敦煌、居延等地，而且还在对外贸易中扮演着重要的角色。涪城出土的西汉涪县染色绢实证中国上古丝绸文化为南、北、西南的三足鼎立。

三、子云耕读农业主题公园文化打造的思路

立足农业本色，以涪城悠久农耕文化为依托，以"子云耕读"文化为主题，以挖掘植入"子云耕读"优秀耕读文明、稻作蚕桑原真文化的当代价值为主线，聚焦"汉代历史遗存的保护与活化""涪城原真子云耕读生活的还原与再现"，创造性转化耕织文化和汉"潮"国风，创新性建设子云耕读文化村，打造独具特色的子云耕读农业主题公园文化品牌。

（一）在建筑中融入汉"潮""子云耕读"元素

抽取汉代建筑元素，打造独具汉"潮"韵味的民居民宿和汉"潮"文化气息的"子云耕读"图书馆、文化馆、博物馆等乡村公共空间和艺术家部落，给群众提供参与文化的服务平台，向游客展现良好的乡村公共空间，推动全域景观化景区化，呈现汉"潮"般美田弥望的乡村郊野公园场景。

（二）在空间中展示Q版汉"潮"涪城耕读历史文物

尊重涪城农耕历史文化记忆，尊重涪城既有的稻作蚕桑文化创造，在不破坏土地的基础上，在公共区域设计展示Q版萌萌生动的动漫"子云耕读"和涪城出土汉代稻作蚕桑等历史文物，在"子云耕读"文化空间中融入现代艺术和汉代耕织文化，并突出丰富的乡村原生态功能。

（三）在活动中呈现汉"潮"国风文化和耕织历史文化

探索场景体验等新发展模式，挖掘"子云耕读"文化内涵，整合知名国学、艺术社团资源，在"子云先生"引领性、穿汉服、学汉礼、诵汉赋、观汉舞、赏汉乐习俗，活态演绎可游玩、可消费的汉"潮""子云耕读"艺术体验项目；打造"子云耕读"音乐市集，通过视觉、听觉、嗅觉、触觉、味觉五位一体的活动形式，在稻田织坊之间，品味两千年男耕女织幸福相伴；开展"福稻（涪到）"割稻谷、捉田鱼、钓稻虾、采桑葚、绣乡村、植桑养蚕、蚕茧缫丝等各类农村文化节日习俗活动，吸引游客参加，将子云耕读文化内涵凝练转化为可读、可学、可用、可供游客体验农文旅精品。

（四）在业态中塑造"子云耕读"文化品牌

基于资源和现状，以腾笼换鸟之势，化闲置农房为文化雅苑，引入文学创作人、画家、音乐制作人等社会力量，打造以汉文化为纽带，网红级、创意型、精品民宿互为支撑的旅游目的地和独具特色的乡村立体审美体验空间、高品质生活场景、新经济消费场景；建设汉"潮""子云耕读"文化IP，塑造以"子云耕读"为核心的品牌业态，打造稻香嘉年华、研学织坊、耕织摄影基地、全桑宴、锦绣生活馆、绿道慢游桑田线等沉浸式体验基地，培育田间美食工匠、田间非遗工坊、耕织音乐空间，有效融合汉"潮"文创、精致农业、农事体验、耕织研学、生态观光、康养运动等新业态，构建多层次的生态产业圈，实现"1+1>2"的溢出效应。

（五）在产品中植入汉"潮""子云耕读"文化元素

以涪城出土文物中的农耕工具、农人、种植、养殖、农居、家禽、蚕桑、绣坊、纺织等文物，实照原创Q版动漫，通过"手办"设计包装"子云耕读""子云品稻""子云丝语""趣味福现""福稻礼盒""精品蜀绣""6A丝品""美容蚕茧""蚕丝面膜""丝绸diy定制"等汉"潮""子云耕读"实用与美观兼具的文创蓝海产品。将

"子云耕读"文化元素植入产品中,把子云故事输入百姓生活中,让更多的人了解"子云耕读"文化的价值和内涵。

习近平总书记多次强调,全面建设社会主义现代化国家,最艰巨最繁重的任务仍然在农村,要扎实推动乡村振兴。而文化振兴是乡村振兴的"根"与"魂",推动乡村文化振兴,既是实施乡村振兴战略的重要内容,更是"让群众生活更上一层楼"的必然要求。新皂镇"子云耕读"文化历史悠久,具备大力发展农业文化旅游商贸的必备条件。新皂镇应锚定示范性农业主题公园为定位,重点打造主客共享的宜居、宜业、宜游、宜学,养身、养心、养眼的"三宜三养"农业主题公园,通过讲好新皂扬子云读书台、洗墨池、新皂陶水田、新皂耕织文化等历史故事,实现全域沉浸式农文旅商新业态,成为"巴蜀文化旅游走廊"农文旅商融合发展典范。

(作者单位:绵阳市涪城区文化广播电视和旅游局)

扬雄对杜甫诗赋创作的影响

黄子珂

内容提要：扬雄和杜甫是我国重要的历史名人，二人文学成就斐然。扬雄是西汉时期著名的文学家、思想家，他的著作学说对后世辞赋、思想及文人都有着重大影响，为中国传统文化的发展与传承做出卓越贡献。杜甫是唐代杰出的文学家，以诗歌著称，且在文学创作中深受扬雄陶染，虽存世赋作不多，但从中均能折射出扬雄的影子。此外，杜甫更是将赋作的内容、结构、语言等特点移之于诗歌创作中，并在诗文中直接或间接地称引扬雄，以其才学自况。由此可见扬雄对杜甫在诗赋创作及人格、思想发展上的重大影响。

关键词：扬雄；杜甫；赋作；诗文；影响

扬雄是西汉末年中国著名的文学家、思想家，其少年好学，博学多识，以辞赋闻名天下。扬雄早期较注重赋的颂扬功能，并终以赋入仕。但随着扬雄认知的不断深入，他逐渐认识到赋的现实批判性，着重突出讽谏意味。杜甫深受扬雄影响，虽然留存赋作较少，但同扬雄一般，在前期强调赋的赞颂功能并渴望以此入仕，后期也渐渐认识到赋对"鼓吹六经"的政治作用和社会功用性。杜甫常用自身所作之赋比况扬雄，表现出对扬雄的推崇与欣赏。基于杜甫对扬雄赋作中创作手法、艺术特色、现实主义精神与社会功用性的继承，他将其在诗歌中予以发扬。由此足以窥见杜甫对扬雄辞赋的接受与传播。本文旨在探讨扬雄对杜甫诗赋创作的影响，但这种影响不局限于诗赋，而是从诗歌、辞赋、思想、人格等多个方面揭示扬雄对杜甫的重要意义。当前学界对于扬雄对杜甫影响的研究正在走向深入，且就扬雄对杜甫文学上的熏陶有了较为清晰的认识。在这些研究中，解读深刻且内涵丰富的代表性成果是南京大学李凤玲的《赋料扬雄敌——谈扬雄对杜甫赋作的影响》和四川师范大学王红霞、熊梓灼的《杜诗称引扬雄探析》，这两篇文章从扬雄的生平经历、文学创作对杜甫辞赋及诗歌产生的影响、杜甫对扬雄人生际遇的共鸣及杜甫对扬雄才华的认同等诸多方面进行了细致而深刻的讨论。本文将立足于前人的研究成果，从多角度综合探究扬雄对杜甫的陶染，阐释扬雄对杜甫文学创作、思想发展的重要意义。

一、扬雄对杜甫辞赋创作的影响

扬雄是汉赋四大家之一，他的赋作大致可分为前后两个时期。前期扬雄所作多为骚体赋，追随屈原。"骚体"亦称为"楚辞体"，这种文体形式句末多以"兮"结尾，具有强烈的浪漫主义色彩，篇幅较长，形式自由。扬雄的《反离骚》就是其中的代表作品，为悼念屈原而作，他在表达对屈原同情之余也对他投江自尽的行为发出责难，展现出不同于屈原的人生态度。名为反实则是悼念，整体还是依托于《离骚》的构思与语言，其首句："有周氏之蝉嫣兮"就是对"帝高阳之苗裔兮"的映照①。扬雄前期作骚体赋多是为了抒发自己的情感及颂扬君主、宣扬国威。早年时，他深受司马相如影响，有很多作品是模仿司马相如而成，《甘泉赋》《羽猎赋》《河东赋》《长杨赋》就是其中的代表作品，这四篇赋又史称为"四大赋"。《甘泉赋》详细展现了汉成帝郊祀甘泉泰畤的过程，将天子郊祀的盛大场面描绘得淋漓尽致，同时赞颂了刘氏王朝的统治，但也委婉地流露出讽谏之意。此赋杂用散体和骚体句式，富于变化，内容铺张扬厉，想象丰富，气魄宏伟，文辞流丽。"八神奔而警跸兮，振殷辚而军装；蚩尤之伦带干将而秉玉戚兮，飞蒙茸而走陆梁。齐总总撙撙，其相胶葛兮，猋骇云讯，奋以方攘"②，极具艺术感染力，将天子登乘行进所见盛况描绘得驰魂夺魄。《羽猎赋》描写了皇家祭祀畋猎的盛况，"贲育之伦，蒙盾负羽，杖镆邪而罗者以万计，其余荷垂天之毕，张竟野之罘，靡日月之朱竿，曳彗星之飞旗。青云为纷，红蜺为缳，属之乎昆仑之虚，涣若天星之罗，浩如涛水之波，淫淫与与，前后要遮"③，内容极具夸张铺排，进而颂扬了汉天子的富有和尊崇。赋尾更是通过虚构的手法展现了帝王实施仁政所达到的理想境界，彰显了扬雄对这种理想境界的渴求与赞叹。《河东赋》以壮观的祭祀仪式开篇，后描述了汉成帝的游历经历，最终通过赞美大汉圣皇伟大的成就来鼓励汉成

---

① 方铭：《扬雄赋论》，《中国文学研究》1991年第1期。
② ［汉］班固：《汉书》，中华书局1999年版，第2614页。
③ ［汉］班固：《汉书》，中华书局1999年版，第2630页。

帝亲自践行，向唐尧虞舜学习，有勉励劝谏之用。《长杨赋》在序文中略叙长杨之猎，但正文中几乎没有涉及畋猎的内容，而是通过子墨客卿之口，"夷坑谷，拔卤莽，刊山石，蹂尸舆厮，系累老弱，究铤瘝者、金镞淫夷者数十万人"①，揭示校猎给农民带来的沉重负担。相对于四大赋中的其他三篇，此赋现实批判性与讽谏意味更为强烈，彰显了扬雄的忠君爱民之心。扬雄四大赋在内容上驰骋想象，在写作技法上铺排夸饰，虽然委婉地流露出讽喻意义，但最终的目的却是讨皇帝开心博取皇恩，相较于扬雄后期作品现实批判性较为浅薄。随着扬雄人生阅历的增加，他对官场的认识也更加深刻，他看破朝堂的腐朽，不愿趋炎附势与奸臣同流合污而致政治坎坷，生活贫苦。扬雄的政治热情也在这般环境中逐渐消散，心态逐趋平和，继而后期多关注现实人生，他目睹了政治压迫下人民的苦难，将作品矛头直指黑暗现实，后期作《解嘲》《逐贫赋》《酒赋》等文章，抒发了他的愤懑之情与落拓之志。《解嘲》一文立足于汉代的社会大背景。西汉末年，外戚权臣的势力不断膨胀，不少无德奸佞掌握重要职位，社会道德风尚因此败坏。面对这样的局面，扬雄并不愿意攀附权贵，相反选择了淡泊名利，这篇赋作便是他对黑暗社会不满的宣言书。《逐贫赋》中扬雄更是以诙谐的对话方式直面自身窘迫，凸显了他晚年想要摆脱贫困而不得的自嘲心境。此赋既是他对自己心酸生活的艺术描绘，又是与曾经抑郁不得志的自己的妥协。《酒赋》全篇皆是四五字句式，极其简短，语言凝练，结构灵活多变，用大众生活中的平常事物对汉成帝进行讽谏，将自己对趋附皇室之人的不满裹藏于拟人的手法中，为同自己一般不愿深谙此道的淳朴之人打抱不平，此赋也可以看作酒类文章的雏形。扬雄后期的赋多是抒发自己对黑暗社会的愤懑，表达自己内心最真实的想法，抛却了功利的束缚。扬雄无论前后期的赋作内容均简雅深涩、铺叙说理相结合，句式结构丰富多样。

杜甫虽以诗歌著称，但其辞赋也有着较高的文学意义和学术价值，其赋名为诗名所掩。杜甫现存的赋作数量较少，共六篇，分别是《朝献太清宫赋》《朝享太庙赋》《有事于南郊赋》《封西岳赋》《雕赋》和《天狗赋》（皆见仇兆鳌注《杜诗详注》卷二十四）。如若仔细探究便能发现杜甫的赋体创作深受扬雄影响。这六篇赋作的创作时间集中于他留居京城求官期间。杜甫作赋的主要原因是他参加科考屡屡落第，继而对考试彻底失望，所以想另辟蹊径进入仕途，这一点便同扬雄前期作赋的想法基本一致。因而杜甫在一定程度上受扬雄献《甘泉赋》得汉成帝青睐的成功事例鼓舞，也希望以此博帝王青睐，继而入朝为官实现自己的壮志凌云。杜甫现存的六篇赋作中，主体对象为皇帝的就有五篇之多。天宝九年，杜甫时年三十九岁，直接进献《雕赋》，但

---

① [汉]班固：《汉书》，中华书局1999年版，第2644页。

并未因此受皇帝赏识。《雕赋》表面是展现雕剽悍骁勇的雄姿，但实际上却是抒发自己"实望以此达于圣聪耳"①，抑郁不得志的苦闷，这与扬雄借物抒情的《酒赋》有异曲同工之妙。此外，《雕赋》中杜甫也同扬雄一样擅用典故，旁征博引，"岂比乎虚陈其力，叨窃其位，等摩天而自安，与枪榆而无事者矣"②，其中"枪榆"就取自《庄子·逍遥游》，杜甫借以指代那些官场上的宵小之辈，表明不愿与之为伍。同时也揭示了当时官场丑态。天宝十载，杜甫时年四十岁，他依旧没有放弃献赋入仕的想法。在天宝十载的正月初八、初九和初十这三天，朝廷连续举行了祀太清宫、祀太庙和祀南郊的三大典礼，杜甫便以此为契机，后献三大礼赋来赞颂祭祀之盛，即《朝献太清宫赋》《朝享太庙赋》和《有事于南郊赋》。杜甫本就文采斐然，加之为此次机会做了大量准备，终一鸣惊人。《新唐书》本传对此就有详细记载："天宝十三载，玄宗朝献太清宫，飨庙及郊，甫奏赋三篇。帝奇之，使待制集贤院，命宰相试文章，擢河西尉，不拜，改右卫率府胄曹参军。"③ 且在他晚年的回忆中也给予三大礼赋极高的评价："忆献三赋蓬莱宫，自怪一日声烜赫。集贤学士如堵墙，观我落笔中书堂。"④ 可见他对三大礼赋也极为满意。三大礼赋的每一篇都是按照祭祀仪式的顺序展开，这与扬雄《甘泉赋》《羽猎赋》《河东赋》的创作手法相似，都是按照祭祀的路线展开。《朝献太清宫赋》按照时间顺序重现了天宝十载玄宗于太清宫朝献老子的盛大仪式，"营室主夫宗庙，乘舆备乎冕裘。甲子王以昧爽，春寒薄而清浮。虚阊阖，逗蚩尤，张猛马，出腾虬"⑤，极具铺陈色彩，语言华美。后又从朝代更替的变迁追溯汉末后国家分裂的局面，表达了对唐代安稳繁盛的社会局面的讴歌。《有事于南郊赋》杜甫运用古今对比的手法赞颂了唐朝的重要地位，文中也多处运用讽谏以规劝唐玄宗："泊虞夏殷周，兹焕炳葱蒨。秦失之于狼贪蚕食，汉缀之以蛇断龙战。中莽茫夫何从，圣蓄缩曾不眷。"⑥ 杜甫从朝代的灭亡原因为起笔，劝谏帝王要避免这些错误。《朝享太庙赋》大写特写祖宗创业之艰难，此外还列举了淫祀的弊病："且如周宣之教亲不暇，孝武之淫祀相仍，诸侯敢于追胁，方士奋其威棱。一则以微弱内悔，一则以轻举虚凭。又非陛下恢廓绪业，其琐细亦曷足称。"⑦ 规劝玄宗不要好神仙。天宝十载杜甫作《天狗赋》，以天狗为描写对象，突出其勇猛矫健的姿态，阐发他壮志未酬的苦闷。天宝十三载，杜甫又献《封西

---

① ［清］仇兆鳌注：《杜诗详注》，中华书局1979年版，第2173页。
② ［清］仇兆鳌注：《杜诗详注》，中华书局1979年版，第2181页。
③ ［宋］欧阳修、宋祁撰：《新唐书》，中华书局1975年版，第5736页。
④ ［清］仇兆鳌注：《杜诗详注》，中华书局1979年版，第1213页。
⑤ ［清］仇兆鳌注：《杜诗详注》，中华书局1979年版，第2105页。
⑥ ［清］仇兆鳌注：《杜诗详注》，中华书局1979年版，第2150页。
⑦ ［清］仇兆鳌注：《杜诗详注》，中华书局1979年版，第2133页。

岳赋》，劝帝王封禅以示人事天道和谐，国运昌隆。杜甫这六篇赋作均章法结构安排灵活，意象独特，擅用比喻、拟人的手法，讲究语言锤炼、用典自如，与扬雄赋作的特点有相似之处。

由此可观，杜甫的赋作继承了扬雄赋作中章法灵活、语言凝练、铺张扬厉、用典自如的特点。此外，杜甫作赋的目的也与扬雄前期作赋的目的相同，他献赋于帝王以求入仕的经历也受到前人献赋得官的成功经历所鼓舞，其中就包括扬雄。扬雄后期赋作逐渐认识到其现实讽喻于社会的重要作用，这一点亦对杜甫的赋体创作产生了一定的影响，杜甫的赋作中也呈现出明显的现实功用性，强调讽喻上谏的功能。杜甫在三大礼赋中以祭祀路线展开的叙述方式也同扬雄有相似之处，因而可见杜甫在赋作中汲取了扬雄的部分特色融入自身赋作创作中。

二、扬雄对杜甫诗歌创作的影响

扬雄对杜甫的影响不仅仅停留在赋体创作上，更体现在其诗歌创作中，尤以创作手法为代表。汉赋对表现手法、技巧的追求可以追溯至《诗经》。《诗经》格外讲求比兴寄托，而班固在《两都赋·序》中说："赋者，古诗之流也。"诗有六义——风、雅、颂、赋、比、兴。"风雅颂"是对诗歌的性质进行界定，看其从属于哪种创作主体，适用于哪一阶级。而"赋比兴"则是对诗歌创作手法的阐发，朱熹在《诗集传》中将"赋"阐释为："赋者，敷陈其事而直言之者也。""赋"即是铺陈叙述，直言其事，主要是指一种诗歌的写作手法，而非一种独立的文学体裁，经后世不断发展，赋才得以脱离独立存在。刘勰言："诗有六义，其二曰赋。赋者，铺也；铺采摛文，体物写志也。"[①] 扬雄的赋作就极擅用铺排叙述，在大量的铺叙、描写背后，他更多是想抒发其内心的深刻情感。《甘泉赋》中开篇对祭祀的宏大场面进行铺排，把将士们的勇猛威武描写得淋漓尽致，其中扬雄用大量笔墨描写了甘泉宫周边的环境，由远到近，由整体到局部，层次分明，更突出了甘泉宫的瑰丽。同时也抒发了作者对甘泉宫豪华精美的赞叹。《河东赋》中扬雄用了一整段敷陈汉成帝祭祀途中所经遗迹，按照时间顺序由古及今呈现出一幅幅古代贤君明主治理国家的丰功伟绩图，展现了扬雄对他们的钦佩之情。扬雄认为辞章是赋的基础，但需要典故、典型人物来支撑，从而突出作品所表现的情感。在《解嘲》一文中，扬雄就借用了许多往昔人物与当今的人物进行对比，通过古今比较表达出对时政的不满与人才倍遭压抑的愤懑；扬雄还习惯在赋中说理讽

---

① ［南朝梁］刘勰著，范文澜注：《文心雕龙注》，人民文学出版社1958年版，第134页。

谏，他作《酒赋》是采用借物说理的手法，表面是陈述饮酒的弊端，实际上却是对饮酒无度的汉成帝的规劝。在《解嘲》中更是通过对历史上重要人物的剖析来规劝君王，揭示汉朝当时不合理的部分制度及弊端。《长杨赋》中以翰林主人批判残害百姓，借秦代灭亡的过错成因来讽谏如今的汉朝，彰显了扬雄想要借赋劝谏汉成帝之功。《河东赋》中写到汉成帝在出行时回忆起唐虞之风时，借古人的千秋功绩与治世之能讽刺项羽、夏桀的败亡，亦是借古讽今。既希望帝王能同昔日的贤明君主一般造福人民，让国家长治久安，又期盼以项羽、夏桀的失败案例来告诫君王切勿重蹈覆辙。

抛却创作手法，扬雄辞赋的结构和语言也对杜甫的诗歌创作产生了一定的影响。扬雄的赋相较于汉赋整体的创作篇幅而言更为简短，结构上也更为灵活。《逐贫赋》全文共460字，相较于普遍以千字打底的散体大赋，扬雄的赋作较为精简。虽然字数不多，但仍见铺陈、拟人、比喻等手法，结构上采用主客问答形式，内容上详实得当，展现出扬雄贫贱不移，保持高洁操守的本心。《都酒赋》共101字，字字珠玑，文中同样运用比喻、拟人的手法，构思精巧，颇具独创精神，几句话就用日常生活之物道出正直之士往往多受责难的道理，以此讽谏成帝。此外，扬雄在赋作语言上讲求锤炼，喜爱炼字，故其锦心绣腹、文辞绮丽。《河东赋》中“张耀日之玄旄，扬左纛，被云梢。奋电鞭，骖雷辎，鸣洪钟，建五旗”[①] 六个动词连用，描写出壮阔宏伟的祭祀胜景，音节短促，极为传神，仿佛身临其境。《甘泉赋》有“东烛仓海，西耀流沙，北熿幽都，南炀丹崖”[②]，由东西南北四个方位的景象凸显出求福拜神的宏大场面。《羽猎赋》全篇用语艰深，“欃枪为闉，明月为候，荧惑司命，天弧发射，鲜扁陆离，骈衍佖路。徽车轻武，鸿絧緁猎，殷殷轸轸，被陵缘阪，穷冥极远者，相与迾乎高原之上”[③]，极为讲求遣词造句之美。

元稹在《唐检校工部员外郎杜君墓系铭并序》称杜诗的特色在于“铺陈终始，排比声韵”（《元氏长庆集》卷五六），成为杜甫“以赋为诗”论的肇端。其后很多评论者也认为“以赋为诗”是杜诗技巧的显著特征[④]。金启华在概括杜诗技巧时指其采用“以赋为主、兼用比兴的表现手法”[⑤]。扬雄长于铺陈，加之杜甫常在诗歌中以自身赋作与之比况，感叹扬雄的才华，综合考察可见扬雄的赋体创作手法对杜甫文学创作产生的影响。杜甫将赋体铺陈描写的手法移植于诗歌创作中，如“三吏”“三别”、《兵车

---

① ［汉］班固：《汉书》，中华书局1999年版，第2624页。
② ［汉］班固：《汉书》，中华书局1999年版，第2621页。
③ ［汉］班固：《汉书》，中华书局1999年版，第2630页。
④ 兰兰：《杜甫的赋作成就及其以赋为诗》，黑龙江大学硕士学位论文2008年，第23页。
⑤ 金启华：《杜甫诗论丛》，上海古籍出版社1985年版，第51页。

行》《丽人行》《北征》等，《新婚别》开篇由新娘自己诉说命运的不公，用大量铺叙点出新婚别的原因，为读者阅读做了铺垫，从而更能够理解新娘的心情，感叹战争的无情；《石壕吏》由"暮投石壕村"起笔，单刀直入交代看到这一系列事件的原因，继而"有吏夜捉人"又为后文捉人情节做铺垫，全篇句句叙事，交代了这一出悲剧产生的背景，揭示了当时社会的黑暗；《北征》是杜甫的五言名篇，首段写辞阙的心理活动，紧接着铺写自己旅途所见，其后写自己与家人团聚的欣喜，最后笔锋一转，表现出自己仍旧心系国家危亡的赤忱之心。由此可见，杜甫将赋作的敷陈手法移用于诗歌创作中。扬雄在赋作中经常用典，杜甫也将其应用于诗歌创作中，在杜甫诗集的1400余首诗篇中，含有典故的诗多达775首。如《蜀相》，其中就化用了刘备三顾茅庐的典故；《堂成》又化用了扬雄西蜀子云亭的典故；《画鹰》中他又借用班固《两都赋》中"风毛雨血，洒野蔽天"[①]的内容，用典自然确切。在结构上，杜甫也紧承扬雄赋作的特点，灵活多变。扬雄的灵活多变体现在篇幅创作和句式结构上，杜甫在诗歌中则将其呈现为开合跌宕、起伏变换。既有充满意蕴、才思跳跃的长篇诗文《自京师窜至凤翔喜达行在所》，将流窜的艰辛惶恐和到达目的地的喜悦庆幸非常巧妙地结合起来，情绪连贯又变换，将沿途的真情实感跃然纸上。又有短篇诗文《闻官军收河南河北》，用"忽传""初闻""却看"等动词，将整篇文章联系起来，将真实自然、浑然天成的生活细节呈现在读者眼前，大量的动作让诗词灵动而活跃，大开大合间尽是错落有致的美感。在语言锤炼方面，扬雄擅长对华美事物的细致刻画，技巧繁多却并不给人辞藻堆砌的冗杂之感，相反还会升起一种壮美怡趣之情。而杜甫语言就在此基础上深化，更显"老练"，对字词的刻意雕琢让其诗赋生出本应如此的厚重之感。杜甫的《登高》被誉为"天下第一律"，字字珠玑，开篇的"风"与"天"相对，"渚"与"沙"相对，尽显悲凉之感。颔联中"无边"与"不尽"相对，写出了愁苦的连续不断，"下"和"来"更显雕琢，直言愁苦无边无际，让人顿生天地浩瀚，人生渺茫的悲凉。《望岳》一诗，"阴阳割昏晓"中"割"这个动词给人一种分裂感。用"昏""晓"把泰山隔开，更显割裂，也凸显了泰山的险峻，正因其宏伟壮阔才能遮天蔽日形成"阴阳"的画面。字字斟酌，词词凝练，杜甫对字词的苛刻可见一斑。

三、扬雄对杜甫其人的影响

虽然杜甫并未直接言明扬雄对其人生、思想的影响，但是通过杜甫的诗词可以发

---

① ［南朝梁］萧统：《文选》，中华书局2021年版，第28页。

现他对扬雄进行了大量的称引,从这些称引中可以窥见扬雄对其产生的影响。据王红霞、熊梓灼《杜诗称引扬雄探析》一文统计,杜甫现存约有20首与扬雄相关的诗词,总量居唐代众多诗人之首。分别为《赠献纳使起居田舍人澄》《奉赠太常张卿垍二十韵》《醉时歌》《送杨六判官使西蕃》《秦州见敕目薛三璩授司议郎毕四曜除监察与二子有故远喜迁官兼述索居凡三十韵》《堂成》《夔府书怀四十韵》《秋日荆南送石首薛明府辞满告别奉寄薛尚书颂德叙怀斐然之作三十韵》《风疾舟中伏枕书怀三十六韵奉呈湖南亲友》《鹿头山》《行次盐亭县聊题四韵奉简严遂州蓬州两使君咨议诸昆季》《奉寄河南韦尹丈人》《奉赠韦左丞丈二十二韵》《酬高使君相赠》《壮游》《送顾八分文学适洪吉州》《陈拾遗故宅》《八哀诗·故著作郎贬台州司户荥阳郑公虔》《夏日杨长宁宅送崔侍御常正字入京(得深字韵)》《苏大侍御访江浦赋八韵记异》①。

《赠献纳使起居田舍人澄》有言:"扬雄更有《河东赋》,唯待吹嘘送上天。"② 此诗是杜甫赠予田澄的称赞诗,假借扬雄所著《河东赋》对唐玄宗身边的近臣田澄进行吹捧,表达自己难遇伯乐的愁苦及希望有朝一日能得到天子垂青的渴求。这里便又涉及扬雄赋作对杜甫赋作认知的影响,杜甫同扬雄一样,早期作赋是为了顺利进入仕途,扬雄向汉成帝进献《河东赋》后得到重用,杜甫因而受到鼓舞,但不知道自己何时可遇到赏识自己的君主。同年,杜甫又写了《奉赠太常张卿垍二十韵》,再次借用了扬雄献赋的典故,表明自己期盼得到唐玄宗的任用。杜甫屡次以扬雄献赋受帝王青睐的例子入诗,不仅是对扬雄献赋入仕的艳羡,更是对扬雄才华的赞叹与钦佩,正是基于扬雄卓越的文采及会审时度势,看准时机才使得他一鸣惊人。因而扬雄的经历对杜甫其人有一定的鼓舞作用,在杜甫献赋未成时使之坚持不懈,三次献赋于唐玄宗,最终入朝为官。

《醉时歌》中言"子云识字终投阁"③,引用扬雄"投阁"的典故,表明早年意气风发的扬雄晚年尚且遭遇朝堂不公,被罢黜降职不得重用,不禁让杜甫联想到自己,二人的遭遇极其相似。面对权贵当道及家国沦陷的伤痛,自己空有满腹学问却无用武之地,难免感到无奈和悲愤。而以扬雄的才华都被逼到跳楼的地步,自己的遭遇又算得了什么呢?似乎是以其经历自我宽慰,既表明杜甫对扬雄才华的赞叹,又展现出他对黑暗现实的控诉。扬雄的经历给予杜甫一定的精神慰藉,让杜甫逐渐看破官场的黑暗;《秦州见敕目薛三璩授司议郎毕四曜除监察与二子有故远喜迁官兼述索居凡三十

---

① 王红霞,熊梓灼:《杜诗称引扬雄探析》,《四川师范大学学报(社会科学版)》2019年第2期,第152页。
② [清]仇兆鳌注:《杜诗详注》,中华书局1979年版,第203页。
③ [清]仇兆鳌注:《杜诗详注》,中华书局1979年版,第176页。

韵》再次引用扬雄投阁的典故，表明杜甫对扬雄操守的敬仰，也对杜甫仕途坎坷，屡遭贬谪后守正不移有勉励之效；《夔府书怀四十韵》以及《秋日荆南送石首薛明府辞满告别奉寄薛尚书颂德叙怀斐然之作三十韵》两诗亦引用扬雄"投阁"之事，彰显出杜甫对扬雄气节的推崇和赞美之情。

至德二年，杜甫所作《送杨六判官使西蕃》一诗援引了扬雄事典，"子云清自守，今日起为官"①。此处借扬雄清贫自守"草《玄》"的事迹来赞扬杨六判官为官清正、廉洁奉公，也望其坚守本心。表面上是赠予友人之诗，实际上也是告诫自己廉洁奉公不要忘却本心。扬雄清廉正直的人格与两袖清风的品质也深深地影响了杜甫，《奉寄河南韦尹丈人》中："谬惭知蓟子，真怯笑扬雄。"② 以扬雄著《太玄》的典故，感叹清贫之人不为世人所理解，反受众人讥讽的无助，扬雄的种种事迹都让杜甫在低谷时汲取了前进的动力。

上元二年，成都草堂落成，杜甫作《堂成》一诗，其中"旁人错比扬雄宅，懒惰无心作《解嘲》"③，说自己并没有闭关作文，写出如同扬雄《太玄》一般的鸿篇巨著，表达出对扬雄文采的赞叹及反观自己的自嘲；《奉赠韦左丞丈二十二韵》杜甫直言："赋料扬雄敌，诗看子建亲"④，将自己的赋作和扬雄的赋相提并论，也足见其对扬雄赋作的肯定；在《酬高使君相赠》中他又发出"草《玄》吾岂敢，赋或似相如"⑤ 的感叹，自谦学识有限，再次感叹自己不能写出《太玄》，但和司马相如比却不遑多让，说明在杜甫心中扬雄的文学成就是高于司马相如的，这里他以一种自谦又自负的矛盾态度表达了自己对扬雄的无限推崇，基于这种推崇使杜甫在文学创作中也继承并发扬扬雄赋作的特点，不仅将其融入赋且更进一步深化于诗歌中。

扬雄对杜甫的重要影响不仅体现在诗赋创作上，从其诗歌内容中剖析亦可看出。扬雄为文的生动、为人的正直、为官的清廉都给杜甫留下了深刻的印象，为杜甫的文学创作、人生际遇提供了方向。

四、结语

扬雄对杜甫诗赋创作的影响深远。在辞赋方面，扬雄、杜甫最初创作的目的均在

---

① ［清］仇兆鳌注：《杜诗详注》，中华书局1979年版，第376页。
② ［清］仇兆鳌注：《杜诗详注》，中华书局1979年版，第69页。
③ ［清］仇兆鳌注：《杜诗详注》，中华书局1979年版，第735页。
④ ［清］仇兆鳌注：《杜诗详注》，中华书局1979年版，第74页。
⑤ ［清］仇兆鳌注：《杜诗详注》，中华书局1979年版，第727页。

于以此入仕，后来也都认识到了赋的现实讽喻性和社会功用性，开始强调赋的讽喻功能。同时在辞赋的风格方面二人的作品也具有极强的相似性，二人都擅长以物抒情，惯用比兴寄托，注重语言锤炼，讲求谋篇布局。扬雄还主张以辞章之美来表现情感，这一理念与杜甫的写作风格相契合。在诗歌创作手法方面，扬雄的铺叙、用典、说理、语言及结构都为杜甫提供了灵感。杜甫通过借鉴扬雄赋体的特色及手法，不仅丰富了自己的作品内容，还使其诗歌的手法更为多样。此外在杜甫的诗歌中也能够发现诸多称引扬雄的篇目，足以彰显杜甫对扬雄的喜爱与敬佩。在思想方面，扬雄也对杜甫产生了积极的影响，扬雄强调"真情实感"，这与杜甫的作品追求真实、热情的精神相吻合。杜甫在扬雄的引领下与其产生共鸣，为自己追寻人生方向、重拾信心提供了帮助，同时通过真情实感的表达方式，也使作品更加接近读者的内心世界，引发读者深思。

（作者单位：西华大学文学与新闻传播学院）

犍为县"子云亭"简介

罗家祥

内容提要：本文对犍为县（含1951年之前的五通桥等地）地域上的两个子云亭的历史、文献记载进行整理。

关键词：犍为县；"子云亭"；历史文化遗迹

"南阳诸葛庐，西蜀子云亭。"一般认为，这是唐代诗人刘禹锡《陋室铭》里所言。但子云亭的所在地，却至今没有定论，或认为在绵阳、成都等地。但扬雄早年时曾经游历多地，在犍为县也有遗迹如子云山、子云滩等，后人也建有子云亭（各地以"子云"所名的山川、亭楼等，均是后人的纪念性建筑或者取名，不是扬雄自己取名的），亦不能排除在此。

根据记载，犍为县（含1951年之前的五通桥等地）地域上有两个子云亭，分别在子云山和磨子场。二者是何时所建，尚不可考。

一、子云山子云亭

该子云亭位于岷江西岸的子云山，北边为马边河汇入岷江处。子云山得名，至少是在南宋之前。

西汉时，一代大儒扬雄（字子云）曾经在犍为一座山上隐居（后来取名"子云山"），这见于南宋王象之《舆地纪胜》卷一四六《嘉定府·古迹》所载："子云山：在犍为县南五里，《旧经》云：'子云隐居之地，下有扬雄滩。'"（但恰好此书缺成都府和绵州的，故具体情况不详。）扬雄在此攻书悟道，自然少不了住宿之类。可惜因为年代久远，对当时是否修亭缺乏记载。扬雄临去，还遗落一个去圭角的砚台，留下了文化的种子。扬雄可谓犍为县的文化渊源。明代何宇度的《益部谈资》卷中载："《清赏录》载：昔有犍为人，得（扬）雄草玄之砚，如今制，但去圭角。"

两宋之交有邵伯温曾经短期隐居于此。此处濒临岷江，居高望远，可见蒸汽腾腾，云遮雾绕，仿佛海市蜃楼，蔚为大观。这就是著名的犍为八景之一的"云亭晓烟"。南宋一个名叫左震的知县，曾经组织人马花了一个月的时间修造了一座"兴文楼"，而且写了一篇《兴文楼记》，文中言："子云之山，杳霭烟岚，若隐若现，犹有草玄之余风。"

南宋末的抗蒙战争中，宋军节节败退，宝祐年后，蜀中为了抗蒙，余玠下令各州县治所纷纷迁入山中筑城。约南宋理宗淳祐三年（1243），子云山也筑城作为临时性的犍为县城，被称为"紫云城"。恭帝德祐元年（1275），力尽的昝万寿以嘉定及三龟、九顶城投降元军后，紫云城也随之降元。

（一）明代子云亭

明景泰帝《寰宇通志》卷六八《四川等处承宣布政使司·嘉定州》载："子云山：在犍为县南十八里，汉扬子云尝游览于此。"没有记载子云亭。

因明代的《犍为县志》阙，故目前可考的犍为子云亭多体现在清代的文字里，如清乾隆十一年版《犍为县志》卷一《地里志》载："子云山：在县南二十里。汉扬雄隐居，构亭于上。即刘禹锡《陋室铭》所谓'南阳诸葛庐，西蜀子云亭'是也。绝顶一池，不盈不涸，理不可解。邑令胡公学戴伐石题'悬池'二字。"即已有"亭"的记载，因在子云山上，故当是子云亭。而且它认为：是扬雄自己建亭于此（但这一点无法证明），就是刘禹锡《陋室铭》"西蜀子云亭"者。胡学戴，湖广五开卫人，江南江都籍。天启七年（1627）之前至崇祯十三年（1640）间任犍为知县。因明末清初荒乱，人口剧减，无暇修亭，当是明代的亭。

（二）清代的子云亭

乾隆《犍为县志》卷七《艺文志》载康熙时嘉定知州张芑作《云亭晓烟》：

> 落月摇双旌，行役犍为道。鸡鸣曙色开，苍烟漫浩浩。
> 遥望子云亭，青峰殊缥缈。古人贵著述，随地可终老。
> 宦游遍遐方，盛名何可保。前驺且从容，我欲恣幽讨。

从"遥望子云亭"句，可见犍为县在清初仍然有子云亭。该志卷一《古迹》载："子云亭：在子云山。亭右有洞，石床丹灶森然胪列，依稀一仙境也。王叔伦书：'大儒不文，下笔动九天之风雨；大将不武，挥戈扫万里之烟尘'于洞石壁，题曰'子云仙境'。乾隆间，邑令宋锦率众重修。"乾隆初，河南武陟人宋锦任犍为知县长达8年，期间他重修了子云亭。

清乾隆中后期，曾经在四川多地任地方官的李元在《蜀水经》卷四载："江水又南经紫云城。宋宣和间，邵伯温知果州，擢提点成都路刑狱，升利州路转运（副）使。（父邵）康节尝语之曰：'世乱，蜀可居。'因自洛阳迁居于此。德祐初，昝万寿以紫云城降元，即此城也。有石壁临江，上岩壑深邃，幽寻数里，有峰岿然，树木森耸，浮屠居其巅，望之如在云端。摩岩刻'云亭晓烟'四字，相传扬雄故居。'紫''子'音讹，不足据也。旧有子云亭，亭右有洞，洞壁之上题曰：'大儒不文，下笔动九天风雨；大将不武，挥戈扫万里烟尘。'宋隐士王叔伦书。"文中也提到"子云亭"。

乾隆《犍为县志》卷一里记载了"犍为八景"，其中有"云亭晓烟：在城南二十五里，大江之右，即扬子云遗址。"此"右"是自成都南下的方向而言。民国《犍为县志》卷一《疆土志·风景》亦载："子云山：（原注：即云亭晓烟。）县东二十五里，巍峨耸秀，林壑幽深，凌晨烟云缭绕，远望如缥缈仙峰。下临大江，形势扼要。昔余玠筑城御金〔元〕，盖恃险也。"

子云山"云亭晓烟"题刻（嘉庆二十五年，庚辰，1820年，时犍为知县王梦庚题）

在乾隆十九年（1754）和顺斋编绘纸本彩绘地图《大清分省舆图》（现藏美国国会图书馆）的《四川省图》里，在犍为县境内有子云亭，而在绵州（今绵阳市）、郫县（今成都郫都区）却没有。这也可见古人对"西蜀子云亭"在何处的一种态度。

乾隆十九年（1754）《大清分省舆图》里的犍为县与子云亭（局部）

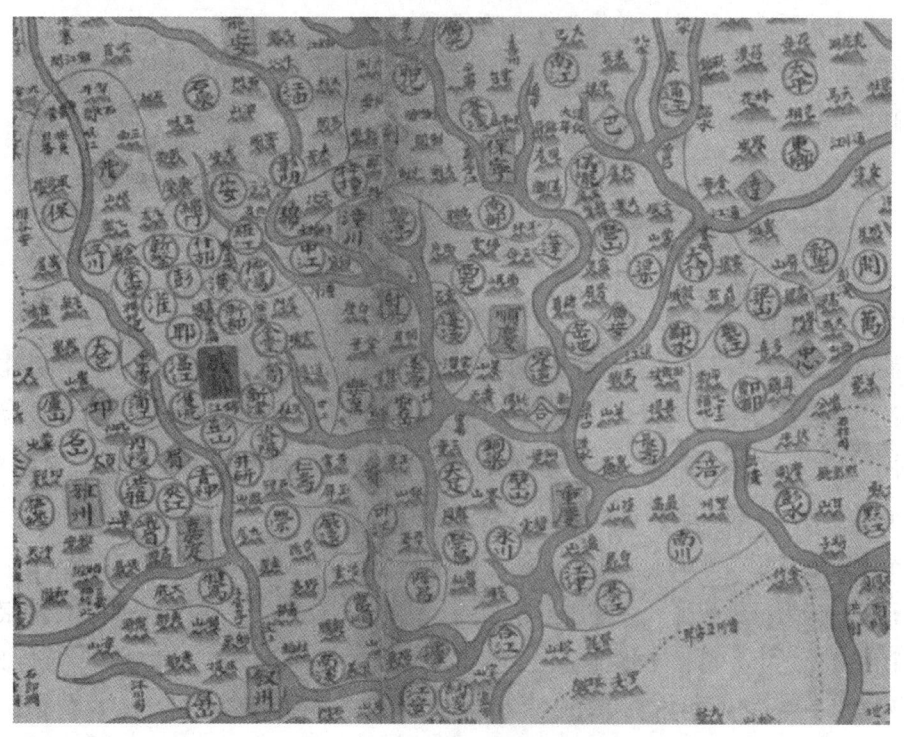

乾隆十九年（1754）《大清分省舆图》

嘉庆《犍为县志》卷三《建置志·祠庙》还载子云祠："扬子云祠：县南二十五里子云山。"此应是子云亭的另外称呼，因为同在子云山一地，应不会同时存在子云亭和子云祠。

光绪二十八年（1902），俞陛云乘船出川，在《蜀輶诗记》卷下九月二十四日过子云山时写道:"四里河口场,西山之巅有碑,书'子云遗迹'。"这个碑应该是后来所立的,以前并没有记载。

(三) 民国后的子云亭

1922年,犍为县知事冷遇春等又一次对子云亭做了维修,民国《犍为县志》卷二《建置志》载:"民国十一年,知事冷遇春、邑人杨子诚募捐培修,邑人杨国华有文记其事。"县知事,即原知县,名冷遇春,1922—1923年在任。

子云亭在民国后期仍然存在。据山中曾经目睹过最后的子云亭模样的老人介绍,子云亭高为三层,每层高近两丈,六角飞檐,木柱筒瓦。每层环周有带背靠的栏杆。"子云亭"匾牌悬挂于底层的门上,顶层则塑造了扬雄坐像一尊,高约2米。扬雄身穿长袍,胡须一尺多长,面向岷江。在像侧,则是清代名儒赵熙慕名前来拜谒时的题诗:

> 先生去此几多时,不见烟云只见痴。
> 恨我不成生已晚,空劳载酒自叹息。

1954年,紫云村农会为了交公粮,将子云亭拆毁,粗大的木柱抵交了公粮,只剩其柱础。自此,子云亭一去不复返。

二、磨子场子云亭

1951年前属犍为县的磨子场(今五通桥区金粟镇)也有子云亭。

嘉庆十五年(1810),陶澍在买舟顺岷江南下,阴历九月二十五日路过,后在《蜀輶日记》卷三中记道:"十里木子场,十五里子云亭,相传扬雄尝寓此。曹能始诗:'已别子云宅,欣然闻旧城。'五里石板溪。"此"木子场"即磨子场,正名金粟镇,当时属犍为县,今属五通桥区。犍为八景之一的"金粟秋芳"就在此地。

光绪二十八年(1902),俞陛云在《蜀輶诗记》卷下的九月二十四日记写道:"十五里子云亭,为扬雄故寓,峰际有空亭独峙。十里石板溪。"提到子云亭建在沿岷江的一座山的山顶之上。可惜不详地址,或许就是有名的金粟山("金粟秋芳"所在地)。

光绪二十九年(1903),傅崇矩在《成都通览》里《成都之川江水程》记录此年的游记:"(铁蛇坝往南)七里磨子场:可泊,下游有子云亭,为扬雄故址。"

光绪三十二年(1906),曾于四川高等学堂任教习的日本人山川早水回国,沿岷江南下,至金粟镇南,其在《巴蜀旧影》之《出蜀》里记道:"(铁蛇坝)再走七清里,到磨子场可停泊。场之下游有一个小亭,叫'子云亭',是扬雄之故址。"

又 [日] 东亚同文会于1917年1月24日出版的《中国省别全志》卷五《四川省》里亦载:"磨子场:为有30余户人家之码头,其下游有子云亭,所谓扬雄之古迹。"

以上多人的不同记载，均可证明磨子场曾经有子云亭。不过这个应该是很迟的了。

《子云隐居》（张奇画）

（作者单位：犍为历史文化研究会）

中国古代书法作品中的"扬雄"

唐 林

内容提要：在中国文学史上，有关历史文化名人扬雄的研究成果可谓浩如烟海。然而，从图像学的角度，扬雄的姓名、故居、赋文等在中国书法艺术中有什么呈现？这是一个无人涉足的学术空白。本文拟从书法领域入手，通过对"扬雄""扬子云""西蜀子云亭"和"扬雄辞赋"等扬雄最有代表性的四个关键词的考证，展示它们在王羲之、苏东坡、黄庭坚、米芾等历代中国著名书法大家笔下呈现的各类书体与风格。通过研究，人们会发现扬雄的影响力在过去一千多年里早已超越文学进入中国书法史，并产生了一定影响。

关键词：历代；书法；书写；扬雄

扬雄（前53—18），字子云，汉代蜀郡郫县（今四川成都郫都区）人，他是历代京都大赋之祖，是迄今为止在历史上影响最大的四川思想家，是中国学术史上的著名人物[1]。有《方言》《法言》《太玄》等传世。与李冰、武则天、李白一起，是2017年四川省公布的第一批四川历史文化名人之一。今四川有其纪念地郫都区扬雄墓、绵阳子云亭、乐山犍为子云山等。

那么，作为一位中国文化名人，扬雄在国之瑰宝的中国书法里呈现出什么形象呢？他的姓名"扬雄""扬子云"、居住地加姓名"西蜀扬子云"、赋文等，有哪些著名的中国书法家或文人名士书写过？它们各自有什么特点？等等。本文拟从以下四个方面进行梳理和介绍。

需要说明的是，本文仅介绍名人们书写有关扬雄的书法，尚不涉及这些名人们为

---

[1] 蔡方鹿：《扬雄对蜀学的影响》，《社会科学研究》2018年第5期，第184页。

什么要书写,对扬雄有什么评价等问题。

一、扬雄

由于扬雄在汉代就具有非常大的名声,从理论上讲,他的姓名应该屡屡为自己或他人所书写,譬如给皇帝奏章、皇帝的赐文、大臣同事间来往的信札、扬雄与弟子们的通信等等,但因为年代过于久远,虽然当年可能视若珍宝,但早已灰飞烟灭。今天人们能够看到的最古老的"扬雄"两字的书法墨迹应该是东晋王羲之所写。而在王羲之之后,临摹王羲之者和书写"扬雄"两字者不计其数,其中最有代表性的当数苏轼、米芾、张即之、刘墉等名人。

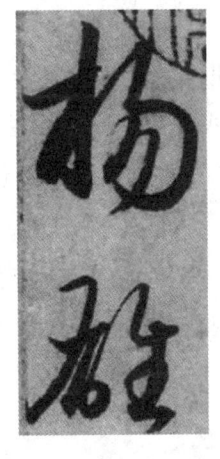 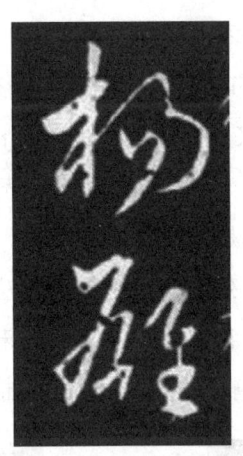

图1　王羲之"扬雄"　　　图2　苏东坡"扬雄"

(一)王羲之

王羲之书写的扬雄(图1)两字出现在其著名的《十七帖》① 中《蜀都帖》(又名《游目帖》)里的"扬雄《蜀都》,左太冲《三都》殊为不备"② 一句中,这是他与其老友、时任益州刺史周抚大将军的信札之一。

王羲之(321—379,一作303—361),字逸少,琅琊临沂(今山东临沂)人。东晋大臣、书法家,有"书圣"之称。历任秘书郎、江州刺史、会稽太守,累迁右军将军,人称"王右军"。撰写的《兰亭序》为"天下第一行书"。兼善隶、草、楷、行各体,精研体势,心摹手追,广采众长,自成一家,影响深远。在书法史上,与钟繇并称"钟王",与其子王献之合称"二王"。他是中国最知名的书法家之一,是中国古代

---

① 陈友山:《王右军致周益州书〈成都贴〉释文与解读》,《文史杂志》2014年第1期,第51—54页。
② 唐林:《王羲之　书写"成都"第一人》,《成都日报》2021年2月8日第14版。

一个著名的文化符号。

王羲之《蜀都帖》,摹本墨迹,纸本,十一行,一〇二字。日本广岛安达氏藏,毁于火灾①。现有"珂罗版"复制品。

王羲之出生时,扬雄已去世300年左右。作为享有盛名的"书圣",王羲之对扬雄有关文字的书写,对于扬雄及其作品的传播具有重大意义。自从王羲之书写扬雄有关文字之后,后世许多书法大家,如米芾、康里巎巎、赵孟頫等,由于喜爱王羲之,都全文或部分临摹过《十七帖》。从某种意义上讲,王羲之可以说是扬雄有关文字的第一个也是最著名的书写者。

(二)苏轼

苏轼书"扬雄"(图2)两字出现于其行书五言诗《扬雄老无子》中,诗中有"扬雄老无子,冯衍终不遇"②。

苏轼(1037—1101),字子瞻,号东坡居士。北宋眉州眉山(今四川眉山)人。他是北宋杰出散文家、书画家、词人、诗人,唐宋八大家之一。书法方面,与黄庭坚、米芾、蔡襄并称"宋四家"。他还是著名绘画流派"湖州竹派"的创始人之一。在中国文化史上,苏轼是一位罕见的天才。

据启功、王靖宪主编《中国历代法帖叙录》一书,《扬雄老无子》帖载于宋《姑孰帖》卷第三,引自首都图书馆藏的宋刻明拓《姑孰帖》。现存世《姑孰帖》均为残帖,仅存卷三的苏轼,卷八、卷九的陆游及不明卷次的苏舜钦诗文,弥足珍贵③。

图3 米芾"扬雄"

图4 张即之"扬雄"

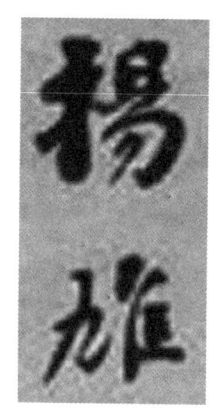

图5 刘墉"扬雄"

---

① 徐波:《王羲之书法精缮集》,江西美术出版社2019年版,第137页。
② [宋]苏轼著、夏华等译:《东坡集(图文版)》,万卷出版公司2012年版,第236页。
③ 陈翌伟:《浙江省博物馆藏〈姑孰帖〉》,《东方博物》第三十七辑,浙江大学出版社2010年版,第78页,表二。

（三）米芾

米芾书扬雄（图3）两字是在其临王羲之十七帖之《蜀都帖》。

米芾（1051—1107），字元章，北宋书法家、画家、书画理论家。米芾是宋代四大书法家之一，又是著名书画收藏家兼鉴定家。主要作品有《张季明帖》《李太师帖》《紫金研帖》等，《蜀素帖》是天下第八行书。米芾临《蜀都帖》录于米芾临十七帖陆游跋本，该本世间罕见，堪称珍本[①]。

在陆游跋本中，米芾对《十七帖》是全文临摹。

（四）张即之

张即之书"扬雄"（图4）出现在他所写的杜甫《赠献纳司起居田舍人》七律一诗中的最后两句："扬雄更有河东赋，唯待吹嘘送上天。"

张即之（1186—1263），宋代书法家，祖籍今四川成都简阳。此书写于宋理宗淳祐十年（1250），时年65岁。张即之行楷妙绝南宋。此卷轻、重、徐、疾相映成辉，点画顾盼生情，奇趣横生，堪称张即之榜书的代表佳作。

张即之《赠献纳司起居田舍人》书法原件为纸本，楷书，藏于辽宁省博物院。

（五）刘墉

刘墉书"扬雄"（图5）在其行楷书诗文卷《君平小传》中，文内有："扬雄少时从游学，而仕京师显名，数为朝廷在位贤者称君平德。"

刘墉（1720—1805），即刘罗锅，清代政治家、书法家，清四大书法之一。

书法原件为纸本，故宫博物院藏。此卷书法笔厚貌丰，骨力内藏，墨色浓重浑厚，线条粗细相宜，风格丰润中又具节奏感。

另外，现当代书法大家如郭沫若等人也在如对联、书轴等中书写过"扬雄"两字。

二、扬子云

在中国书法里，扬雄的字子云，即"扬子云"，与扬雄一样知名。扬雄就是扬子云，扬子云就是扬雄。

---

① 阎慰鹏主编：《中华名帖珍品之二 王羲之十七帖》，金城出版社2000年版。

 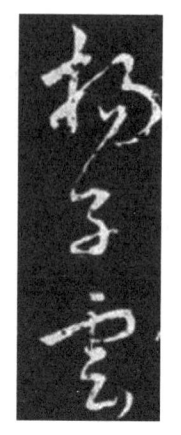

图 6　王羲之"扬子云"　　　　图 7　米芾"扬子云"

（一）王羲之

王羲之书写的扬子云（图6）三字出现在其著名的《十七帖》中《严君平帖》里，也是他与其老友、时任益州刺史周抚大将军的信，信件原文如下："严君平、司马相如、扬子云，皆有后否?"① 这是王羲之向周抚打听扬子云（扬雄）等人是不是都有后人。《十七帖》早已失佚，现仅存刻本。

（二）米芾

米芾书扬子云（图7）三字是在其临王羲之《十七帖》之《严君平帖》，见于米芾临十七帖陆游跋本。

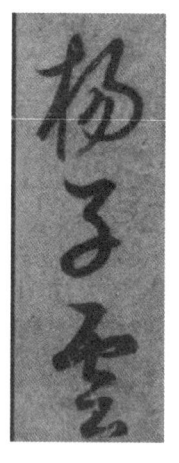 

图 8　康里巎巎"扬子云"　　　　图 9　赵孟頫"扬子云"

（三）康里巎巎

康里巎巎书写扬子云（图8）三字则是在其临王羲之《临十七帖》册页六帖（一

---

① 唐林：《王羲之笔下的四川历史名人》，《成都日报》2021年7月19日第10版。

般称三帖,实为六帖,楚默)中的《严君平帖》之中①。

康里巎巎(1295—1345),蒙古族人,元代著名书法家。历任秘书监丞、礼部尚书、知经筵事等职,其书法与赵孟𫖯、鲜于枢、邓文原齐名,世称"北巎南赵"。他的成就主要在行草,代表作有《谪龙说卷》《李白古风诗卷》《述笔法卷》等。

康里巎巎《临十七帖》是节临王羲之草书《十七帖》中的五帖。此帖为淡蓝色纸本,纸质坚凝,字体修长,笔画遒媚,转折流便,技艺娴熟,于迅疾的书写中既体现出王羲之草书的秀媚洒脱,又不失临者本人的稳健风格②。这一作品现藏北京故宫博物院,是该院珍藏的康里巎巎著名书迹之一。

(四)赵孟𫖯

赵孟𫖯临摹王羲之《十七帖》③,并非全文临摹,而只是选了其中一部分临写,《严君平帖》的"扬子云"(图9)就在其中。

赵孟𫖯(1254—1322),字子昂,宋末元初人。曾官翰林学士承旨、荣禄大夫,元代著名书法家、画家、诗人。创元代新画风,创"赵体"书,"楷书四大家"之一。代表书作有《兰亭十三跋》《洛神赋》《闲居赋》等。后人评价其临《十七帖》是"以法追韵,唯美是求"。

赵孟𫖯临王羲之《十七帖》,现藏台北故宫博物院,蓝笺本,纵25.8厘米,横20.8厘米。

另外,刘墉也有"扬子云"三字的临写,见于其《临帖轴》④。临写王羲之《严君平贴》,最著名和最有代表性的书法家是宋代的米芾、元代的康里巎巎、赵孟𫖯三人。

三、西蜀子云亭

"西蜀子云亭"⑤ 五字,可能是有关扬雄生平事迹的最著名的一个词语,这主要是因为它出现于唐代著名诗人刘禹锡的《陋室铭》,而《陋室铭》中最知名的几句可谓家喻户晓:"山不在高,有仙则名。水不在深,有龙则灵。""谈笑有鸿儒,往来无白丁。"《陋室铭》全文共86字,其中一段就涉及扬雄,"南阳诸葛庐,西蜀子云亭,孔子云:何陋之有?"此处,结合上下文,这段话的大意如下:南阳有诸葛亮居住的诸葛庐,西蜀有扬雄

---

① 萧燕翼:《康里巎巎的〈临十七帖〉》,《紫禁城》1982年第4期,第18—19页
② 北京故宫博物院官方网站。
③ 连程峰:《浅论赵孟𫖯临〈临十七帖〉》,《中国篆刻》2018第9期,第56—59页。
④ 孙凌霞:《临池不辍 化古为新——刘墉临书作品赏析》,《文物鉴定与鉴赏》2021年第9期(上),第13页。
⑤ 孙琪华:《"西蜀子云亭"探索》,《文史杂志》1986年第1期,第55—56页。

居住的子云亭，很简陋，但因为居住的人才德而名扬天下，所以受到人们的景仰。

正因如此，《陋室铭》成为历代许多书法家书写的对象。据不完全统计，至少有10余位几乎是中国顶尖的书法家写过这"西蜀子云亭"五个字，如元代的赵孟頫，明代的文徵明、解缙、董其昌、周天球，清代的赵之谦，现代的于右任、马一浮等。

由于篇幅原因，现仅以赵孟頫、泰不华、解缙、文徵明等四人书写的"西蜀子云亭"为例，予以介绍。

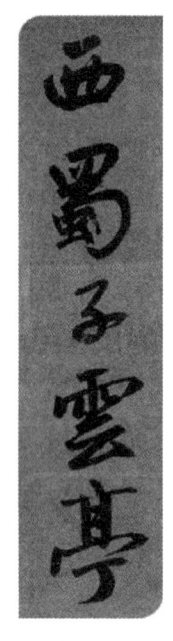

图10 赵孟頫"西蜀子云亭"　　　　图11 泰不华"西蜀子云亭"

（一）赵孟頫

赵孟頫行书《陋室铭》卷的"西蜀子云亭"（图10）。此卷是赵氏30岁左右的代表作品，其结字扁平，气势端秀，尚未形成自己的风格，有些笔画还显得有些幼稚。

此卷为纸本挂轴，后来经裱衣裱，改为纵49厘米、横131厘米的手卷，现藏广东省博物院。

（二）泰不华

泰不华篆书《陋室铭》卷的"西蜀子云亭"（图11）①。

泰不华（1304—1352），字兼善。蒙古族人。元末诗人、书法家、政治家。进士，曾官浙东道宣慰使。

此卷书于元至正六年（1346），是年泰不华43岁，此为迄今所见泰不华唯一的篆

---

① 《元　泰不华　篆书陋室铭卷》，《中国书法》2013年第11期，第20—21页。

书真迹,篆法严谨,下笔多用方折,笔画形如韭叶,行笔圆活遒劲,富于变化,在篆书艺术发展中占有重要地位。原件藏故宫博物院①。

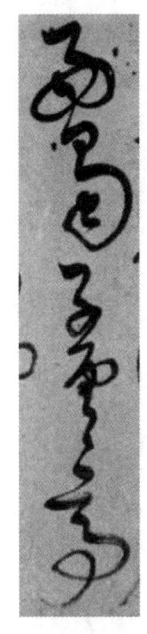

图12 解缙"西蜀子云亭"

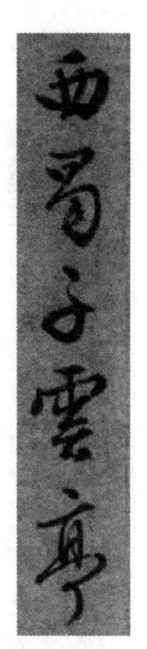

图13 文徵明"西蜀子云亭"

(三) 解缙

解缙草书的"西蜀子云亭"(图12)在其《草书诗帖》册,册书唐代杜甫、李白、杜牧、王维、刘禹锡、贾至、岑参诸家诗文十八首,《陋室铭》是其中一诗。

解缙(1369—1415),曾官至内阁首辅、右春坊大学士等。书法小楷精绝,行、草皆佳,尤其擅长狂草,与徐渭、杨慎一起被称为明朝三大才子。解缙其草书开晚明狂草先河。

此帖下笔圆滑纯熟,精彩的笔墨贯穿于全帖始终。书法原件现藏故宫博物院②。

(四) 文徵明

文徵明行书《陋室铭》轴③的"西蜀子云亭"(图13)。

文徵明(1470—1559),原名壁(或作璧),曾官翰林院待诏。明代著名画家、书法家、文学家、鉴藏家。诗文书画无一不精,人称"四绝",其与沈周共创"吴派"。在画史上与沈周、唐寅、仇英合称"明四家"。在文学上,与祝允明、唐寅、徐祯卿并

---

① 萧燕翼主编:《中国书画定级图典》,上海辞书出版社2008年版,第105页。
② 《明 解缙 草书诗帖册(部分)》,《中国书法》2013年第11期,第24—25页。
③ 故宫博物院编:《故宫书画馆》第1编,紫禁城出版社2008年版,第86页。

称"吴中四才子"。

此轴为文徵明 84 岁所书,笔法沉着精致,风格松劲。1957 年故宫博物院购藏至今。

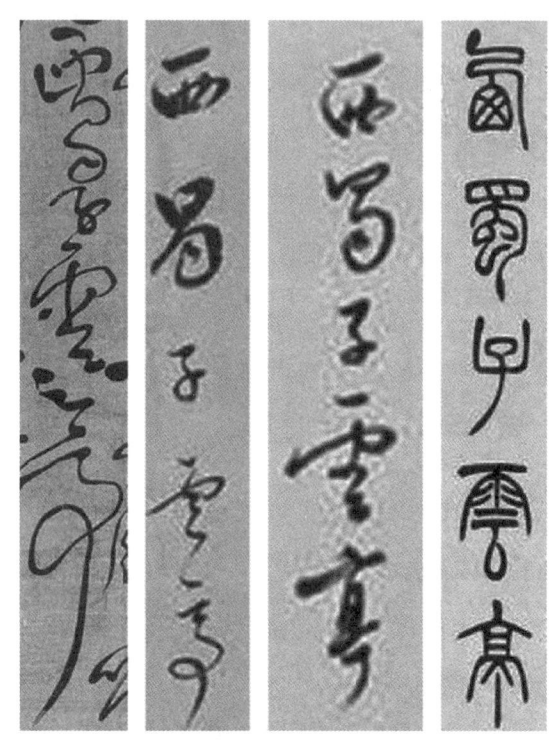

图 14　祝枝山、董其昌、溥心畲、马一浮 "西蜀子云亭"

书写"西蜀子云亭"五字的书法家的书法还有明代祝枝山的草书、明代董其昌草书、近代的溥心畲行书、现代的马一浮篆书等。(图 14　从左至右)①

四、赋文

扬雄成就主要体现在辞赋、散文、儒学三个方面,其中辞赋最为知名,《河东赋》《甘泉赋》《羽猎赋》《长杨赋》是扬雄辞赋的代表作,另外还有模仿司马相如的《子虚赋》《上林赋》等等②。由于扬雄的辞赋名气太大,各个朝代著名人物书写扬雄辞赋的很多,如:唐代,《书谱》作者孙过庭有草书扬雄《蜀都赋》刻本;宋代,宋高宗

---

① 本文部分图片采自互联网。
② 方铭:《扬雄赋论》,《中国文学研究》1991 年第 1 期,第 25—31 页。

赵构书《甘泉赋》；明代，文徵明 1553 年楷书扬雄的《甘泉赋》；等等，不过这些文献记载中的许多只是传说，并无实物证据，甚至一些是伪本。但是，一些名家确实书写过扬雄的赋文，却是不争的事实。兹介绍数例如下。

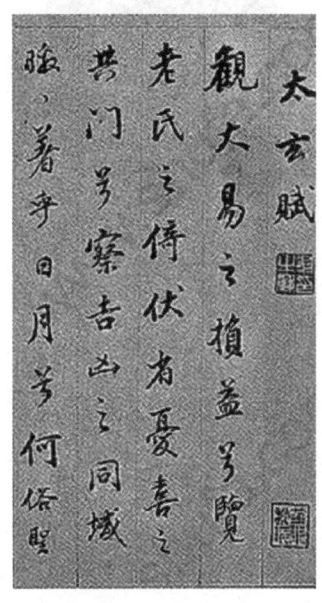

图 15　董其昌书写扬雄的《太玄赋》（局部）

（一）董其昌

董其昌行书册页《太玄赋》（图 15）。《太玄赋》为扬雄创作的诗赋，出自《古文苑》。"观大易之损益兮，览老氏之倚伏"开始至"荡然肆志，不拘挛兮"止，是一首咏志抒怀之哲理赋，表现出超脱避世的道家思想，但也隐含儒者气质。

董其昌（1555—1636），字玄宰，松江华亭（今上海市）人。进士出身，历官翰林院编修、南京礼部尚书、太子詹事等。擅于山水画，倡"南北宗"论，为"华亭画派"杰出代表。书法上，出入晋唐，自成一格，以其生秀淡雅的风格，独辟蹊径，自立一宗，亦领一时风骚，以致"片楮单牍，人争宝之"。

董其昌写扬雄《太玄赋》是以行书书写，册页 5 开，纸本，纵 24.5 厘米，横 13.5 厘米，壬子年（1612）作。此手卷藏处不详①。

---

① 齐渊编著：《董其昌书画编年图目（下）》，人民美术出版社 2007 年版。

图 16　张裕钊行书扬雄的《赵充国颂》（局部）

（二）张裕钊

张裕钊楷书《赵充国颂》（图16）。《赵充国颂》① 是扬雄为西汉名将、"麒麟阁十一功臣"之一赵充国写的一篇颂文。赵充国留兵屯田之策不仅在汉代具有战略意义，而且对后世亦有深远影响。

张裕钊（1823—1894），晚清官员、散文家、书法家，曾入曾国藩幕府，为"曾门四弟子"之一，其书法独辟蹊径，融北碑南帖于一炉，创造了影响晚清书坛百年之久的"张体"，被康有为誉为"千年以来无与比"的清代书法家。

张裕钊楷书《赵充国颂》不知藏于何处，现存拓片。

图 17　黄庭坚草书的"长杨赋"三字②

---

① ［清］曾国藩编：《中华传世文选　经史百家杂钞》，吉林人民出版社1998年版，第182页。
② 《北宋　黄庭坚　草书李白忆旧游诗卷》，《中国书法》2013年第2期，第86页。

(三) 黄庭坚

除了书写扬雄赋辞内容,还有书写扬雄赋文名称的,其中,最著名的应该是传为黄庭坚草书的"长杨赋"三字。长杨是汉代行宫名,故址在今陕西省周至县东南。扬雄所撰《长杨赋》仿效司马相如的《难蜀父老》,先以序文略叙长杨之猎,而在赋辞之中就完全脱离长杨之猎而议论汉成帝的背离祖宗和不顾养民之道。

黄庭坚(1045—1105),世称"黄山谷","苏门四学士"之一。书法方面,与苏轼、米芾、蔡襄等齐名,合称"宋四家"。黄庭坚草书的"长杨赋"三字出现在传为黄庭坚草书《李白忆旧游诗卷》之《忆旧游寄谯郡元参军》一诗中,原句为"此时行乐难再遇,西游因献长杨赋"(图17)。大意是:如此时光的世间行乐难以再遇,我又西游向朝廷献上《长杨赋》。

黄庭坚这幅诗卷手卷为纸本,纵37厘米,横392.5厘米,约书于1104年(北宋崇宁三年),黄庭坚晚年时的作品,是一幅草书卷轴,现藏于日本京都藤井有邻馆。它是黄庭坚草书中的力作,全卷运笔圆润,奔放不羁,恣肆纵横,如马脱缰,无所拘束,整篇如龙蛇起舞,一气呵成①。

(四) 当代名家

当代,由于经济发展推动文化繁荣的原因,有关书法作品更多。限于篇幅,本文难以详述,仅以外省和四川情况各举一例。

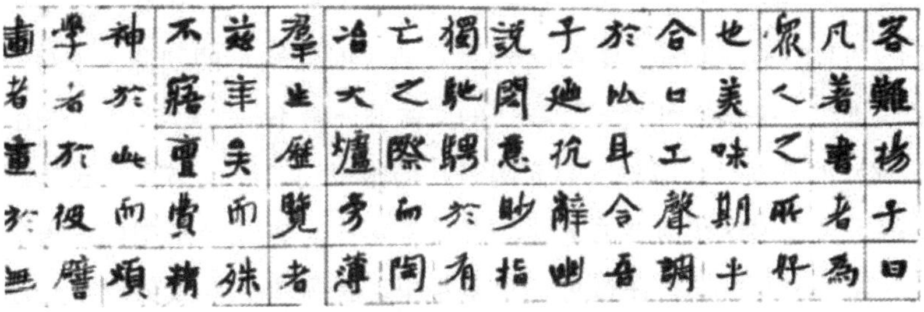

图18 (当代) 龙开胜《魏碑卷·汉扬雄解难》(局部)

2010年中国书店出版龙开胜《魏碑卷·汉扬雄解难》(图18)一书,此书是《龙开胜书法字帖五种》之中的一卷,其余四卷分别是:《楷书卷·晋张华鹪鹩赋》《行书卷·清汪中黄鹤楼铭并序》《草书卷·宋苏辙黄州快哉亭记》《隶书卷·宋曾巩学舍记》②。这些古人的赋、铭、记等,在中国文学史上均为名作,包括扬雄的《解难》。那么《解难》是一篇什么样的文章呢?《汉书·扬雄传》曰:"观之者难知,学之者难成。

---

① 赵国柱:《黄庭坚〈李白忆旧游诗〉技法解析》,《中国书法》2016年第16期,第94—99页。
② 龙开胜书:《龙开胜书法字帖五种 汉扬雄解难》,中国书店2010年版。

客有难《玄》大深,众人之不好也,雄解之,号曰《解难》。"这是说扬雄写的《太玄》一文,内容艰深,观者难解其意,遂多有讥讽之者,扬雄因此作《解难》一文以解之。

《魏碑卷·汉扬雄解难》,纸本,纵32厘米,横518厘米,计99行,493字,书写者龙开胜系北京市书法家协会副主席、中国书法"兰亭奖"获得者。这表明扬雄文学的影响力即使在高度现代化的今天也非一地一域。

2018年12月,作为扬雄故乡的成都市郫都区曾举办《全国名家书画邀请展——纪念"西道孔子·扬雄"逝世2000年》,展出了外地和本地部分书法家如谢季筠、郭强、何开鑫、钟显金、林峤等的作品,其中,就有一些书写扬雄赋文的书法作品,如北京大学王岳川书写扬雄《法言》句:"言,心声也;书,心画也。声画形,君子小人见矣。"中国书法家协会副主席毛国典书写扬雄《太玄》句:"人之所好而不足者,善也;人之所丑而有余者,恶也。君子日强其所不足,而拂其所有余。"

这说明扬雄之精神在当代并未被遗忘,而是在其故乡发扬光大。

五、结语

从以上研究可知,书写"扬雄""扬子云""西蜀子云亭"以及扬雄赋文的书法家或名人们,可谓星光灿烂,如书写《十七帖》之《严君平帖》《蜀都帖》中"扬雄""扬子云"的书圣王羲之,以及临写王羲之书法的米芾、康里巎巎、赵孟頫等,书写《扬雄老无子》的苏轼,书写《君平小传》"扬雄少时从游"的刘墉,书写"扬雄更有河东赋"的张即之,书写"西蜀子云亭"的文徵明、泰不华、解缙、祝枝山、溥心畬,书写《太玄赋》的董其昌,书写《赵充国颂》的张裕钊,以及书写"长杨赋"三字的黄庭坚,等等,可以说这些扬雄关键词的书写者集中了古往今来中国最著名的一批书法家和文化大家。由此可知,在过去一千多年里,扬雄本人及其成就早已超越中国文学史、学术史而进入重要的造型艺术之一的中国书法和中国书法史。

笔者之所以进行书法中的扬雄这个个案研究,其主要目的就是试图在现有的历史文化名人学术研究框架外寻找一个新的视角,以使历史文化名人研究多一条路径。虽然目前这种以书法说史、证史、论史的研究仍是一个较新的领域,一些史料也不充分,但人们通过此文的介绍会发现,对于历史文化名人的研究来讲,相较晦涩难懂的论文,书法里的中国历史文化名人更加生动有趣,更加开放多元,更加通俗易懂。因此,笔者认为它应该成为今后各地历史文化名人研究中的一个重要内容。如果拙文能够达到这个目的之一二,足矣。

(作者单位:四川省社会科学院)

扬子生平研究

扬雄与绵阳

潘殊闲　林晓畅

内容提要：扬雄游涪，与绵阳结下了千年的不解之缘。历代绵人将扬雄视作绵州先贤，形成了崇文尚艺、尊崇扬子的风气。清代在绵阳官绅、学士的主持下，于清至民国三部地方志中认可扬雄乡贤身份，为扬雄"事莽""美新"说辩白雪污，并对绵阳地区扬雄文化载体加以记载，从而批驳了污蔑扬雄的不实之说，进一步肯定扬雄"绵州先贤"的历史形象，正式确立并构建了具有绵阳特色的扬雄文化，增强了绵阳地区"扬子曾侨寓，太白出生地，才子若繁星"的历史影响力。具有传统价值的扬雄文化在今日颇具意义，为新时代绵阳的文教事业、文旅发展提供了文化动力与可贵资源。

关键词：扬雄；绵阳；地方志；地域文化

涪县并非扬雄的出生地，但绵阳地区从古至今皆认可扬雄"绵州乡贤"的身份，并且尊崇有加，这并非偶然，而与历代绵人对扬雄文化的不懈追求与努力建构密切相关。本文拟从扬雄"游涪"的人生经历、绵州地区对扬雄文化的构建与弘扬、新时代扬雄对绵阳发展的重要意义三个方面对此问题试作探析。

一、"尝客游涪"：扬雄与绵阳的不解之缘

扬雄作为蜀地走出的文化巨匠，生长、求学于成都，游历蜀中数地，后经涪县入京。而其中，涪县作为扬雄入京之前的重要一站，"尝客游涪"的人生经历既对扬雄产生了重要影响，也为绵阳大地雄浑隽丽的文学史书写了开篇。

扬雄寓涪一事，目前虽多为转载证据，如同治《直隶绵州志》参照《四川通志》

曰:"《古今广姓名录》参《通志》蜀有两扬雄……汉扬雄字子云,成都郫县人,尝客游涪,著《太元经》。"①并将扬雄纳入"流寓"之列。民国《绵阳县志》按照旧志,亦称绵阳流寓"如扬雄、杜甫、王勃、魏了翁等"。实际上,扬雄寓涪一事是存有较大可能性的。首先,同治《直隶绵州志》通过考察《汉书·扬雄传》后记载道:"则雄为今之郫县人,或曾侨寓左绵,后人即其所至之地,标名氏以志芳躅,皆事理所有。"②其次,扬雄自蜀入京最可能行走的线路便是金牛道,由扬雄《蜀王本纪》"秦道乃得通,石牛之力也,后遣丞相张仪等随石牛伐蜀焉"③,可知金牛道于公元前4世纪末秦灭巴蜀时便已开通。至秦汉时期,金牛道进行了大规模的开凿与整修,是自蜀北上路线中路况较好的一条。绵阳正处在金牛道上平原与山区的过渡地带,是金牛道上的重要驿站,可过新都、广汉,经罗江金山进入绵阳境内的皂角铺、石桥铺,从饮马渡过涪江进入绵州城,最后北上进入长安。因此扬雄由金牛道北上途经绵阳,是十分有可能的。最后,扬雄曾途经绵竹,创作有《绵竹颂》,由绵竹入涪并稍作停留休整,也具有合理性。

扬雄"尝客游涪"的人生经历,既是扬雄之幸,也是绵阳之幸。对扬雄而言,一方面,扬雄作为"自古西蜀出文宗"的典范,涪县与蜀地其他地域一起,让他得以积累大量有关蜀地的历史、地理、方言、风土人情等知识,影响了居蜀时期扬雄的知识结构与价值追求。另一方面,扬雄停留涪县,得到了较宽裕的学习时间,涪县东仰天池,西临涪江的秀美山水又提供了良好的读书环境,为此后扬雄入京后所形成的著述与创作打下了基础,如《太玄》"大者含元气,纤者细无伦"④,深沉奥妙,以扬雄之思缓,并非短时间能形成,乃是厚积薄发所至。

对绵阳而言,自扬雄侨寓左绵始,其文化精神就深植在这片土地上,民众将扬雄视作绵州先贤,形成了崇文尚艺、礼拜先贤的风气。绵阳民间流传着不少与扬雄相关的传说故事,这些传说故事体现了扬雄文化与绵阳地域文化元素的结合,为绵阳的历史带来了别样的光辉与浪漫色彩。如西山玉女泉就有"玉女窥书"的浪漫传说,相传扬雄读书于涪,毗邻的玉女暗中倾慕于他,但扬雄志在入京,后来玉女在读书台前睹物思人,泪水汇入清泉,玉女泉便由此得名。正是在这种风气的影响下,历代绵人崇

---

① [清]文榮纂,绵阳地方志办公室整理重刊:同治《直隶绵州志(五十五卷)》,方志出版社2012年版,第844页。
② [清]文榮纂,绵阳地方志办公室整理重刊:同治《直隶绵州志(五十五卷)》,方志出版社2012年版,第148页。
③ [清]严可均辑校:《全上古三代秦汉三国六朝文》,中华书局1958年版,第414页。
④ [汉]班固:《汉书》卷八七《扬雄传》,中华书局1962年版,第3513页。

尚扬雄的高尚道德与深厚学识,在汉代到明代长达数千年的时间中,历代绵人都对扬雄褒赞有加、推崇备至。在北宋,士大夫阶层大多肯定、称赞扬雄,如司马光与王安石虽政见不同,但都十分喜爱扬雄。在此背景下,扬雄声誉日隆,臻于极点。朝廷在神宗元丰年间颁诏:"自今春秋释奠,以邹国公孟轲配食文宣王,设位于兖国公之次。荀况、扬雄、韩愈以世次从祀二十一贤之间,并封伯爵。"① 因此在嘉庆版《直隶绵州志》"历代褒崇孔圣典礼考"中载:"神宗元丰七年,诏封荀况兰陵伯、扬雄成都伯、韩愈昌黎伯从祀。"② 绵人谨照朝廷诏书,请扬雄入文庙陪祀,又于淳熙年间修建了绵州思贤堂,以"首席先贤"的身份祀扬雄"州治东内,绘扬雄、杜甫、李白、樊绍述、苏易简、欧阳修、司马光、苏轼、唐庚九贤像祀之,宋州守史祁记今无考。"③ 历代绵人十分重视思贤堂,清代至民国多版地方志均在"古迹"中加以记录,在清光绪时期,还曾复祀,"清光绪中郡人吴开聪复祀于治经书院,后移祀文昌宫东厢"④。然而扬雄在南宋之后评价却曾出现较大的争议,其主要原因是儒学被进一步正统化,扬雄事莽不符合当时被强调到极点的"忠君"道德伦理,因此扬雄的历史地位一落千丈。由于官方干预,在绵州也出现了多次罢祀,分别于明嘉靖九年(1530)、洪武三年(1370)与洪武二十九年(1396)"以事莽黜",然而绵州官绅、百姓并不认同诬陷扬雄之语,试图为扬雄辩白雪污,恢复其"西蜀文宗""绵州乡贤"的地位,绵人对此的努力主要汇聚在清代至民国时期所编的三部地方志,分别是嘉庆十九年(1814)李在文、范绍泗修的《直隶绵州志》,同治十二年(1873)文棨、董贻清修的《直隶绵州志》,与民国二十一年(1932)蒲殿钦、崔映棠的《绵阳县志》。在这三部地方志中,突出体现了绵人对扬雄"博学多思""不慕名利""敢于创新"等品质的赞颂与追求,通过这三部地方志,真正成功地将扬雄树立为绵州历史名人中的核心人物,真正地建构并弘扬了极具绵州地域特色的扬雄文化。

二、"前无相如竟谁伍":清代至民国时期绵州地区对扬雄文化的建构与弘扬

绵阳历史上共有三部《直隶绵州志》,乾隆年间的《直隶绵州志》由于朝廷认可

---

① [宋]李焘:《续资治通鉴长编》,中华书局1999年版,第8291页。
② [清]李在文修,潘相纂:嘉庆《直隶绵州志(五十四卷)》,嘉庆十九年刻本,第448页。
③ [清]文棨纂,绵阳地方志办公室整理重刊:同治《直隶绵州志(五十五卷)》,方志出版社2012年版,第145页。
④ 蒲殿钦修,崔映棠纂:《绵阳县志》,民国二十一年刻本,第112页。

朱熹对扬雄的评价和攻击，因此在乾隆《直隶绵州志》中涉及扬雄的内容较少。此后，嘉庆年间编纂的《直隶绵州志》中，在"山川""古迹""学校""流寓""艺文""典籍"与"杂识"各卷中均提及了扬雄，内容详实丰富，并首次充满自豪之情述扬雄曰："扬子云入州志流寓，实我绵之光也。"① 以往"扬雄寓涪"说多引用同治《直隶绵州志》，而对比嘉庆《直隶绵州志》和同治《直隶绵州志》涉及扬雄条目的数量与内容可知，早在嘉庆《直隶绵州志》中就已形成绵州褒崇扬雄、保护扬雄留迹的论述，勾勒了此后绵州地方志记载扬雄与寓涪古迹的基本轮廓。而同治《直隶绵州志》则在嘉庆志的基础上，于"艺文"卷中增补了较多绵人咏扬雄的诗歌作品，如在嘉庆《直隶绵州志》"艺文"涉扬雄诗中仅有周洪谟、金献民、吴昇三人之作，而同治志则选录多达八人之作，最终成为清代绵州地方志中记载扬雄最为详尽的一部。绵阳地区清代至民国保存下来的方志体例是一个逐渐完善的过程，民国《绵阳县志》作为绵阳由州改县后的第一部县志，在保存清代绵州志对扬雄的记载外，补充了较多清末民国初的史料，如记载了清代光绪吴开聪复祀"思贤堂"事，还记载了民国新生事物的兴起、开办，如记川西北民生工厂位置曰："后倚子云读书山，山半洗墨池。"② 可见此时西山扬子云读书台、洗墨池已作为绵阳为人熟知的地点，绵人跟随时代的潮流兴办新工厂以自强，却始终难忘扬雄传统文化精神。绵阳地区清至民国的三部地方志不仅反映了在此时期于文人学士、乡绅官员的提倡下，扬雄在绵阳所受到的尊崇礼遇，而且通过地方志中对扬雄"绵州乡贤"身份的认同、对扬雄品质的褒赞、绵阳地区与扬雄有关的文化载体的记载，从而批驳了污蔑扬雄的不实之说，进一步肯定扬雄"绵州先贤"的历史形象，建构起具有绵州地域特色的扬雄历史文化。

（一）"实我绵之光"：地方志对扬雄的认可与褒赞

面对明清世人对扬雄的訾议，绵州清代两部《直隶绵州志》与民国《绵阳县志》首先认可了扬雄绵州乡贤的身份，在地方志的"流寓"与"杂识"部分皆肯定了扬雄"入州志流寓"，作为"州之先贤"，历代绵人在道德、学士、文章等方面将扬雄奉为心目中的典范。在《汉书》中班固书写扬雄传的篇幅较大，在清代至民国三部绵阳地方志中，编纂者有倾向性地选录了部分内容以介绍扬雄其人其事，其有选择性地摘录正恰好反映历代绵人对扬雄人生行事、性情好尚、学术思想与方式等的价值判断。如以同治《直隶绵州志》为例，"流寓"部分摘录《汉书·扬雄传》内容，主要记述了扬雄为人简易佚荡，年少好学，著述众多，并记载扬雄"投阁"事与扬雄自序，从同

---

① ［清］李在文修，潘相纂：嘉庆《直隶绵州志（五十四卷）》，嘉庆十九年刻本，第1967页。
② ［清］蒲殿钦修，崔映堂纂：《绵阳县志》，民国二十一年刻本，第171页。

治《直隶绵州志》所选录《汉书·扬雄传》的内容上看，绵州官绅士人钦佩的是扬雄恬于势利、安贫乐道的高尚节操、仰慕的是扬雄高深的学术造诣与融合创新的学术思想，最终形成了对扬雄"定传后世，度越诸子"影响的肯定。

1. 对扬雄"恬于势利，安贫乐道"的赞赏

绵阳地区地方志对扬雄恬于势利、安贫乐道之情操的褒扬态度是通过批驳、反对扬雄"事莽"说与"写作《剧秦美新》"说的诋毁之词而集中表现出来的。首先，三部地方志"流寓"载扬雄事迹时均指出扬雄自年少居蜀地读书时便具有不求名利的品质。

> 为人简易佚荡，口吃不能剧谈，默而好深湛之思，清静无为，少嗜欲，不汲汲于富贵，不戚戚于贫贱。不修廉隅，不徼名当世。家产不过十金，乏无儋石之储，晏如也。①

入京为官时，更是用心于内，不求于外，未曾做高官，达显贵，即使是此后官位上升成为"大夫"，也并非扬雄谀王莽所得，而是因为年老有德才得以升任。

> 当成、哀、平间，莽、贤皆为三公，权倾人主，所荐莫不拔擢，而雄三世不徙官。及莽篡位，谈说之士用符命称功德获封爵者甚众，雄复不侯，以耆老久次转为大夫，恬于势利乃如是。②

而就身仕新朝一事，则曰：

> 时雄校书天禄阁上，治狱使者来，欲收雄，雄恐不能自免，乃从阁上自投下，几死。③

指出扬雄在天禄阁校书时，不问政事，不曾趋炎附势，干的是清苦差事。绵州地方志对扬雄"不徙官""投阁"之事的记载，是为了力辩扬子云并非求媚且思富贵者，同治《直隶绵州志》又载李调元《扬子云遗像》极力肯定了扬雄不慕名利、淡泊自守的品质：

> 嗟公吾蜀词坛祖，前无相如竟谁伍。惜未抽身居摄年，至今后人称党羽。笑公口吃谈非便，我为公辨当云然。当年石牛符命起，井边鬼梦呼天子。市上小儿

---

① 三部地方志记述相同处以同治《直隶绵州志》为例，下同。[清] 文棨纂，绵阳地方志办公室整理重刊：《同治直隶绵州志（五十五卷）》，方志出版社 2012 年版，第 642 页。

② [清] 文棨纂，绵阳地方志办公室整理重刊：同治《直隶绵州志（五十五卷）》，方志出版社 2012 年版，第 642 页。

③ [清] 文棨纂，绵阳地方志办公室整理重刊：同治《直隶绵州志（五十五卷）》，方志出版社 2012 年版，第 643 页。

皆王侯，独居三世官不徙。可怜著述甘穷居，倘使穷名缘献匮，肯教投阁为校书？①

此外，三部地方志编纂者亦通过考索文献，征引前人说法，对扬雄"事莽""美新"说进行了否定，其中扬雄写作《剧秦美新》一事是时人诋毁扬雄的主要原因，绵阳地区三部地方志主要以"时间有误"说与"张冠李戴"说为扬雄雪污。以"时间有误"说为据者首先出现在嘉庆《直隶绵州志》中，在卷十三"古迹""扬子云读书台"中指出"世徒以《剧秦美新》，为子云病则谓其人概无可取"，而实际上"雄不事莽人辩之至详且核"，并列举多种前人说法，李在文同意明代郫县简绍芳提出、明代吉安泰与胡简加以引申之说，曰：

> 吾吴杨庄简公尝参政于四川，作郫县扬子云祠堂记，历引郫人简氏、吉人胡氏之说，辨子云未尝事莽而胡氏说尤详，大略谓：传言雄作符命投阁年七十，一天凤五年卒考，雄至西京年四十余，自成帝建，始改元。至天凤五年计五十，年以五十合四十余，不将百年乎？则传言七十一者恐误。②

并以与扬雄同时代的《桓谭新语》为据，考辨扬雄与王莽篡位时间存在偏误。此后，同治《直隶绵州志》与民国《绵阳县志》在"古迹""扬子云读书台"条目中均保留了与嘉庆《直隶绵州志》相同的论述。以"张冠李戴"说为据者则有嘉庆《直隶绵州志》"杂识"中引范涞《新修扬子云草元堂记》，记曰：

> 范涞《新修扬子云草元堂记》在成都城内武担山南，而州治亦有两子云亭，一在西山观，一在钟阳镇，汪琬钝翁已力辨其事莽之诬，详见《古迹》。范记则以扬雄、谷永并字子云。《剧秦美新》，乃永文，非雄作。犹史载子我仕陈恒，孔子耻之，指为宰予而不知阚止亦字子我也，其余条辨数千言，皆确有根据，足为古人雪诬。③

明代万历丙申年（1596）范涞入四川主持民政大事，范涞崇敬扬雄，且欲为扬雄鸣不平，"久愤扬雄覆盆"。范涞指出《剧秦美新》或出自谷子云，并非扬雄所作，这正如孔子以为子我仕陈恒，却不知真正仕陈恒者乃阚止（字子我）一般，是为张冠李戴。范涞为扬雄平反，一方面经过了详细考证，有可信之处，另一方面范涞作为重要政府官员，其为扬雄平反之语在蜀地是具有引导作用的。此后，民国《绵阳县志》于"古迹"《扬子云读书台》进行了补充：

---

① ［清］文棨纂，绵阳地方志办公室整理重刊：同治《直隶绵州志（五十五卷）》，方志出版社2012年版，第682页。
② ［清］李在文修，潘相纂：嘉庆《直隶绵州志（五十四卷）》，嘉庆十九年刻本，第313页。
③ ［清］李在文修，潘相纂：嘉庆《直隶绵州志（五十四卷）》，嘉庆十九年刻本，第1978页。

亭下有碑，前刻扬雄传，后附《读史管见》云：雄之未事莽也，前贤王介甫、孙明复辈核算年数谓雄与莽篡时不相及，辨之甚详……故雄之事莽及不事莽，姑不必辨，其不屑媚莽，固可深信，无疑据也。雄字子云，故讹传附会之，想或然耶。①

龙为霖《读史管见》同样持扬雄事莽乃是附会讹传的主张。历代绵人多不赞同扬雄"事莽"说，如民国《绵阳县志》便载绵州籍进士陈潭曾在绵州钟阳镇扬子云读书台附近"慨然为立一碑"，批驳扬雄"事莽"，可见绵人对扬雄品行的称赞与维护已成为自觉、自发之举。

2. 对扬雄"著述不辍、融合创新"的仰慕

左思《咏史八首》中其四曰："寂寂子云宅，门无卿相舆。寥寥空宇中，所讲在玄虚。言论准宣尼，辞赋拟相如。悠悠百世后，英名擅八区。"② 该诗恰可描述历代绵人对扬雄的景仰之情，既在于扬雄甘于寂寞，安贫乐道之高尚操守，也在于扬雄著述不辍之人生追求。

同治《直隶绵州志》"艺文"载秦宓《与王商书》曰："如扬子云潜心著述，有补于世。"③ 一方面，历代绵人仰慕扬雄之勤奋用功，著述宏富。扬雄著述不仅数量较多，同时其涉及领域较广，若以后世"经史子集"分门别类，则经部有《训纂》《仓颉训纂》《方言》《乐》四种，史部有《蜀王本纪》《州箴》《官箴》《续史记》《志录》五种，子部有《太玄》《法言》《难盖天》三种，集部则有赋作十二篇、诗文等十余篇。可见，扬雄在多个领域都有卓越的贡献。在三部地方志中"流寓"均引《汉书·扬雄传》记载了扬雄一生的创作经历。

顾尝好辞赋。先是，蜀有司马相如，作赋甚宏丽温雅，雄心壮之，每作赋，尝拟之以为式。……实好古而乐道，其意欲求文章成名于后世。④

此外，在嘉庆《直隶绵州志》"典籍"中载扬雄四部作品"《法言》十卷、《太元经》十卷、《扬子云集》六卷、《方言》十三卷"，亦见绵州地方志对扬雄著述的关注。扬雄著述不辍的人生追求既是学以致用精神的表现，又是其淡泊自守精神的印证，同

---

① 蒲殿钦修，崔映堂纂：《绵阳县志》，民国二十一年刻本，第120页。
② 逯钦立：《先秦魏晋南北朝诗》，中华书局1979年版，第733页。
③ ［清］文棨纂，绵阳地方志办公室整理重刊：同治《直隶绵州志（五十五卷）》，方志出版社2012年版，第754页。
④ ［清］文棨纂，绵阳地方志办公室整理重刊：同治《直隶绵州志（五十五卷）》，方志出版社2012年版，第642页。

治《直隶绵州志》便载绵州籍进士白翱诗曰:"歇马独来寻故事,文章西汉愧扬雄"①,扬雄之博学多思、勤加著述的人生追求始终鼓励着历代绵人积极进取、不断耕耘。

另一方面,历代绵人仰慕扬雄"融合创新"的学术思想。扬雄的创作具有"宏远的视野、多维的旨趣和复合的能力"②,他在学术内容上能兼容儒道,治学取径上能出入古今。除此之外,扬雄在天文学、地方史学、语言学方面均有造诣,可谓近于"百科全书式"的全才。"流寓"中载扬雄著述皆在前人基础上推陈出新,且有所成就。

> 以为经莫大于《易》,故作《太玄》;传莫大于《论语》,作《法言》;史编莫善于《仓颉》,作《训纂》;箴莫善于《虞箴》,作《州箴》;赋莫深于《离骚》,反而广之;辞莫丽于相如,作四赋;皆斟酌其本,相与放依而驰骋云。③

同治《直隶绵州志》"艺文"所载作品多有对扬雄博通儒道、兼采诸子的学术观念和博学多才、融合创新的学术成就的评价,如载周洪谟"法言准论语,太玄索羲文"④,吴昇《和少云续得咏古诗四首》"桐花酒槛空亭在,奇字深文覆瓿余"⑤,等等。扬雄的融合创新精神自其"侨寓左绵"后便深深地植根在绵州的文学土壤中,绵州籍的唐代诗人李白才华横溢,除诗歌创作外,在剑术、书法等领域亦有建树;而曾到过绵阳的苏轼,则更是中国文学史难得的全才。因此,扬雄著述不辍、融合创新的学术创作无疑对绵州的文人学士具有示范与榜样的作用。

绵人不仅对扬雄的高尚情操、人生追求充满景仰,更肯定扬雄将"西蜀文宗"的正面形象流传后世,三部地方志"流寓"中记曰:

> 时大司空王邑、纳言严尤闻雄死,谓桓谭曰:"子尝称扬雄书,能传于后世乎?"谭曰:必传,顾君与谭不及见也。凡人贱近而贵远,亲见扬子云禄位容貌不能动人,故轻其书。昔老聃著虚无之言两篇,薄仁义,非礼学,然后世好之者尚以为过于《五经》,自汉文、景之君及司马迁皆是有言。今扬子之书文义至深,而论不诡于圣人,若使遭遇时君,更阅贤知,为所称善,则必度越诸子矣。⑥

---

① [清]文棨纂,绵阳地方志办公室整理重刊:同治《直隶绵州志(五十五卷)》,方志出版社2012年版,第677页。
② 潘殊闲:《扬雄与蜀文化》,《西华大学学报(哲学社会科学版)》,2018年第1期。
③ [清]文棨纂,绵阳地方志办公室整理重刊:同治《直隶绵州志(五十五卷)》,方志出版社2012年版,第642页。
④ [清]文棨纂,绵阳地方志办公室整理重刊:同治《直隶绵州志(五十五卷)》,方志出版社2012年版,第676页。
⑤ [清]文棨纂,绵阳地方志办公室整理重刊:同治《直隶绵州志(五十五卷)》,方志出版社2012年版,第681页。
⑥ [清]文棨纂,绵阳地方志办公室整理重刊:同治《直隶绵州志(五十五卷)》,方志出版社2012年版,第642页。

地方志选录此部分内容正说明了绵州官绅、百姓认为扬雄所秉持的可贵操守，所创造的学术成就，所遗留的辉煌文化终将垂范后世，为绵州文明与华夏文明增光添彩。在此思想基础上，历代绵人重视保护、题咏绵州地区扬雄文化物质载体，希望借助遗迹这一特殊的文化载体，来反映扬雄在绵州后世深远的文学与文化影响。

（二）"西蜀子云亭"：对绵州地区扬雄文化物质载体的记载

绵州地区所存扬雄遗迹虽其真实性仍有待考证，但不可否认的是，千余年来，人们视绵州扬子云读书台、洗墨池为名公遗迹、游观胜地，在不断的修复和游览活动中，人们对遗迹寄托了丰富的情感，使遗迹积累了深厚的文化内涵，成为绵州地区建构扬雄文化的重要物质载体。

嘉庆《直隶绵州志》便已指出绵州地区有两处扬子云读书台，在"玉屏山"一条中记曰：

> 治西南三十里，南乡七里地，今皂角铺州牧，费元龙题名云：古钟阳镇。其南不数武，扬子云读书台在焉。即此台下洗墨池，故迹犹存，在今东岳庙左竹林中，池水已涸。①

州志中所载的"古钟阳镇扬子云读书台"位于今新皂镇东岳庙附近，虽不如西山的扬子云读书台有名声，但仍然颇受关注，如绵州孝廉黄玉珍便于此地作有《寻子云洗墨池一绝》"扬子墨池何处寻？镇南修竹自森森。遗踪倩得山灵护，一任沧桑变古今。"②再现了皂角镇扬雄读书台景色。此后于清代光绪三十一年（1905）陈漳又为之立碑，可见绵州人民重视或与扬雄相关的每一处古迹，并从中获得思想上的滋养、精神上的鼓励。

而另一处扬子云读书台则位于绵阳西山，根据同治《直隶绵州志》：

> 州四五里许西山观，古名仙云观，山腰磐石相传为子云读书台，台前石壁右镌雄像，左镌扬子真像，四字尚存。明州绅高第、高简、金皋、金深及郡守诸游人题咏甚多，惜剥落不能成读。③

根据该州志中的相关记录，可知西山读书台位于仙云观、玉女泉附近，读书台前石壁镌扬雄像，根据20世纪80年代的考古发现，在玉女泉道教造像中有"访子云像，酌玉女泉"的题记，题款年代为宋淳熙十四年（1187），故扬雄像应早在宋代就存在了。除扬雄读书台与扬雄像之外，西山还因刘禹锡《陋室铭》而名扬天下，子云亭的

---

① ［清］李在文修，潘相纂：嘉庆《直隶绵州志（五十四卷）》，嘉庆十九年刻本，第24页。
② ［清］李在文修，潘相纂：嘉庆《直隶绵州志（五十四卷）》，嘉庆十九年刻本，第24页。
③ ［清］文棨纂，绵阳地方志办公室整理重刊：同治《直隶绵州志（五十五卷）》，方志出版社2012年版，第148页。

修建应晚于读书台,仙云观中存有嘉庆年间余飞南所镌刻的《重修玉皇殿碑》载:"崖际稍平衍者相传为亭之故址,惟此为确耳。"同治《直隶绵州志》载:

> 路左有子云亭,州别驾刘廷枢题亭中,石刻子云像,游人诗刻甚多,字半残。①

其修建则使得西山扬雄遗迹更加完整,更加具体。众多文人在追寻、游览西山的过程,留下了大量的题咏之作。据民国《绵阳县志》在"西山"条目后载游览之诗便有:

> 州牧尹襄游西山诗、州人胡汝翼和韵、州学正周淑游西山诗、苏民望诗、邑人白翱留题诗、金皋留题诗、金深诗、清州牧彭锡珖游西山寺诗、李调元由富乐禅林至西山观宿诗、贡生叶含朴题西山别有天诗、州牧文棨为熊丽堂书西山雅集图并系以诗。②

民国《绵阳县志》所记文人西山游诗多达十一首。西山扬雄古迹一方面以物质实体、地理存在的方式,缩短了众多文人学士与扬雄之间的时空距离与心理距离,使他们得以更进一步贴近"西蜀文宗"的精神世界,这就难怪李调元在《扬子云遗像》中充满情感地说"今过西山读书处,令我流连不能去。拜罢灵祠宿鸟吟,似诉长歌明我心"③。也难怪众多绵州籍文人、仕寓绵州者在西山处流连忘返。而另一方面,游观诗人的雅兴促使他们创作了众多题咏诗,这些诗歌则共同建构了西山扬雄古迹深厚的文化内涵。

通过绵阳地区三部地方志对扬雄文化物质载体的记载,逐渐形成了显著的社会影响,尤其是同治《直隶绵州志》更是成为绵阳方家"西蜀子云亭""绵州读书台"的重要方志。而实际上这三部地方志对扬雄文化物质载体的记载也呈现出"继承"与"补充"的倾向,由嘉庆《直隶绵州志》最先指出州治内扬雄古迹,同治《直隶绵州志》在"艺文"中对西山题咏之作加以补充,民国《绵阳县志》则记载了西山扬雄古迹的维护、修缮情况,"民国六年,绅首曾西屏、史邦彦等廓而新之,崔映棠有记"④。最终为今日绵阳"涪江江水抱山流,西山山上子云亭"的名胜格局勾勒了基础轮廓。

扬雄自侨寓涪县,就在当地逐渐形成了一部绵亘千年的影响史。在这部影响史中,

---

① 〔清〕文棨纂,绵阳地方志办公室整理重刊:同治《直隶绵州志(五十五卷)》,方志出版社2012年版,第74页。
② 蒲殿钦修,崔映堂纂:《绵阳县志》,民国二十一年刻本,第47—48页。
③ 〔清〕文棨纂,绵阳地方志办公室整理重刊:同治《直隶绵州志(五十五卷)》,方志出版社2012年版,第682页。
④ 蒲殿钦修,崔映堂纂:《绵阳县志》,民国二十一年刻本,第120页。

绵阳地区清代至民国三部地方志发挥了重要的作用,编纂者不仅查阅汗牛充栋的文献史料,考察勘定扬雄事迹,为其辨白雪污,称赞扬雄的可贵品质与人生追求,更对绵阳地区扬雄所留下的丰富多样的物质印迹加以记载刻画,使它们在深广的社会文化空间中最终成为内涵深刻的扬雄文化符号。

三、"学其道而得其传":绵阳扬雄文化的传统价值与现代转换

(一)传统价值

在千余年间,绵阳人民从未忘记扬雄。扬雄以其高尚的品德、励志治学的追求鼓励了历代绵阳学人。与此同时,扬雄又作为绵州文脉之先,与李白、欧阳修、李调元等一同为人文绵州留下了生动的注脚。

扬雄励志学习、著书的经历曾激励古往今来众多绵阳士子求学上进。在四十岁之前,扬雄都于家乡蜀地苦读"博览无所不见"①,入京后仍全身心地投入到知识研究,潜心治学,此外扬雄与涪县本就结缘于读书,因此扬子云读书台正是扬雄发奋苦读的见证,并且逐渐演变成一座文化丰碑。同治《直隶绵州志》转引宋代范镇《载酒亭画像记》曰:"子云,古蜀人,事汉成哀平暨新室。身诎而道不得行。子云没,宋兴八十九年,上距今千余岁,其乡人之学者森然若林之植于亩。"② 1921年报刊《学术界》载学生黄星奎文章《扬子云读书台记》,记游玩扬子云读书台感想曰:"夫扬子云文章词赋名冠一时,而《太玄经》《反离骚经》及《甘泉赋》《解嘲》诸作尤脍炙人口。迄今子云往矣,千载而下,其亦文先生之风而油然生感乎,是所望于后之读书者。"③ 可见,自扬雄寓绵,其"少而好学""勤于著述"的品行对绵州学风产生了重要影响,如今绵阳人民所引以为傲的文教事业,回溯历史,或正以扬雄览书于涪作为良好开端。

扬雄被视作绵阳文脉之开端,其思想影响了此后于绵州走出的众多才子。李白从绵州出发,遍历山川;王勃、杜甫、苏轼、杨万里等在绵州提笔为诗;欧阳修在绵州出生,成就一代文宗。而这些诗人无不崇尚扬雄,无不受到扬雄文化的滋养与陶冶。以李白为例,就人生理想上看,扬雄对他的影响较大,待诏翰林时李白多以扬雄"献赋"自比:"纵死侠骨香,不惭世上英。谁能书阁下,白首《太玄经》。"④ 后来李白写

---

① [汉]班固:《汉书》卷八七《扬雄传》,中华书局1962年版,第3513页。
② [清]文棨纂,绵阳地方志办公室整理重刊:同治《直隶绵州志(五十五卷)》,方志出版社2012年版,第703页。
③ 黄星奎:《扬子云读书台记录》,《学术界》1921年第5期。
④ [唐]李白撰,王琦校注:《李太白全集》,中华书局1977年版,第216页。

作《东武吟》回忆长安三年的翰林生活时则曰："因学扬子云，献赋甘泉宫。"① 在李白因现实际遭到打击后，他则用"闭关草《太玄》"以自解："忆昔作少年，结交赵与燕。金羁络骏马，锦带横龙泉。寸心无疑事，所向非徒然。晚节觉此疏，猎精草《太玄》。空名束壮士，薄俗弃高贤。"② 就其艺术创作上看，扬雄辞赋飘逸的文风也影响了李白的诗歌创作。当绵人于地方志中记载李白之事时，常自觉于历史长河中向前追溯，直至扬雄。如同治《直隶绵州志》载杨遂《李太白故宅记》曰："尝论蜀中自古多出名才士，其尤者汉则司马长卿、王子渊、扬子云……子云会王莽之乱复贫困而卒……天厚其才而薄其命乎！"③ 而嘉庆《直隶绵州志》载《李翰林集序》曰："蜀之人无闻则已，闻则杰出，是生相如君平王褒扬雄，降有陈子昂李白皆五百年矣。"④ 凡涉李白，无不往前追溯至扬雄。

正是扬雄首先从成都至绵阳这条纵轴线上走出，并与李白、欧阳修、李调元等绵阳文化精英共同滋养了一条瑰丽无比、绵延千里的蜀地文脉。扬雄文化在绵阳地区历史上便已成为最具影响力和代表性的文化表征，既具有深厚的文化内涵，又获得了广泛的社会认可，是绵阳历史文化自信的基石之一。

（二）现代转换

随着新时代经济的发展，经过千年打磨的绵州扬雄文化恰好能够成为新时代绵阳发挥文化效能和创新发展理念的实现路径，能够成为智造文教、智造文旅的禀赋支撑。

1. 进一步探索以扬雄为榜样的教育新方法

绵阳对扬雄的崇敬之情与其"文化先师"的身份密不可分，同治《直隶绵州志》载范镇《载酒亭画像记》称蜀地历代文士"是皆子云之徒，学其道而得其传者。益州提点刑狱度支高君既葺子云之居，镵其书又画其像，以及其徒意者使后来观之，知贤人之道有通有塞、有诎有伸，于晦时而通于昭时，诎而不用而伸于有用云尔"⑤。扬雄具有俟时而动的处世智慧、淡泊明志的高尚品质、勤勉有加的治学精神，自然成为历代学子心中的榜样人物。

在近代，绵阳以"教育事业效仿工业改革"的方式在教育闯关的图卷上留下了浓墨重彩的一笔，教育行业自主性的开拓与奋力践行培养了代代优秀人才。新时代绵阳

---

① ［唐］李白撰，王琦校注：《李太白全集》，中华书局1977年版，第312页。
② ［唐］李白撰，王琦校注：《李太白全集》，中华书局1977年版，第718页。
③ ［清］文棨纂，绵阳地方志办公室整理重刊：同治《直隶绵州志（五十五卷）》，方志出版社2012年版，第701页。
④ ［清］李在文修，潘相纂：嘉庆《直隶绵州志（五十四卷）》，嘉庆十九年刻本，第1365页。
⑤ ［清］文棨纂，绵阳地方志办公室整理重刊：同治《直隶绵州志（五十五卷）》，方志出版社2012年版，703页。

教育正面对着新的挑战与机遇，而深植于绵阳当地的扬雄文化正为如今的绵阳教育提供了可贵的文化资源。就学生而言，扬雄文化能够在价值上引领学生，激励学生发展。扬雄进入政治中心后便因学识而得到汉成帝的赏识，可以说"扬雄正是蜀人'不鸣则已，一鸣惊人'的典范"①，然而在"一鸣惊人"的背后，却是扬雄于家乡长达四十年的苦读与学习。这种追求不懈的精神能够转化为学生持续追求理想的精神动力。就教师而言，扬雄作有《学行》，主张"师者，人之模范也"②。教师除了要为学生答疑解惑外，也要关注学生的人品修为"学者，所以修性也。视、听、言、貌、思，性所有也。学则正，否则邪。"③唯有良师，才能教育出具有君子品质的学生，这要求新时代老师要对自我严格要求，注意品德修养，树立终身学习的观念，这对新时代的教育工作者具有重要的启发意义。

在绵阳探索以扬雄为榜样的教育新方法过程中应注重讲好、讲透、讲深扬雄故事。扬雄本即蜀地走出的大学士，又曾"侨寓左绵"，应把握住学生对扬雄的亲切感与好奇心，以学生喜闻乐见的方法，让学生听懂学懂且认同，转变为扬雄文化的支持者。此外，也该重视优化扬雄文化榜样教育的环境，通过多种手段，如游学西山扬雄文化景观、学习网络课程资源学习，让学生能够"沉浸式"了解扬雄文化的真正内蕴。

2. 进一步探索以扬雄文化为核心的文旅新路径

绵阳人杰地灵，文化底蕴厚，文脉延续长，早在清代，绵州地区对扬雄文化的建构与弘扬已经起步，具有借力扬雄文化促进文旅资源融合的优势资源。绵阳进一步探索以扬雄文化为核心的文旅新路径时，或可从以下三方面入手。

第一，把握内涵，建设好绵阳西山扬雄文化景区。一方面，扬雄读书于西山，西山景观可结合扬雄读书求学的经历着力挖掘其文化思想的形成路径，从而凝练扬雄文化助推西山文旅结合的内核要素。另一方面，扬雄是绵阳西山扬名天下的重要伯乐，崇文尚德的绵阳人为追念先贤兴修山岩池湖，引得天下文人或追随而至，或深表崇尚之情，西山景区可以绵州地方志中所载历代西山"寻迹扬子"诗歌为基础，阐释历代绵人对扬雄"勤奋、审是、迁善、精深"精神的追寻，最终做到充分利用扬雄文化中的积极因素，整合西山的自然资源和文化资源，进行整体设计，打造扬雄文化为魂，山水景观为体，以仙云观、扬子云读书台、洗墨池、玉女泉为主要景点，彰显绵州西山独具一格的扬雄文化的知名景观。

---

① 潘殊闲：《扬雄与蜀文化》，《西华大学学报（哲学社会科学版）》2018年第1期。
② ［清］汪荣宝：《法言义疏》，中华书局1987年版，第18页。
③ ［清］汪荣宝：《法言义疏》，中华书局1987年版，第16页。

第二，凸显文脉，优化绵州名人文化的聚集效应。扬雄是绵州名人文化的纵贯主线，以"西蜀文宗"之姿书写了绵州文学史的开篇，下接李白、杜甫、苏轼、杨慎、李调元等人。因此对绵州文脉价值加以挖掘，可使绵州名人文化文旅融合发展路径具有"共同的统一核心"，实现文旅融合的加速驱动。如绵州扬雄文化便可与江油李白文化实现"名人IP联动"，开展景区联动营销，打造"扬李"舞剧等艺术形式，形成"两核一文脉"的文旅发展格局，实现名人文化的集聚链接功能。

第三，丰富营销，促进扬雄文化的有效传播。在《十四五文化与旅游规划》中明确指出要持续推进"互联网＋旅游"的模式，让网络化、数字化、智能化的旅游模式带动景区发展。因此，绵州以扬雄文化为核心的文旅融合路径可着力探索营销策略，借助网络平台向游客推送扬雄文化、绵州西山景区等相应的短视频，并紧密连接宣传时期社媒营销时的用户，增强用户黏性，从而吸引更多游客。

扬雄自成都前往绵阳，和绵阳正是"相逢知己"。新时代扬雄馈赠给绵阳的正是教育业、旅游业上的无形资产，能以扬雄文化助力教育事业、以文化IP孵化旅游IP，最终在实现区域发展的基础上进一步推动扬雄文化的发展与传播。

综上所述，绵阳地区的扬雄文化与扬雄"尝客游涪"的经历密不可分，清代至民国之间在官绅、文人等的努力下，获得了绵州社会的广泛认同，并通过三部地方志的记载正式确立起来，在流传过程中积累了深厚的文化内涵，为新时代探索以扬雄为榜样的教育新方法、以扬雄文化为核心的文旅新路径提供了有益借鉴。

附：绵阳地区清代嘉庆《直隶绵州志》、同治《直隶绵州志》与民国《绵阳县志》三部地方志涉及扬雄条目表格。

1. 嘉庆《直隶绵州志》涉及扬雄条目：

	卷数	具体内容
1	卷六·山川	玉屏山，扬子云读书台，洗墨池。
2	卷六·山川	西山观附近子云亭，附彭锡珑古体，中有"千佛自知面目非，子云犹作草元纪"。
3	卷六·山川	洗墨池，于钟阳镇扬子云读书台下东岳南竹林中。
4	卷十三·古迹	思贤堂，《旧志》载思贤堂祀含扬雄在内共九人。
5	卷十三·古迹	扬子读书台，并为扬雄"事莽""作《剧秦美新》"一说辨白雪污。
6	卷十五·学校	元丰七年，诏封荀况兰陵伯、扬雄成都伯、韩愈昌黎伯从祀。
7	卷十五·学校	历代褒崇孔圣典礼考，载扬雄明代被罢祀事。

续表

	卷数	具体内容
8	卷四十一·流寓	流寓（扬雄），有选择性地摘录《汉书·扬雄传》内容对扬雄其人加以介绍。
9	卷四十八·诗上	周洪谟《扬子云故宅》
10	卷四十八·诗上	金献民《题李节士新祠》
11	卷四十八·诗上	吴昇《和少云续得咏古诗四首》（咏扬雄）
12	卷四十八·记	杨遂《李太白故宅记》："尝论蜀中自古多出名才士，其尤者汉则司马长卿王子渊扬子云……子云会王莽之乱复贫困而卒……天厚其才而薄其命乎！"
13	卷四十八·记	范镇《载酒亭画像记》
14	卷四十八·序	《李翰林集序》："蜀之人无闻则已，闻则杰出，是生相如君平王褒扬雄，降有陈子昂李白皆五百年矣。"
15	卷四十八·记	扬雄《酒箴》
16	卷四十八·书	秦宓《与王商书》"如扬子云潜心著述有补于世"。
17	卷四十九·典籍	《法言》十卷、《太元经》十卷、《扬子云集》六卷（按《四库全书简明目录》）、《方言》十三卷
18	卷五十·金石	思贤堂绘像
19	卷五十三·杂识	《古今广姓名录》参《通志》蜀有两扬雄，汉扬雄字子云，成都郫县人，尝客游涪，著《太元经》，扬子云入州志流寓，实我绵之光也。
20	卷五十三·杂识	范涞《新修扬子云草元堂记》

2. 同治《直隶绵州志》涉及扬雄条目：

	卷数	具体内容
1	卷七·山川	玉屏山，扬子云读书台，洗墨池。
2	卷七·山川	西山观附近子云亭，附彭锡珑古体，中有"千佛自知面目非，子云犹作草元纪"。
3	卷七·山川	洗墨池，于钟阳镇扬子云读书台下东岳南竹林中。
4	卷十四·古迹	思贤堂，《旧志》载思贤堂祀含扬雄在内共九人。
5	卷十四·古迹	扬子读书台，并为扬雄"事莽""作《剧秦美新》"一说辨白雪污。
6	卷十六·学校	罢祀十一人，载扬雄明代被罢祀事。
7	卷十六·学校	历代褒崇孔圣典礼考，载扬雄明代被罢祀事。

续表

	卷数	具体内容
8	卷四十二·流寓	流寓（扬雄），有选择性地摘录《汉书·扬雄传》内容对扬雄其人加以介绍。
9	卷四十二·流寓	流寓（严君平），载"叹曰扬子云诚知人矣"。
10	卷五十·典籍	《法言》十卷、《太元经》十卷、《扬子云集》六卷（《四库全书简明目录》）
11	卷五十一·物产	绵竹，载"扬雄有《绵竹赋》，此蜀产也，故觅之"。
12	卷四十九·艺文	周洪谟《扬子云故宅》
13	卷四十九·艺文	州刺史尹襄《游西山》："扬子仙游不可从，涪西山下访遗踪。"
14	卷四十九·艺文	苏民望《游西山》
15	卷四十九·艺文	周淑《游西山》："老君道观云阴覆，扬子书台草色侵。"
16	卷四十九·艺文	白翱《西山留题》："歇马独来寻故事，文章西汉愧扬雄。"
17	卷四十九·艺文	金献民《题李节士新祠》："香火千年遗像在，路人休作子云评。"
18	卷四十九·艺文	吴昇《和少云续得咏古诗四首》（咏扬雄）
19	卷四十九·艺文	李调元《扬子云遗像》
20	卷四十九·艺文	杨遂《李太白故宅记》："尝论蜀中自古多出名才士，其尤者汉则司马长卿王子渊扬子云……子云会王莽之乱复贫困而卒……天厚其才而薄其命乎！"
21	卷四十九·艺文	范镇《载酒亭画像记》
22	卷四十九·艺文	杨师鲁《严仙观记》："深知此道唯扬子云，故能识严君平而尊事。"
23	卷四十九·艺文	秦宓《与王商书》："如扬子云潜心著述有补于世。"
24	卷四十九·艺文	扬雄《酒箴》
25	卷五十四·杂识	"《古今广姓名录》参《通志》蜀有两扬雄，汉扬雄字子云，成都郫县人，尝客游涪，著《太元经》""扬子云入州志流寓，实我绵之光也"。
26	卷五十四·杂识	范涞《新修扬子云草元堂记》

3. 民国《绵阳县志》涉及扬雄条目：

	卷数	具体内容
1	序	绵阳流寓，如扬雄、杜甫、王勃、魏了翁等。
2	卷一·疆域·山川	玉屏山，扬子云读书台，洗墨池。

续表

	卷数	具体内容
3	卷一·疆域·山川	西山，载其"山畔有子云亭，倾圮，民国初经里人重修"。附多人游西山诗：《州牧尹襄游西山》《州人胡汝翼和韵》《州学正周淑游西山》《苏民望诗》《邑人白翱留题诗》《金皋留题诗》《金深诗》《清州牧彭锡珑游西山寺诗》《李调元由富乐禅林至西山观宿诗》《贡生叶含朴题西山别有天诗》《州牧文启诗》。
4	卷一·疆域·山川	洗墨池，在钟阳镇扬子云读书台下。
5	卷一·疆域·山川	玉女泉，近子云亭畔。
6	卷一·疆域·古迹	扬子云读书台，引同治《直隶绵州志》说、龙为霖《读史管见云》为扬雄"事莽"辨白雪污。
7	卷一·疆域·古迹	思贤堂，载思贤堂祀含扬雄在内共九人，清光绪中郡人吴开聪复祀于治经书院。
8	卷二·建置·公署	载川西北民生工厂位置"后倚子云读书山，山半洗墨池"。
9	卷七·人物·贤良	金献民有《题李节士新祠》"路人休作子云评"。
10	卷七·人物·贤良	李文芳有《与金鹤卿书》"暮如子云而门无好事之问"。
11	卷七·人物·文苑	载明高第"所居近西山观，乃汉扬雄子云读书处，遗像在焉"。
12	卷七·人物·流寓	流寓（扬雄），有选择性地摘录《汉书·扬雄传》内容对扬雄其人加以介绍，并载"绵西山观有子云亭，钟阳镇有读书台遗迹"。
13	卷九·艺文	吴昇《和少云续得咏古诗四首》（咏扬雄）
14	卷九·艺文	王昪"方言两卷子云才"。
15	卷九·艺文	吴敏齐家传，载吴开聪复祀"思贤堂"事。
16	卷九·艺文	《仙云观造像记》，载造像位置于"子云亭"右崖。
17	卷九·艺文	《西山观造像》，载造像位置于"子云亭右甚多"。
18	卷九·艺文	《扬子云真像》，刻子云亭壁间，附李调元《扬子云遗像》。
19	卷九·艺文	《仙云观游记》："仙云之游访子云像酌玉女泉"，作于淳熙十四年一月。
20	卷九·艺文	《李杜祠记碑》："宋人思贤故事，建楼祀扬子云太白工部诸人"。
21	卷十·杂异·杂识	"《古今广姓名录》参《通志》蜀有两扬雄，汉扬雄字子云，成都郫县人，尝客游涪，著《太元经》""扬子云入州志流寓"。
22	卷十·杂异·杂识	载文筱农刺史三任莅绵，喜为诗，所过山、镇、寺、观则与留题。有诗为"偶向西山深处去，子云亭上同登高"。

（作者单位：西华大学文学与新闻传播学院）

从扬雄的"圣"与"非圣"说起
——以东汉初期桓谭、王充、班固的评价为中心

杨胜宽

内容提要：关于扬雄的评价问题历来分歧很大，特别是围绕其"圣"与"非圣"的争议，自西汉末期以来，争议迄今未止。考察东汉初期桓谭、王充、班固三位颇具代表性历史人物对扬雄的评价，可以看出这些分歧和争议发生的背景、缘由和症结所在。推尊扬雄为圣人，连他自己可能都会感到困惑与惶恐，而如果实事求是地还原其"文人"的本来面目，客观地看待其一生追求与成就，他会心安理得地接受。后世珍视扬雄的形象与贡献，正应在此。

关键词：扬雄评价；"圣"与"非圣"；桓谭；王充；班固

关于扬雄的评价，历来分歧巨大，誉之者以为孔子再世，毁之者以为罪当诛绝。这种评价的差异，至今依然未泯。扬雄生当西汉衰乱之世，其立身行事，著述褒贬，自然难以摆脱时局风云诡谲变化的影响，后世评论者固然不当以治世的是非标准绳度之，但论世知人，也当以事实为根本依归。其实，对于扬雄历史形象的认识，早在东汉初期一些颇具代表性论者的心目中，就已经呈现出相当复杂和多面的态势。他们的看法和评价，因为距离扬雄的生活年代最近而具有相当的权威性，故在较大程度上，影响了后世认识与评价扬雄的立场和视角。

一、评价扬雄"圣"与"非圣"的尖锐分歧

将扬雄比拟为圣人，最早出现在与扬雄大致同时，并且有过较多交往的友人桓谭

所著《新论》中。笔者此前已对二人的交谊以及构成彼此交往密切的内外在原因做过专门考察（《论扬雄与桓谭评价王莽的异同及其原因》）。桓谭作为仰慕扬雄文学才能，又曾就很多领域的议题展开过广泛讨论的亲密朋友，其如此推崇扬雄，自然值得引起研究者注意。其《闵友篇》云：

> 张子侯曰："扬子云，西道孔子也，乃贫如此？"吾应曰："子云亦东道孔子也。昔仲尼岂独是鲁孔子，亦齐、楚圣人也。"①

朱谦之注引扬雄《与桓谭书》"望风景附，声训自结"之语，且有评论云："盖二贤之相许如此。"② 暂且不论扬雄与桓谭二人互相推许之谊如何，不妨先看看张、桓二人关于称许扬雄为圣人的整段对话语境。张子侯认为扬雄堪称西道孔子，不应该贫穷沦落如此。他率先把扬雄推许为汉代产生于西部的孔子，且为其一生贫困打抱不平。桓谭对其观点表示认同，故接以"子云亦东道孔子也"的话头，还特别强调指出，扬雄不仅是西道孔子，也应该是东道孔子，正如孔子的圣人声望不止于鲁国，还扩大到齐国、楚国等地一样。经过桓谭这一番发挥，则把扬雄推高到汉代最大的圣人地位上了。

与此相关的另一问题是，张子侯与桓谭的这番对话发生在什么时候，对于明白扬雄至迟在什么时候被尊为圣人同等重要。据《后汉书·桓谭传》，桓谭大约在东汉光武帝即位之初，奏上其所著《新书》，后者阅后称善③。可以推知其书的撰成年代应在光武帝即位（25 年）之前。而记载桓谭与张子侯论扬雄为圣人之事载入《闵友篇》，从篇名似可推见该篇内容乃是表达对友人的怜惜纪念之情。如其中一则称："阳城子姓张名衡，蜀郡人，王翁时（原无'时'字，据严可均校改）与吾俱为祭酒，及寝疾，豫买棺材，多下锦绣，立被发冢。"④ 不仅表明此人已死，而且是在王莽灭亡（23 年）以后。故桓谭与张子侯对话时，扬雄应该已经去世（扬雄卒于新朝天凤五年，即公元 18 年）。据此推知，二人的这番对话，有可能就发生在扬雄去世后的数年间（18—25 年）或者稍长一段时间内。

其实，扬雄在世时，桓谭与扬雄就曾有过关于怎样评价圣人的讨论："（桓谭）谓扬子云曰：'如后世复有圣人，徒知其才能之胜己，多不能知其圣与非圣也。'子云曰：'诚然。'"⑤ 这段对话出自王充《论衡·讲瑞篇》。在文章里，王充之意在于阐述圣人

---

① 朱谦之校辑：《新辑本桓谭新论》卷一五，中华书局 2009 年版，第 62 页。
② 朱谦之校辑：《新辑本桓谭新论》卷一五，中华书局 2009 年版，第 62 页。
③ ［南朝宋］范晔：《后汉书》卷二八上，中华书局 1982 年版，第 961 页。
④ 朱谦之校辑：《新辑本桓谭新论》卷一五，中华书局 2009 年版，第 62 页。
⑤ 朱谦之校辑：《新辑本桓谭新论》卷一五，中华书局 2009 年版，第 62 页。

难知。故其引述了以上桓谭与扬雄的对话后，进一步发挥道："夫圣人难知，知能之美若桓、杨者，尚复不能知，世儒怀庸庸之知，赍无异之议，见圣不能知，可保必也。"①王充把知圣人之难的原因归结为世儒智能不足，认为那些平庸之辈，是必然不能了解圣人的。而更重要的一点在于，王充认为即使扬雄与桓谭的智能非常高，都一致认为圣人难知。如果仔细寻味桓谭与扬雄本人的对话原意，似乎主要不在于一般人是否足够了解圣人，桓谭之意重点在于强调，如果只把别人才能胜过自己多少作为评价是不是达到了圣人的标准，是根本靠不住的。这里的核心问题，是提出了什么样的人才够圣人的标准与尺度这一重要观点。

这个问题，其实可能扬雄在世时，就已经在与刘歆的讨论中涉及了。《太平御览·人事部》七三引桓谭《新论》："'扬子云何人耶？'答曰：'才智开通，能入圣道，汉兴以来，未有此也。'"② 由于这段引文不完整，难以准确理解所言全部内涵。现据朱谦之《新辑本桓谭新论·正经篇》将整段文字引述如下：

> 王公子（孙诒让云："此王公子即王莽也，子字衍。"）问："扬子云何人耶？"答曰："才智开通，能入圣道，卓绝于众，汉兴以来，未有此人也。"国师子骏曰："何以言之？"答曰："通才著书以百数，惟太史公为广大，余皆丛残小论，不能比之，子云所造《法言》《太玄经》也，《玄经》数百年外，其书必传，顾谭不及见也。世咸尊古贱今，贵所闻，贱所见。见扬子云禄位容貌不能动人，故轻易之。老子其心玄远，而与道合。若遇上好事，必以《太玄》次五经也。"③

由此可知，围绕扬雄是否够得上圣人的标准，在王莽、刘歆、桓谭三人之间曾展开过深入讨论。王莽提出扬雄其人如何的问题，是要听听桓谭对其评价。桓谭的回答，强调了两点：一是扬雄"才智开通，能入圣道"，可见其以"才智"作为衡量扬雄是否够得上圣人的主要标准，认为他的才智足以进入圣道，庶几当代之圣人。二是与同时代的人相比较，扬雄处于"卓绝"的优势地位，称得上汉兴以来唯一的一位，几乎没有人能够与之抗衡。刘歆提出的问题，表明他并不完全认同桓谭的评价，要求其加以具体证明。故桓谭在回答刘歆的疑问时，就扬雄所具备的"通才"观点，拿司马迁来与之比较说明，只有此人的才能可以与扬雄相提并论，其余都不足挂齿。他还进一步发挥指出，扬雄所著《太玄》，可以次于"五经"之后，传于久远，只是当下尊古贱今的风气盛行，故对扬雄及其著述的价值，没有足够的认识；虽然自己见不到其书

---

① ［汉］王充著，张宗祥校注，郑绍昌标点：《论衡》卷一六，上海古籍出版社2020年版，第338页。
② ［宋］李昉等纂，夏剑钦、张意民校点：《太平御览》卷四三二，河北教育出版社1994年版，第4册，第576页。
③ 朱谦之校辑：《新辑本桓谭新论》卷一九，中华书局2009年版，第41页。

传于数百年之外的情景,但后人必能见证这一点。当然,"遇上好事"者的机缘也很重要。而特别耐人寻味的是,桓谭在论证扬雄够得上圣人的标准过程中,还插入了"老子其心玄远,而与道合"的话,这个"道"字,显然应该与前面的"圣道"之"道"含义相同,似乎在桓谭的眼里,老子也应属于圣人之列。

这则材料包含的信息较为丰富,值得加以仔细解析。首先,文中称刘歆为国师,则王莽此时的身份已经是新朝的皇帝了。其对桓谭提出扬雄其人如何评价的问题,应该是非常严肃的询问话题,而与桓谭跟张子侯二人对话谈论扬雄的圣人地位和影响完全不同。其次,刘歆对桓谭把扬雄称许为"能入圣道"的西汉独此一人表示质疑,跟扬雄在世时刘歆对扬雄著《太玄》是否有人感兴趣、能否传之久远表示怀疑的立场相一致,甚至说可能被人用来覆酱瓿。故要求桓谭提供对扬雄评价如此之高的充足理由。再次,桓谭把老子称为其玄远之心可与"道"合的圣人,表明在东汉初期关于儒家圣统、道统的观念尚未完全形成,那时的论者相信孔子曾经求教于老子,既然老子做过孔子的导师,那他与孔子同样具备圣人的资格。最后,桓谭发表世人尊古贱今、轻视扬雄的感叹,以及预言其著述将被"好事"之人次之"五经"等议论,显然有讥讽刘歆等当道者的用意,似乎不仅是扬雄在世时,即便在其去世之后,主流舆论对于扬雄的评价依然很低,到东汉初期,这种局面尚未得到根本改变。

而班固《汉书·扬雄传》所引桓谭这番话,又在对话人及评价用语等方面有所不同:

> 时大司空王邑、纳言严尤闻雄死,谓桓谭曰:"子尝称扬雄书,岂能传于后世乎?"谭曰:"必传。顾君与谭不及见也。凡人贱近而贵远,亲见扬子云禄位容貌不能动人,故轻其书。昔老聃著虚无之言两篇,薄仁义,非礼学,然后世好之者尚以为过于《五经》。自汉文景之君及司马迁皆有是言。今扬子之书文义至深,而论不诡于圣人,若使遭遇时君,更阅贤知,为所称善,则必度越诸子矣。"①

以此,则王邑、严尤跟桓谭关于扬雄著述的评价对话,发生在扬雄刚刚去世时,即新朝天凤五年。他们的对话内容,并不是对扬雄其人的总体评价,而是侧重于所著之书是否流传久远的问题。其中谈及老聃著"虚无之言两篇",誉之为胜过"五经"的人,因此认为老聃够得上圣人称号,持这一看法者包括西汉文帝、景帝以及司马迁,其评价的权威性大大增强。而最后几句颇为重要,桓谭认为,扬雄之书,文义极深,议论不违于圣人,如果遭遇欣赏他的君主,得到称誉,其地位必将度越诸子。显然,桓谭在这里对扬雄的评价,要比其与王莽、刘歆对话时低了些,只是说其书中的议论

---

① [汉]班固:《汉书》卷八七下,中华书局1983年版,第3585页。

与圣人的言论相吻合,如果有欣赏其人其书的君主,扬雄的地位可以超越诸子。显然,著述的议论与圣人合,本人不见得就够得上圣人的标准,而地位超越诸子,也不能直接跟圣人画等号。如果这番对话所表达的是桓谭的真实意思,则意味着他面对不同的对话者,把握的评价分寸是有所不同的。不排除王邑、严尤是对扬雄不怎么看好的人,故桓谭在他们面前,评价有所保留。

事实上,扬雄在世时,确实不被很多人看好,就连一贯以儒生言行示人,并且大肆标榜复古奉行尧舜之道的王莽,当其取代汉室而成为新朝皇帝以后,对当初曾与之共事的扬雄,并未体现出特殊关照。按照班固在《汉书·扬雄传》里的说法,扬雄自成帝以来,二十余年没有得到擢升,而王莽立国,进用了大量儒生,扬雄虽然也转为大夫,但其原因乃是"三世不徙官""以耆老久次",类似于解决扬雄待遇的一个历史遗留问题。而看看那些当年的同事飞黄腾达,简直势同霄壤:"(扬雄在成帝时官职)与王莽、刘歆并。哀帝之初,又与董贤同官。当成、哀、平间,莽、贤皆为三公,权倾人主,所荐莫不拔擢。……及莽篡位,谈说之士用符命称功德获封爵者甚众,雄复不侯。"① 其实,班固说扬雄没有封侯的原因是不愿意跟其他"谈说之士"一样"用符命称功德"讨好王莽,并不完全符合事实。扬雄在新朝建立之初作《剧秦美新》,后来又奉旨作《元皇后诔》等,文中称颂功德符命的用意非常突出,却仍然没有被王莽另眼相看。联系前述桓谭颇带牢骚的那番言辞,也能体察出王莽对扬雄并不太喜欢的隐情。而扬雄因为在新朝被擢升为大夫而感激涕零,急急忙忙地写成了《剧秦美新》奏闻,特意表白害怕哪天不幸死了来不及表达的这份感激之情。扬雄的这一举动,成为后世论者诟议其政治品格的一大污点。有着如此明显污点的人,能否与圣人的标准沾边,自然成为世人质疑甚至诟病的焦点。

持扬雄"非圣"的代表性观点,至迟在东汉初期班固所作《汉书·扬雄传》中就有明确体现,他在"赞"语中指出:"诸儒或讥以为雄非圣人而作经,犹春秋吴楚之君僭号称王,盖诛绝之罪也。"颜师古注:"绝谓无胤嗣也。"② 所言"诸儒",表明当时持论的儒者并非一人,"讥"则带有嘲讽的用意。这些儒者将扬雄模拟经典而著书的行为,比拟为吴楚之君僭号称王,是极其违背君臣等级制度伦理规范的重罪行为,应该诛其人而绝其后! 这种言论出于当时一些儒者之口,而且被班固正式载入记录扬雄生平事迹和给予盖棺定论的传记之中,表明包括班固本人在内的这些儒者,认为扬雄不仅达不到圣人标准,而且还有冒犯圣人之举。

---

① [汉] 班固:《汉书》卷八七下,中华书局1983年版,第3583页。
② [汉] 班固:《汉书》卷八七下,中华书局1983年版,第3585—3586页。

班固在"赞"语里,还有两处叙事,体现出扬雄并非圣人的评价倾向。一处是叙述关于甄丰之子甄寻、刘歆之子刘棻因献符命之物而被王莽治罪,下令对牵连人员不须奏请即可收捕,传递出株连、严惩的明确信号。正在天禄阁校书的扬雄,发现突然有治狱使者出现在他面前,要对其收捕,扬雄在惊恐和慌乱中从阁上跳下欲自尽,但没有死成,只是受了重伤。后王莽亲自过问此事,发布诏令明言扬雄与此事无关,不要再追究,扬雄因而得免于罪。班固紧接着写道:"然京师为之语曰:'惟寂寞,自投阁;爰清静,作符命。'"① 京师人的几句"飞语",明显带有嘲讽意味,虽然重点是嘲讽官府无缘无故抓人很荒唐,但同时也暗含着对扬雄曾经在《剧秦美新》和有关奏章中称颂符命的讥讽,这次险些遭罪,与扬雄之前所作符命文字并非全无干系。只不过王莽现在追究的重点,是那帮不懂得新皇帝"即位之后欲绝其原以神其事",还想靠进献符瑞捞取功名利禄好处的政治投机者。班固把京师飞语记录在此,自然反映了其对人们暗讽扬雄用意的认同倾向。

另一处则是班固对扬雄那段读者耳熟能详的评价文字所包含的用意:

(雄)实好古而乐道,其意欲求文章成名于后世,以为经莫大于《易》,故作《太玄》;传莫大于《论语》,作《法言》;史篇莫善于《仓颉》,作《训纂》;箴莫善于《虞箴》,作《州箴》;赋莫深于《离骚》,反而广之;辞莫丽于相如,作四赋;皆斟酌其本,相与放依而驰骋云。用心于内,不求于外。于时人皆曶之;唯刘歆及范逡敬焉。②

这段关于扬雄著述的叙述,前面冠以"实好古而乐道,其意欲求文章成名于后世"一句,是对扬雄平生目标追求的定性评价,清楚表明扬雄的最大愿望就是希望以文章成名,并能流芳百世。值得注意的是,首先,关于扬雄追求文章名世,可以联系春秋末期鲁国大夫叔孙豹有所谓"立德""立功""立言"的人生三不朽说法来进行考察,前两者要么"博施济众",要么"功济于时",都是对众人或者时代做出重要贡献者,按照唐人孔颖达的解释,他们属于"上圣之人"和"大贤之人";惟"立言"是功止于个人,故列在第三位,属于"次于大贤"之列,"言得其要,理足可传"③ 就能做到,故普遍成为文人的人生理想追求。显然,以文章名世者,尚不及"大贤之人",更够不着"上圣之人"的标准了。其次,扬雄著书所"放依而驰骋"的对象,并非都是儒家经典,《离骚》的作者屈原,"四赋"的作者司马相如,历来都不被视为圣人,他

---

① [汉]班固:《汉书》卷八七下,中华书局1983年版,第3584页。
② [汉]班固:《汉书》卷八七下,中华书局1983年版,第3583页。
③ [唐]杜预注,孔颖达疏:《左传·襄公二十四年》,阮元校刻:《十三经注疏·春秋左传正义》卷三五,中华书局1980年版,第1979页。

们主要以文名著称,是古代骚体、大赋的代表作家,扬雄把他们作为仿效对象,恰好与其希望以文章名世的目标相符。再次,扬雄同时代的人,对他都颇为轻视,唯独刘歆、范逡这样少数几个知音颇为敬重之,而刘歆的贡献主要在古文献整理编纂方面,也属于传统文人的范畴,他对扬雄的敬重,也是出于对其在文学事业上所做贡献之认可。故班固对扬雄的这一番评价,重在称述其实现了以文章名世的人生理想,尽管时人多轻视之,但并不妨碍其可以成为"立言"之不朽者。

班固认为扬雄只是文人而非圣人,还可以从其作《典引》一文对扬雄《剧秦美新》的批评得到印证。其《典引序》云:"相如《封禅》,靡而不典,扬雄《美新》,典而亡实。"在班固看来,从文学的角度看,扬雄的《剧秦美新》,称得上典雅,但与事实相悖。班固之意,盖谓扬雄的文章再好,但不是称美大汉的功德,而是对篡夺大汉权位的王莽新朝进行歌功颂德,故表达不满的评价。其自述此文写作意图云:"窃作《典引》一篇,虽不足雍容明盛万分之一,犹乐启发愤懑,觉悟童蒙,光扬大汉,轶声前代。"刘良注:"轶,过也。言光扬大汉之美,过声于前世圣帝明王也。"① 由此看来,班固与扬雄的写作意图截然不同,其之所以用《典引》名篇,按照蔡邕的解释是因为:"《尚书》疏尧之常法,谓之《尧典》;汉绍其绪,伸而长之也。"② 大汉是承绪唐尧之治的,而《典引》则要"光扬大汉之美,过声于前世圣帝明王",《剧秦美新》与之相比,用意迥然不同!

那么,班固心目中的"圣人"标准是什么?我们可以从其所撰集的《白虎通义》约略窥见之:"圣人者何?圣者,通也,道也,声也。道无所不通,明无所不照,闻声知情,与天地合德,日月合明,四时合序,鬼神合吉凶。《礼别名记》曰:五人曰茂,十人曰选,百人曰俊,千人曰英,倍英曰贤,万人曰杰,万杰曰圣。"③ 可见"圣人"的境界极高,其过人之处超过万万,几乎是无所不能,无所不通,无所不达,无人能及。以此标准去衡量扬雄,当然是远远不够了。

二、去掉"圣人"虚幻光环的文人扬雄更值得珍贵

王充对扬雄是很推崇的,故在其所著《论衡》一书中,涉及评价扬雄的篇章甚多。

---

① 六臣注:《文选》卷四八,[清]纪昀总纂:《四库全书·集部·总集类》,台湾商务印书馆1986年版,第1331册,第297页。

② 六臣注:《文选》卷四八,[清]纪昀总纂:《四库全书·集部·总集类》,台湾商务印书馆1986年版,第1331册,第296页。

③ [汉]班固:《白虎通义·圣人》,《四库全书·子部·杂家类》,第850册,第44页。

纵观这些评论，他虽然十分肯定扬雄的出众才能与多方面成就，但并不把他与圣人简单画上等号，认为其一生著述成就，比较接近于圣人的水准，而其作为最成功的文人之一，仍然很宝贵，值得世人珍惜之。王充的看法，可以视为不同于"圣"与"非圣"之争的第三种评价观点。

他在《超奇篇》中，对传统士人作出俗人、儒生、通人、文人、鸿儒五类区分，其中涉及对扬雄地位和所属类型的评价云：

> 夫通览者，世间比有，著文者，历世希然。近世刘子政父子、扬子云、桓君山，其犹文、武、周公，并出一时也。其余直有，往往而然。譬珠玉不可多得，以其珍也。故夫能说一经者为儒生，博览古今者为通人，采撷传书以上书奏记者为文人，能精思著文连结篇章者为鸿儒。故儒生过俗人，通人胜儒生，文人逾通人，鸿儒超文人。故夫鸿儒，所谓超而又超者也。以超之奇，退与儒生相料，文轩之比于敝车，锦绣之方于缊袍也，其相过远矣。①

王充认为刘向、刘歆父子与扬雄及桓谭，他们是才华过人、举世少有的能文之士，就跟周朝文王、武王、周公并出于一时一样，称得上人才盛世的产物。根据其对士人的五分法，扬雄与刘歆父子、桓谭，应归入文人或者鸿儒之列：

> 通书千篇以上，万卷以下，弘畅雅闲，审定文读，而以教授为人师者，通人也。抒其义旨，损益其文句，而以上书奏记，或兴论立说，结连篇章者，文人、鸿儒也。好学勤力，博闻强识，世间多有；著书表文，论说古今，万不耐一。②

在王充看来，能够上书奏记、兴论立说，在著述中说古论今，激扬文字，是万里挑一的能文之士，非常稀少，这是"文人"之选；而造思幽眇、见识精深、著述繁富者，则可归于"鸿儒"之列，更加珍贵难得。他在评价扬雄所著《太玄》时指出："阳城子长作《乐经》，扬子云作《太玄经》，造于眇（原作'助'，据孙诒让说改）思，极窅冥之深，非庶几之才，不能成也。孔子作《春秋》，二子作两《经》，所谓卓尔蹈孔子之迹，鸿茂参贰圣之才者也。"③ 认为《太玄》可以踪迹《春秋》，达到了"经"的地位，其所体现的"兴论立说，结连篇章"才能，可以与孔子作《春秋》相提并论，当然够得上鸿儒的层次了。

需要注意分辨的是，王充将扬雄的《太玄》与孔子的《春秋》作比较，主要不是从二者的意义和影响等方面着眼，而是专指他们在著述中所表现出来的卓越才能，观

---

① [汉]王充著，张宗祥校注，郑绍昌标点：《论衡》卷一三，上海古籍出版社2020年版，第238—239页。
② [汉]王充著，张宗祥校注，郑绍昌标点：《论衡》卷一三，上海古籍出版社2020年版，第238页。
③ [汉]王充著，张宗祥校注，郑绍昌标点：《论衡》卷一三，上海古籍出版社2020年版，第239页。

其"卓尔蹈孔子之迹,鸿茂参贰圣之才者也"可知。《对作篇》云:"汉家极笔墨之林,书论之造,汉家尤多。阳成子张作《乐》,扬子云造《玄》,二经发于台下,读于阙掖,卓绝惊耳,不述而作,材疑(同'拟')圣人。"① 评价扬雄在著述才能方面接近圣人。还有更多可以对此形成佐证的评价言论,如其对桓谭与王莽谈论扬雄的一段对话,表达了他自己的明确判断:"王公子问于桓君山以扬子云,君山对曰:'汉兴以来,未有此人。'君山差才,可谓得高下之实矣。"② 王莽问桓谭,如何评价扬雄,桓谭说扬雄为汉兴以来无与伦比之人,至于何以如此评价的理由,在上文引述桓谭《新论·正经篇》里所言"才智开通,能入圣道,卓绝于众"可以概见。桓谭这个评价更多侧重于赞扬扬雄的才智卓越之处,体现在"能入圣道"上,而王充表现为直接对扬雄之"才"的品次划分,认为桓谭对扬雄文学才能的评价"得高下之实",并不触及其是否与圣人之道相接近的问题。又如在评价桓谭的才能时,涉及对扬雄与桓谭、司马迁的比较:

> (谭)又作《新论》,论世间事,辩照然否,虚妄之言,伪饰之辞,莫不证定。彼子长、子云论说之徒,君山为甲。自君山以来,皆为鸿眇之才,故有嘉令之文。……由此言之,繁文之人,人之杰也。③

很明显,王充作为评价桓谭才能前提的,是其所著《新论》,故基于此的比较,自然是三人的著述才能。他在肯定《新论》一书的价值后,提出了两个重要判断,一是在三人之中,桓谭为优;二是他们都属于"繁文之人",堪称文中"人杰"。

以著述繁富、才力雄赡来肯定扬雄,在《论衡》中反映得十分突出,这成为王充评价古代人物的一个重要尺度和明显特征。他在《案书篇》中指出:"汉作书者多,司马子长、扬子云,河、汉也,其余泾、渭也。然而子长少臆中之说,子云无世俗之论。"④ 不仅强调了司马迁、扬雄著书之多汉代无人能比,而且评价了二人各自的著作特色,认为扬雄著述"无世俗之论"。观后文"世俗用心不实,省事失情"之语,盖谓扬雄的著述,没有"不实""失情"之类的弊端。《命禄篇》:"或问扬子云曰:'力能扛鸿鼎、揭华旗,知德亦有之乎?'答曰:'百人矣。'夫知德百人者,与彼扛鸿鼎、揭华旗者为料敌也。夫壮士力多者扛鼎、揭旗,儒生力多者博达疏通。故博达疏通,儒生之力也;举重拔坚,壮士之力也。……化民须礼义,礼义须文章,'行有余力,则以学文',能学文,有力之验也。""世称力者,常褒乌获。然则董仲舒、扬子云,文之

---

① [汉]王充著,张宗祥校注,郑绍昌标点:《论衡》卷二九,上海古籍出版社2020年版,第571页。
② [汉]王充著,张宗祥校注,郑绍昌标点:《论衡》卷二九,上海古籍出版社2020年版,第280页。
③ [汉]王充著,张宗祥校注,郑绍昌标点:《论衡》卷二九,上海古籍出版社2020年版,第280页。
④ [汉]王充著,张宗祥校注,郑绍昌标点:《论衡》卷二九,上海古籍出版社2020年版,第564页。

乌获也。秦武王与孟说举鼎不任，绝脉而死。少文之人，与董仲舒等涌胸中之思，必将不任有绝脉之变。"① 对于别人问扬雄，智德之人，是否也有堪与扛鸿鼎、揭华旗的力士相比并者，扬雄回答说，只要智德匹敌百人者，就可与之相当。王充对此发表评论说，儒生之力，应该显示在"博达疏通"方面，其作用与力士"举重拔坚"一样，各有所值。能够学好文，就是文人之力的最佳体现。董仲舒、扬雄，就是汉代的"文之乌获"，其他人很难与之比拼。这里评价扬雄与董仲舒都是汉代文人才力最强大者，联系到其在别处把扬雄与司马迁、桓谭等相提并论的言辞，则跟桓谭肯定扬雄是"汉兴以来，未有此人"的评价有一定差异。

王充针对世人所谓"文儒不若世儒"的观点，提出反驳意见，认为文章之儒，不仅其所著书可以传世，而且世儒之事业，非文儒难以传之久远。《书解篇》云：

> 案古俊乂著作辞说，自用其业，自明于世。世儒当时虽尊，不遭文儒之书，其迹不传。周公制礼乐，名垂而不灭；孔子作《春秋》，闻传而不绝。周公、孔子，难以论言。汉世文章之徒，陆贾、司马迁、刘子政、扬子云，其材能若奇，其称不由人。世传《诗》家鲁申公、《书》家千乘欧阳、公孙，不遭太史公，世人不闻。夫以业自显，孰与须人乃显？夫能纪百人，孰与廑能显其名？②

由此看出，王充认为文儒优于世儒。扬雄与陆贾、司马迁、刘向一样，都属于"自用其业，自明于世"的著书立说之文儒，而注《诗经》的鲁申公、注《尚书》的千乘欧阳、公孙氏，却须借助司马迁的传记之手，不然后世不知其名。很明显，扬雄等"以业自显"，其地位及影响要胜过"须人乃显"之人；而能够通过史传让百人名垂后世者，要胜过仅能彰显个人之名者。耐人寻味的是，西汉自武帝立"五经"博士以后，士人逐渐重经而轻文，连扬雄这种曾经醉心于此的大赋作家，都自认为此乃雕虫篆刻之技，壮夫不为。晋李轨认为扬雄晚年有"悔作"大赋之意③，故其随后将全部心思转向了《太玄》《法言》等模拟儒家经典的撰述。而王充明确表明世儒不如文儒的评价立场，甚至把文人列入高于通人和儒生的地位，体现出鲜明的轻经重文评价倾向。其高度肯定扬雄的文学事业和所取得的诸多成就，与他的这种评价倾向和尺度紧密关联。

因此，他对世人轻视扬雄的著述成果与巨大贡献的偏向表达不满，《齐世篇》指出：

---

① ［汉］王充著，张宗祥校注，郑绍昌标点：《论衡》卷一三，上海古籍出版社 2020 年版，第 263—265 页。
② ［汉］王充著，张宗祥校注，郑绍昌标点：《论衡》卷二八，上海古籍出版社 2020 年版，第 556 页。
③ ［汉］扬雄撰，李轨注：《法言》卷二，《四库全书·子部·儒家类》，第 696 册，第 280 页。

> 世俗之性，贱所见，贵所闻也。……作奇论，造新文，不损于前人，好事者肯舍久远之书，而垂意观读之乎？扬子云作《太玄》，造《法言》，张伯松不肯壹观，与之并肩，故贱其言。使子云在伯松前，伯松以为金匮矣。①

虽然指名道姓批评的是张伯松一人，其实是对当时整个社会普遍存在的世俗偏见之批判。扬雄的《太玄》《法言》，是不逊于前人的皇皇巨著，可以眼见为实，却被世俗之人贱视之，宁肯相信那些难以稽考的久远传闻，这不仅是扬雄个人遭遇的悲哀，同时更是一个时代的悲哀。在王充看来，西汉的风气相同于此，《佚文篇》有言："孝武善《子虚》之赋，征司马长卿。孝成玩弄众书之多，善扬子云，出入游猎，子云乘从。使长卿、桓君山、子云作吏，书所不能盈牍，文所不能成句，则武帝何贪，成帝何欲？故曰：'玩扬子云之篇，乐于居千石之官；挟桓君山之书，富于积猗顿之财。'"② 在王充看来，西汉对扬雄、桓谭的珍视，反映出对文人才士的重视，以及对职位、财富的轻视，这与当时普遍流行的"贱"视扬雄其人其书，形成了极为显著的时代反差。

王充不但对扬雄的文章之业评价甚高，还对其文人品格给予好评。《佚文篇》云：

> 扬子云作《法言》，蜀富人赍钱千万，愿载于书，子云不听。夫富无仁义之行，圈中之鹿、栏中之牛也，安得妄载。班叔皮续太史公书，载乡里人，以为恶戒。邪人柱道，绳墨所弹，安得避讳。是故子云不为财劝，叔皮不为恩挠，文人之笔，独已公矣。③

通常认为史家以秉笔直书为职业操守的体现，而扬雄对于富商以钱千万换取载于《法言》，被其拒绝，理由大概是为富不仁，这种人比圈中之鹿、栏中之牛好不到哪儿去，故坚持不受财富的诱惑，表现了一个文人应有的公正与良知。班固在《汉书·扬雄传》里说："不汲汲于富贵，不戚戚于贫贱，不修廉隅以徼名当世。家产不过十金，乏无儋石之储，晏如也。自有大度，非圣哲之书不好也；非其意，虽富贵不事也。"④ 扬雄在所作《逐贫赋》里对"贫"说："长与汝居，终无厌极！"⑤ 王充记录扬雄拒载蜀富人于书之事，可以作为班固之言的有力印证。

在对扬雄高度肯定的同时，王充也有委婉批评的言论。如在论述如何认定圣贤的问题上，就列举了扬雄与司马相如"敏于赋颂，为宏丽之文"是否称得上贤人来进行

---

① ［汉］王充著，张宗祥校注，郑绍昌标点：《论衡》卷一八，上海古籍出版社2020年版，第384页。
② ［汉］王充著，张宗祥校注，郑绍昌标点：《论衡》卷二〇，上海古籍出版社2020年版，第410页。
③ ［汉］王充著，张宗祥校注，郑绍昌标点：《论衡》卷二〇，上海古籍出版社2020年版，第413页。
④ ［汉］班固：《汉书》卷八七上，中华书局1983年版，第3514页。
⑤ ［汉］扬雄，张振泽校注：《扬雄集校注·逐贫赋》，上海古籍出版社2011年版，第147页。

讨论。《定贤篇》云:"以敏于赋颂,为弘丽之文为贤乎?则夫司马长卿、扬子云是也。文丽而务巨,言眇而趋深,然而不能处定是非、辩然否之实,虽文如锦绣,深如河汉,民不觉知是非之分,无益于弥为崇实之化。"① 照此看来,扬雄未必就称得上贤人。因为他的赋颂虽然"文如锦绣,深如河汉",但未必达到"处定是非、辩然否之实"的实际效果,读了这类文章,读者难以"觉知是非之分,无益于弥为崇实之化",文化人的作用没有体现出来。就跟他在文中列举"举义千里,师将朋友无废礼""经明带徒聚众""通览古今,秘隐传记无所不记""权诈卓谲,能将兵御众""敏于笔,文墨两集""清节自守,不降志辱身"等都难以确定人之贤否一样,认为世人对贤人的评判存在明显误区:"见才高能茂,有成功见效,则谓之贤",王充认为,这样的方法太过草率,知贤是很困难的,其最大难处在于知心。他说:"夫贤者才能未必高也,而心明;智力未必多,而举是。何以观心?必以言。有善心则有善言。以言而察行,有善言则有善行矣。……故心善无不善也,心不善无能善。心善则能辨然否,然否之义定,心善之效明,虽贫贱困穷,功不成而效不立,犹为贤矣。"② 意在强调文章写作必须心言相符,所立之言应是作者真实善心的自然流露,而不应该徒有华丽的形式与言辞。更为具体的批评,则是其《谴告篇》对司马相如、扬雄赋作的看法:"孝武皇帝好仙,司马长卿献《大人赋》,上乃飘飘(原作'仙仙',张宗祥以为当据《史记》《汉书》改)有凌云之气。孝成皇帝好广宫室,扬子云上《甘泉颂》,妙称神怪,若曰非人力所能为,鬼神力乃可成。皇帝不觉,为之不止。长卿之赋如言仙无实效,子云之颂言奢有害,孝武岂有飘飘之气者,孝成岂不觉之惑哉。"③ 这应该是王充批评二人之赋言不由衷而效果适得其反的有力证据。即便扬雄自己,对于大赋欲讽而不免于劝的悖反效果,晚年也有过清醒反思④。

扬雄著述之业获得巨大成功的原因是什么?在班固看来,乃是其一生仕途不顺,久滞于微官,故于"立功"之途绝望以后,乃转而将全部希望寄托在"立言"的成功上。所以在《扬雄传赞》中突出叙述其四十余岁至京师,以"文雅"见知于大司马王音,先召为门下史,又荐之为待诏,因奏《羽猎赋》除为黄门郎,与王莽、刘歆同职共事,历成帝、哀帝、平帝三世不得徙官;至王莽篡汉,以久未徙官而转为大夫。这是一段特别漫长而坎坷的仕宦过程。按照史料记载,扬雄于成帝永始三年(前14)到京师,四年奏《甘泉赋》而召为待诏,至王莽始建国元年(9)转任大夫,其间二十多

---

① [汉]王充著,张宗祥校注,郑绍昌标点:《论衡》卷二七,上海古籍出版社2020年版,第541页。
② [汉]王充著,张宗祥校注,郑绍昌标点:《论衡》卷二七,上海古籍出版社2020年版,第543页。
③ [汉]王充著,张宗祥校注,郑绍昌标点:《论衡》卷一四,上海古籍出版社2020年版,第297页。
④ [汉]扬雄撰,[晋]李轨等注:《法言》卷二,《四库全书·子部·儒家类》,第696册,第280页。

年未获升迁，而当初与之同官的王莽已黄袍加身，刘歆、董贤均位列三公，地位显赫。对比之下，扬雄对仕途绝望的心情，应该更为明显，故班固谓"其意欲求文章成名于后世"①。显然扬雄是在这种仕宦背景与失意心境下，才转向寻求文章成名的。

但王充对此却持稍有不同的看法。他在《书解篇》中以设问方式提出："文王日昃不暇食，周公一沐三握发，何暇优游为丽美之文于笔札？孔子作《春秋》，不用于周也。司马长卿不预公卿之事，故能作《子虚》之赋；扬子云任（原作'存'，今从张宗祥说）中郎之官，故能成《太玄经》，就《法言》。使孔子得王，《春秋》不作；长卿、子云为相，赋、《玄》不工。"② 司马迁早已认为，孔子没有遭遇厄于陈蔡等求仕坎坷挫折，就不会失望归鲁而作《春秋》，这应该代表了西汉以来比较普遍的认识，所以"穷而后工"的文学观念在后世影响深远。王充却对此提出异议："夫禀天地之文，发于胸臆，岂为间作，不暇日哉？感伪起妄，源流气烝。管仲相桓公，致于九合；商鞅相孝公，为秦开帝业。然而二子之书，篇章数十。长卿、子云，二子之伦也。俱感故才并，才同故业钧，皆士而各著，不以思虑间也。"③ 他认为，文人禀天地之气，创作发于胸臆，有感随机而发，与间作、忙闲没有直接关系。比如管仲相齐桓公，九合诸侯，成就春秋霸业；商鞅相秦孝公，锐意变法，为秦国帝业建开创之功。即使他们为相主政如此繁忙，并未影响其著述文章数十篇。司马相如、扬雄二人，可与管仲、商鞅相提并论者，并不是因为有着同样的政绩，而是其作为文人取得了堪与辅助"霸业""帝业"相媲美的著述成就。所以他们四人可谓"俱感故才并，才同故业钧"的典型，成为"士而各著"的代表。王充意在证明，仕途得志，并不妨碍其在著述方面取得成功；同样，不能"立功"，依靠"立言"也可以获得不逊于"霸业""帝业"的不朽名望。

王充对于扬雄的这些认识与评价，原本与西汉末至东汉初的"圣"与"非圣"之争并不一定存在何种关联，他也无异于在二者之间寻求妥协、折中或者平衡。但我们通过对王充评价扬雄这些言论的梳理，受到的最大启发是，连扬雄自己都断言圣人难知，后世却要千方百计把他推上圣人的神坛，是否具有公认的客观标准和依据？难道扬雄成名于后世，不是靠他在经学、文学、文字学等方面取得的皇皇成就，而是其历来争议不休且难以度量的虚幻"圣人"光环？事实上，依照王充对"文人"定义和归类，扬雄被视为汉兴以来最杰出的文人之一，不仅恰如其分，而且内涵更丰富，影响更深远。

---

① ［汉］班固：《汉书》卷八七上，中华书局1983年版，第3183页。
② ［汉］王充著，张宗祥校注，郑绍昌标点：《论衡》卷二八，上海古籍出版社2020年版，第557页。
③ ［汉］王充著，张宗祥校注，郑绍昌标点：《论衡》卷二八，上海古籍出版社2020年版，第557页。

三、扬雄形象的多面性与评价尺度的差异性

为什么西汉末至东汉初期对扬雄的评价呈现出如此巨大的分歧？笔者以为既跟扬雄其人其事的多面性复杂性有关，也跟不同阶段的评价者所持评价尺度不同有着直接联系，而这两方面因素又会产生交叉影响，所以使得扬雄一直成为历来评价争议不断的历史人物，即便到了今天，这种评价分歧仍然存在。

扬雄生活在西汉末期皇权旁落、国势衰颓的特殊年代。成、哀、元三世，外戚专政用权越来越严重，连谁可以继承皇位这样的帝王"家事"，也得由手握执政大权的外戚说了才算。扬雄从西蜀到京师寻求仕途发展机会，正是通过大司马王音的推荐，才被成帝召为待诏，获得多次扈从皇帝出巡祭祀的机会，他借机通过写作"四赋"，其文学才能有了充分展示的舞台，由此奠定了其在大赋创作方面与司马相如齐名的文学地位。后来王莽篡汉建立新朝，扬雄因久滞而升任大夫，他感激涕零，专门写作《剧秦美新》赞扬王莽崇奉尧舜之道、重用儒生的新政变革，甚至在新朝建国一年左右，就极力鼓动王莽去泰山封禅，认为新朝的一系列作为与政治气象，完全具备了昭告天地神祇的条件。

从扬雄的求仕热情与仕宦表现看，他是相当热心于仕进的，且充分运用了其文学写作方面的专长，为其仕途进身发挥"敲门砖"作用。从其扈从成帝献赋，到被王莽提拔奏文，他的写作动机并没有什么本质区别，无非就是希望当朝皇帝能够看到他的文学才能，并由此获得信用。后世评价者抨击扬雄恬仕新朝，奏《美新》，是丧失文人气节的表现。但在当时的扬雄那里，并没有产生后世所看重的正统与篡贰之间的是非区别，只是以为王莽接替日益衰微的汉政权，水到渠成，是历史的必然结果。无论是陈胜喊出"王侯将相宁有种乎"的口号揭竿而起欲改朝换代，还是王莽篡汉之后各路军阀群起争夺天下而刘秀得手，那时并没有宋人看重的所谓权力递嬗是否正统，宋人以为关乎文人进退大节的扬雄仕于新朝问题，在他所处的时代压根儿不成为问题。

虽然如此，但扬雄的求仕欲望与行为并不完全像班固所描述的那样，他从年轻时就"清静亡为，少耆欲"，到晚年仍然"恬于势利"，对仕途进退毫不介意，是一个完全不在乎功名得失，与世无争，只想着做自己学问的"书呆子"。如果真如班固所描述的那样，就难以解释扬雄上述的一系列行为，以及促使这些行为发生的内在思想动机。扬雄作为一个信奉儒家治世理想的儒者，他寻求一切可以兼济天下的仕进机会，不仅为了实现其所憧憬的社会理想，也是为了实现个人的政治抱负。对于具有如此政治情怀的士人而言，怎么可能对社会政治漠不关心，对一己仕途进退毫不介意？

在扬雄通过各种努力寻求进身报国无望的情况下，他不得已才退而求其次，转而走向专注于以"立言"成名的文人著述之路。看他所效仿的几种经典，还是颇有考究的。

> 以为经莫大于《易》，故作《太玄》；传莫大于《论语》，作《法言》；史篇莫善于《仓颉》，作《训纂》；箴莫善于《虞箴》，作《州箴》；赋莫深于《离骚》，反而广之；辞莫丽于相如，作"四赋"；皆斟酌其本，相与放依而驰骋云。①

扬雄认为经莫大于《易》，故仿之而作《太玄》。这纯粹是他自己有意拔高《易》在"五经"中的地位。汉初以来，文帝时，始立《书》《诗》各一博士，景帝时增置《春秋》博士，到武帝时才增《易》《礼》博士，至此"五经博士"之名乃具。即便如此，武帝时最受重视者，仍然是公羊、穀梁《春秋》，远非《易》的传授情况可比。扬雄之所以认为"五经"之中《易》为大，他在《解难》一文里解释得很清楚："是以宓牺氏之作《易》也，绵络天地，经以八卦，文王附六爻，孔子错其象而象其辞，然后发天地之藏，定万物之基。"② 不仅强调其内容的重要性，而且看重《易》是宓牺氏所作，时间最早，加之文王附六爻，孔子错象象辞，是不同时期几位圣人制作共同完成的一部儒家经典，这一形成过程独一无二，其他经典难以与之比并。扬雄仿《论语》而作《法言》的意图，《汉书·扬雄传》也有明确交代："雄见诸子各以其知舛驰，大氐诋訾圣人，即为怪迂，析辩诡辞，以挠世事，虽小辩，终破大道而或（同'惑'）众，使溺于所闻而不自知其非也。及太史公记六国，历楚汉，讫麟止，不与圣人同，是非颇谬于经。故人时有问雄者，常用法应之，譔以为十三卷，象《论语》，号曰《法言》。"③ 不仅答疑的方式与孔子跟弟子的对话相似，而且用自认为符合圣人之道的观点引导人，也与孔子的意图相近。《太玄》《法言》是扬雄弘扬圣人之道、扶持儒家道统的"宗经"之作，意在突显其儒家传道者的身份，这是他要实现的首要目标。至于仿《虞箴》而作《州箴》，笔者有专文论及，认为这三十多篇州牧箴、朝官箴的集中创作，用"以表达其深重的历史情怀和现实忧思"④，反映出扬雄积极关注时代政治变化，讽喻箴规现实的写作意图。而仿《离骚》，仿司马相如作大赋，则是其文学爱好的体现，展现其本色文人文学写作的看家本领。

因此，扬雄的形象，既体现出热心仕途、关注政治、积极干预社会现实的入仕一面，也体现出对进身绝望之后追求著书"立言"期于不朽，以文章成名的文人气质和

---

① ［汉］班固：《汉书》卷八七下，中华书局1983年版，第3583页。
② ［汉］班固：《汉书》卷八七下，中华书局1983年版，第3577页。
③ ［汉］班固：《汉书》卷八七下，中华书局1983年版，第3580页。
④ 杨胜宽：《扬雄箴体文学讽谏思想的艺术表达》，西华大学地方文化保护与开发研究中心编：《地方文化研究辑刊》第二十辑，巴蜀书社2023年版，第63—76页。

著述专擅的"恬淡势利"一面;他既想追步圣人足迹,努力维护儒家伦理价值和立身处世原则的"道统"理想,又不能完全置身于特殊时代波谲云诡、变幻莫测功名诱惑的"政统"之外。扬雄形象的复杂性与多面性,归根到底是其所处的特色时代背景所决定的,无论是政治形象还是文学形象,无论是儒者形象还是文人形象,都可以在知人论世中找到合情合理的逻辑关联。

至于自西汉末期以来对扬雄评价的长期分歧,相当程度上与评价者所掌握的评价尺度不同有很大关系。拿桓谭、王充、班固三人对扬雄是不是"圣人"的评价来说,就足以看出问题所在。最早推崇扬雄为圣人的桓谭,从其流传至今的《新论》相关文字看,一处是与张子侯谈论扬雄为"西道孔子""东道孔子"的对话,他以孔子堪为齐、楚圣人来与扬雄作比较,认为其影响不止于局部,但毕竟只是一种感性比拟,严格说两人并不具备可比的基本前提条件。故由此得出扬雄也跟孔子一样是圣人,其逻辑和结论都显得牵强。另一处与王莽、刘歆在一起,桓谭回答王莽对扬雄如何评价时,认为扬雄"才智开通,能入圣道",所谓"能入圣道"是说其能够进入圣人之道,而给出这一判断的理由是"才智开通"。这里有两点需要辨析,其一,说扬雄的才智能入圣道,并不意味着就认定扬雄是圣人,能够接受或者践行圣人之道,与圣人本身并不能画等号,二者的差别显而易见。其二,单以"才智"多寡来评价扬雄,这本身就不太符合传统的圣人评价标准。《论语》中记载孔子有言云:"圣人,吾不得而见之矣;得见君子者,斯可矣。"①(《述而》)说明孔子认为,在他所处的那个时代,已经见不到圣人,能够见到君子就不错了。在孔子的心目中,圣人的标准是极高的。《孟子·公孙丑上》记载了一段孟子与公孙丑的对话,谈到孔子的圣人标准问题。公孙丑问:"然则夫子既圣矣乎?"孟子回答:"昔者子贡问于孔子曰:'夫子圣矣乎?'孔子曰:'圣则吾不能,我学不厌而教不倦也。'子贡曰:'学不厌,智也;教不倦,仁也。仁且智,夫子既圣矣!'"② 孔子在世时,学生都将其视为圣人,但他从来不以圣人自居,说自己只能做到学而不厌,教而不倦。子贡称赞说,学不厌,可以不断提升智慧;教不倦,体现了仁的美德,仁智的完美结合,就符合了圣人的标准。桓谭只称赞扬雄"才智开通",没有触及仁德内容,与圣人的标准相较,是有明显缺陷的。孟子自我评价达不到圣人标准,称只是"知言"而已。他在回答"何谓知言"的问题时说:"诐辞知其所离,淫辞知其所陷,邪辞知其所离,遁辞知其所穷。生于其心,害于其政;发于其政,

---

① [宋]朱熹:《四书章句集注·论语集注》卷四,中华书局1983年版,第99页。
② [宋]朱熹:《四书章句集注·孟子集注》卷三,中华书局1983年版,第233页。

害于其事。圣人复起，必从吾言矣。"① 说圣人复起，也会赞同他的看法，同样表明在他的时代，是没有圣人的，只有孔子够得上圣人的标准。正如王充在《论衡·讲瑞篇》里记录桓谭与扬雄讨论圣人话题时所说："如后世复有圣人，徒知其才能之胜己，多不能知其圣与非圣也。"扬雄非常赞同桓谭这一看法。在王充看来，智能超群如桓谭、扬雄者，尚不能知道谁是圣人，因为难知圣人的最大问题在于衡量的标准不确定，客观上就必然陷入"不能知"谁是圣人、谁非圣人的评价困窘之中。

恰恰因为缺乏客观公认的圣人评价标准，所以自西汉末期以来，在扬雄生前和死后，对其评价才出现如此明显的分歧。最直接的原因，在于人们评价扬雄所把握的标准宽严不一，得出的结论自然高下迥异。王莽以皇帝之尊亲自询问桓谭对扬雄当如何评价，反映出朝野对其评价态度极不一致，誉之者俨然视之若圣人，认为汉兴以来所未有；而不喜欢他的人，则对其政治理想、文学内容、学术成就、社会影响等充满不解和质疑。如此一来，官方要为之"盖棺定论"，就变得相当复杂和困难。

王充正是看清楚了世人对于扬雄评价的分歧症结所在，所以干脆跳出"圣"与"非圣"的无解争议，转而从士人类别"五分法"来为扬雄寻找更加符合实际的历史定位。他把扬雄归入介于"文人"与"鸿儒"之间的高层次杰出人才之列，既避免了扬雄是不是圣人的"评价陷阱"，又从更多方面综合肯定了其身份、地位与价值。在王充看来，西汉后期是一个文人辈出的时代，"刘子政父子、扬子云、桓君山，其犹文、武、周公，并出一时也。……譬珠玉不可多得，以其珍也"。刘向父子、扬雄、桓谭等人同出一时，其盛况与价值可与西周文、武、周公几位圣人横空出世相媲美。扬雄的才能是最接近圣人的一位，其在经学、文学、史学、文字学等多方面所取得的成就，使之成为刘向父子、桓谭、司马相如等人难以与之比并的明显优势与突出特征。王充对扬雄评价最值得引起注意者，在于他给出了扬雄本质上是一个"文人"的准确判断，认为扬雄的经学、史学、文字学等方面的成就，都是由此生发出来的，所以视之为"文儒""鸿儒"。王充完全没有后世普遍流行的重经轻文评价倾向，认为扬雄最应该受到珍重和肯定的，就在于其作为一代杰出"文人"所创造的那些成就，所做出的那些贡献。扬雄垂名青史的地位取决于此，对后世的深远影响也依赖于此。

桓谭与班固在肯定扬雄文学才能与成就方面，与王充有共通之处，只是他们过度纠结于扬雄是不是圣人的争议，不如王充完全从"文人"身份角度去认识扬雄的繁富著述和巨大成功，更能体现扬雄的本来面貌，对其多方面历史贡献做出有独特价值的评价。

（作者单位：乐山师范学院）

---

① ［宋］朱熹：《四书章句集注·孟子集注》卷三，中华书局1983年版，第232—233页。

扬雄历史际遇与价值取向探析

罗建军　向清玉

内容提要：扬雄是西汉著名的文学家、语言学家、哲学家。其杰出贡献在于创作了《甘泉赋》《河东赋》《羽猎赋》《长杨赋》等一批文学巨作，而以《太玄》《法言》构建的哲学体系更是后人终其一生的研究对象。扬雄离世后，引起了人们对他的不同评说，尤以其仕莽新政权和作《剧秦美新》遭致后人诟病。综合材料分析可以看出，历朝历代对扬雄评价时褒时贬，尤以两宋之际为分界线，北宋以司马光的褒扬达到了顶峰，而南宋朱熹对扬雄的贬斥却陡然下落到了低谷。究其原因，不外乎依据个人的喜好、晋升职场之需、政治价值取向不一、为统治者服务来评价。显然，前人对扬雄的评价带有明显的时代特征，但我们不能苛求古人的言论。本文在剖析各主要朝代对扬雄评价言论的基础上，探析各主要朝代对扬雄评价不一的深层次原因，将扬雄置于他所处的具体历史环境中去探析其价值取向，以还原其客观公正的历史人物形象。

关键词：扬雄；历史际遇；价值取向

扬雄是两汉之际一位颇具争议性的著名历史人物。在其离世后，学术界对其生平、作品、思想及影响进行了较为全面的研究。如陆侃如先生的《中古文学系年》[1]，详细考证了扬雄的生平事迹、著作篇目及著作年代。束景南的《〈太玄〉创作年代考》[2]，对《太玄》一文的创作年代进行了考辨。许结的《扬雄与两汉思想》[3] 论述了扬雄的哲学思想。相关的研究文章及著作还很多，在此就不一一列举了。

---

[1] 陆侃如：《中古文学系年》上册，人民文学出版社1985年版，第1—48页。
[2] 束景南：《太玄创作年代考》，《历史研究》1981年第5期，第143—147页。
[3] 许结：《扬雄与两汉思想》，《中国哲学史研究》1998年第5期，第41—48页。

但对其评价褒贬不一的原因的研究却相当少，或零星呈现于著作之中，或散见于某篇论文，都不尽详细与深入。如王青教授的《扬雄评传》①，叙述某个朝代对扬雄的评价，只单方面记叙对其褒或贬，没有同时集褒贬评价于一朝，且侧重宋朝，宋以后对扬雄的相关评价基本未涉及。杨世明的《扬雄身后褒贬评说考议》②，主要从政治环境及正统观念的角度对扬雄受到后人褒贬不一进行分析，并不全面。笔者认为，主要是由于各主要朝代的社会、政治、经济、文化环境的差异，加之评论者个人好恶、侧重方面不同，才造成众多不一的评价。本文试图通过对以上方面的研究来挖掘历朝对扬雄评价不一的深层次原因，并将其置于具体的时代环境中，重新审视其相关行为，探析其价值取向。

一、扬雄生平简介

扬雄，字子云，西汉蜀郡成都（今四川成都市郫都区）人。生于汉宣帝甘露元年（前53），卒于新王莽天凤五年（18），历经宣帝、元帝、成帝、哀帝、平帝以及新莽诸朝，是两汉之际有名的哲学家、文学家、语言学家。

扬雄的祖先杨季官至庐江太守，因避仇，于汉元鼎年间（前116—前111）到达四川郫县。为与当地的杨姓区分，遂将从"木"之"杨"改为从"手"之"扬"，即杨季晚年所改。自杨季至扬雄，五世都是单传子，世代以农业为主。

扬雄"少而好学，不为章句，训诂通而已，博览无所不见"③，博涉的不仅有战国时的五德始终学说，亦有先秦的儒道学说。

扬雄四十二岁入京，后入成帝朝政中为官。据《汉书·扬雄传》赞词载："初，雄四十余，自蜀来至游京师，大司马王音奇其文雅，召为门下史，荐雄待诏。"但王音死于永始二年（前15），扬雄时年三十九岁，因此，不可能为王音所荐。王青教授认为王音为王根之误。张震泽认为王音当为王商之误，王商于元延元年（前12）十二月乙未迁为大司马大将军，辛亥薨，即在其继位的第十七天。王根迁为大司马在王商死后第九天，均在十二月发生，则王根为大司马必在十二月末，而扬雄于次年正月即行幸甘泉，短暂期间王根定没时间举荐扬雄。故认为王商将死举荐扬雄的④，此种认识较正确。

---

① 王青：《扬雄评传》，南京大学出版社2000年版，第323—342页。
② 杨世明：《扬雄身后褒贬评说考议》，《四川师范学院学报》2001年第3期，第3—8页。
③ ［汉］班固著：《汉书·扬雄传》，中华书局1962年版，第3514页。
④ ［汉］扬雄著，张震泽校注：《扬雄集校注》，上海人民出版社1993年版，第443页。

元延二年正月，扬雄作《甘泉赋》，三月作《河东赋》，十二月作《羽猎赋》，后拜为黄门侍郎，继作《长杨赋》。四篇名赋共同奠定了扬雄的汉赋大家地位。

在汉哀帝时作《太玄》与《法言》，后因《太玄》遭非议而作《解嘲》《解难》。

平帝元始二年，扬雄因连丧两子，贫困而作《逐贫赋》。后又作《训纂》《官箴》《州箴》等名篇。

公元八年，王莽称帝建立新朝，扬雄以耆老久次转为太中大夫，并作《剧秦美新》歌颂王莽政权，引来后世非议。公元十一年，因甄寻、刘棻符命之事，而从天禄阁跳下，几乎死掉。公元十三年，王莽母新室文母皇太后死，召雄作诔，《元后诔》乃成。

天凤五年，扬雄在长安与世长辞，终年71岁，其弟子侯芭为之起坟，居丧三年。

二、前人对扬雄的评说综述

前人对扬雄的评价主要围绕其相关著作、仕新莽政权以及《剧秦美新》而展开，本文将以时间为线索，探析各主要朝代对扬雄的评价状况。

（一）东汉三国对扬雄的评价较高

东汉著名学者桓谭很推崇扬雄。扬雄死后，大司马王邑谓桓谭曰："子尝称扬雄书，岂能传于后世乎？"谭曰："必传"，"若遭遇时君"，"则必度越诸子矣"①。

东汉无神论者王充也盛赞扬雄，曾云："扬子云作《太玄》，造于助思，极窅冥之深，非庶几之才不能成也。"②但在此之前就有对扬雄文章评价不高之言论存在，如刘歆观扬雄《太玄》曰："空自苦！今学者有禄利，然尚不能明《易》，又如《玄》何？吾恐后人用覆酱瓿也。"③

（二）魏晋时期掀起了对《太玄》的研究热

此时期，为《太玄》作注或指归的有宋衷、王肃、陆凯、陆绩、虞翻、范望等。晋人范望曰："昔者文王屈抑而系《易》，仲尼当衰周而述《春秋》，为一代之法，以彰圣人之符，子云志不申显，于是覃思耦《易》著《玄》……桓谭谓之绝伦。"④

此外，南朝对扬雄的评价也颇高。萧子显称赞扬雄赋，曰："卿（司马相如字长卿）、云（扬雄字子云）巨丽，升堂冠冕，张（东汉作家张衡）、左（西晋作家左思）

---

① ［汉］班固著：《汉书·扬雄传》，中华书局1962年版，第3585页。
② ［汉］王充著：《论衡·超奇篇》，大中书局1933年版，第243页。
③ ［汉］班固著：《汉书·扬雄传》，中华书局1962年版，第3585页。
④ ［汉］扬雄撰，［晋］范望注：《太玄经（卷一）》，上海古籍出版社1990年版，第25页。

恢廓，登高不继，赋贵披陈，未或刀矣。"①

颜之推却贬斥扬雄，在《颜氏家训》卷四《文章》中云："扬雄德败《美新》……此人直以晓算术，解阴阳，故著《太玄经》，数子为所惑耳；其遗言余行，孙卿、屈原之不及，安敢望大圣之清尘？且《太玄》今竟何用乎？不啻覆酱瓿而已。"② 此时期虽存在贬低扬雄的言论，但社会舆论主要还是偏向称赞扬雄的。

（三）唐朝对扬雄评价的分歧

初唐、盛唐人士主要是以贬扬雄为主。唐太宗认为扬雄、司马相如、班固的赋"皆文体浮华，无益劝戒"③。刘知几批评扬雄之《甘泉》《羽猎》"喻过其体，词没其义，繁华而失实，流宕而忘返，无裨劝奖，又长奸诈，而前后《史》《汉》皆书诸列传，不其谬乎？"④ 此时期很少有人称赞扬雄，但也有个别的存在，如王勃《上九层宫颂表》称自己："文谢子云，愿竭甘泉之思。"

盛唐时期的伟大诗人李白与杜甫对扬雄十分崇拜。李白说："昔献长杨赋，天开云雨欢。当时待诏承明里，皆道扬雄才可观。"（《答杜秀才五松山见赠》）在李白的诗歌中多处表示对扬雄这位同乡前贤的崇敬之情，而且影响着他的生活道路。扬雄凭着自己的辞赋名闻天下，感动人主而被召入京，受到皇帝的信任。李白也是不愿按部就班走科举之路，而是要像扬雄那样"一鸣惊人，一飞冲天"，凭自己的才华和锦绣文章被天子破格任用，一步登天。他向唐玄宗献赋，就是学扬雄以赋得到天子的重视。杜甫对扬雄也很崇敬，他在《奉赠韦左丞丈二十二韵》中说："赋料扬雄敌，诗看子建亲。"又《壮游》："斯文崔魏徒，以我似班扬。"

而中晚唐文人多以褒扬雄为主。刘禹锡在《陋室铭》中曰："南阳诸葛庐，西蜀子云亭。"韩愈对扬雄的文才推崇备至，认为"汉朝人莫不能为文，独司马相如、太史公、刘向、扬雄为之最"⑤。对其道统论给予了高度评价："晚得扬雄书，益尊信孟氏，因雄书而孟氏益尊，则雄者亦圣人之徒欤。"⑥ 此时期也存在少量贬扬雄的言论，如谢榛曰："扬子云《逐贫赋》……辞虽古老，意则鄙俗，其心急于富贵，所以终仕新莽，见笑于穷鬼多矣。"⑦

---

① ［南朝梁］萧子显：《南齐书》卷五二，中华书局1972年版，第908页。
② 王青：《扬雄评传》，南京大学出版社2000年版，第55页。
③ ［唐］吴兢：《贞观政要》，上海古籍出版社1978年版，第222页。
④ ［唐］刘知几著，［清］浦起龙释：《史通通释》，上海古籍出版社1978年版，第124页。
⑤ ［唐］韩愈著，刘真伦、岳珍校注：《韩愈文集汇校笺注》，中华书局2010年版，第865页。
⑥ ［唐］韩愈著，刘真伦、岳珍校注：《韩愈文集汇校笺注》，中华书局2010年版，第111页。
⑦ ［明］谢榛著，宛平校点：《四溟诗话》，人民文学出版社1961年版，第127页。

（四）宋朝对扬雄褒贬达到极致

北宋主流是对扬雄的褒扬，他被尊作"先儒"，供奉在文庙陪祀"至圣先师"孔子；南宋主流是对扬雄的贬斥，程朱理学地位进一步上升，扬雄逐渐被排除儒家道统之列。

孙复是较早的褒扬派，曾曰："吾之所谓道者，尧、舜、禹、汤、文武、周公、孔子之道也，孟轲、荀卿、扬雄、王通、韩愈之道也。"①

曾巩对扬雄也很推崇，曾云："巩自度学每有所进，则于雄书每有所得。"② 王安石著有《扬雄三首》，他还将扬雄与孟子并称，称其为大贤人。又在《答王深甫书》中写道："孔子没，能言大人而不放乎老、庄者，扬子而已。"③ 而与王安石政治立场截然相反的司马光对扬雄的评价却与王安石如出一辙，他说："扬子云真大儒者邪！孔子既没，知圣人之道者，非子云而谁？"④ 司马光用三十年时间为《太玄》作注，又为《法言》集注，他对扬雄的推崇使北宋褒扬达到了顶峰。

与此同时，贬扬派的苏洵批判扬雄学术浅薄，没有自己的心得体会："《太玄》者，雄之所以自附于夫子，而无得于心者也。使雄有得于心，吾知《太玄》之不作。"⑤ 程颐批判扬雄学术"无自得者也，故其言蔓衍而不断，优游而不决"⑥。否定扬雄的道统地位，曰："韩子称其'大醇'，非也。"⑦ 苏轼认为其文章"以艰深之词，文浅易之说"。

两派对扬雄的人性论持不同观点，褒扬派竭力赞扬，贬扬派则竭力贬斥，尤以二程（程颐、程颢）为代表。《二程集》载："其（扬雄）论性则曰：'人之性也善恶混，修其善为善人，修其恶则为恶人。'荀子，悖圣人者也，故列孟子于十二子，而谓人之性恶，性果恶邪？圣人何能反其性以至于斯邪？"⑧ 主张性本善与扬雄的人性善恶混论相区别。

对于扬雄仕新莽政权及其代表作《剧秦美新》也引起争议。褒扬派的曾巩认为扬雄仕新莽政权，"不去非怀禄也，不死非畏死也，辱于仕莽而就之，非无耻也"⑨。王安

---

① 贾文昭：《中国古代文论类编》上册，海峡文艺出版社 1988 年版，第 166 页。
② 齐豫生、夏于全：《中华文学名著百部》第 34 部，新疆少年出版社 2000 年版，第 311 页。
③ ［宋］王安石撰，李之亮笺注：《王荆公文集笺注》，巴蜀书社 2005 年版，第 1216 页。
④ 曾枣庄、刘琳：《全宋文》第 28 册，巴蜀书社 1992 年版，第 480 页。
⑤ 曾枣庄、刘琳：《全宋文》第 22 册，巴蜀书社 1992 年版，第 113 页。
⑥ ［宋］程颢、程颐：《二程集》，中华书局 1981 年版，第 252 页。
⑦ ［宋］程颢、程颐：《二程集》，中华书局 1981 年版，第 316 页。
⑧ ［宋］程颢、程颐：《二程集》，中华书局 1981 年版，第 325 页。
⑨ 齐豫生、夏于全：《中华文学名著百部》第 34 部，新疆少年出版社 2000 年版，第 322 页。

石曰:"扬雄之仕,合于孔子无不可之义,奈何欲非之乎?"① 认为扬雄仕新莽政权符合儒家的"用之则行,舍之则藏"的出处进退之道。进一步为其行为辩解道:"岁晚天禄阁,强颜为《剧秦》,趋舍迹少迕,行藏意终邻。"② 柳开认为:"扬子之志,讥莽而非媚也。谓'美'之称,曰'剧'之类也。"③

然而,北宋刘敞却说:"雄仕王莽,作《剧秦美新》,复投阁求死,皆背于圣人之道,惑于性命之理者也。"④ 南宋朱熹对扬雄的贬斥达到极致。朱熹作《通鉴纲目》书"莽大夫扬雄死"。又扬雄《法言》中有:"周公以来,未有汉公之懿也,勤劳则过于阿衡。"⑤ 遭致后人诟病,朱熹评说扬雄《反离骚》曰:"王莽为安汉公时,雄作《法言》,已称其美,比于伊尹、周公。及莽篡汉,窃帝号,雄遂臣之,以耆老久次转为中大夫。又仿相如《封禅文》,献《剧秦美新》以媚莽意,得校书天禄阁上……"⑥

明代扬雄的身价更是一落千丈,"先儒"尊号被取消了,"木主"牌位也从文庙里搬出。清代著名诗人张船山曾写子云亭联:"高文不让贤臣颂,胜迹曾传陋室铭。"将扬雄与汉代著名文学家王襄相提并论,赞美扬子云文才出众。

三、前人评说扬雄存在轩轾之别之因

扬雄死后,世人对其或褒或贬,可谓众说纷纭,很值得我们深思,探究其原因,主要表现在以下几方面。

(一) 与论者所处时代的学术文化氛围有关

两汉之际,谶纬迷信充斥于世,加之东汉末年道教的出现,神仙方术大肆盛行,在此种学术氛围中,扬雄的哲学思想便独树一帜。他注重义理及思辨,认为天道自然,无为自化,《法言·问道》言:"或曰天,曰:吾与天与?见无为之为矣。"⑦ 他还主张世上根本没有神仙,《法言·重黎》:"神怪茫茫,若存若亡,圣人曼云。"⑧ 长生不老亦荒诞之说,《法言·君子》:"有生者,必有死;有始者,必有终,自然之道也。"⑨ 这些言论直接影响了桓谭、王充的反迷信思想的形成,受到他们的推崇。

---

① [宋] 王安石撰,李之亮笺注:《王荆公文集笺注》,巴蜀书社2005年版,第1221页。
② [宋] 王安石撰,李之亮笺注:《王荆公文集笺注》,巴蜀书社2005年版,第1223页。
③ 曾枣庄、刘琳:《全宋文》第3册,巴蜀书社1989年版,第674页。
④ 曾枣庄、刘琳:《全宋文》第30册,巴蜀书社1992年版,第363页。
⑤ [汉] 扬雄著,李守奎译注:《扬子法言译注》卷一三,黑龙江人民出版社2003年版,第201页。
⑥ [宋] 朱熹:《楚辞后语(卷二)》,人民出版社1953年版,第89页。
⑦ [汉] 扬雄著,李守奎译注:《扬子法言译注》卷四,黑龙江人民出版社2003年版,第45页。
⑧ [汉] 扬雄著,李守奎译注:《扬子法言译注》卷一〇,黑龙江人民出版社2003年版,第144页。
⑨ [汉] 扬雄著,李守奎译注:《扬子法言译注》卷一二,黑龙江人民出版社2003年版,第185页。

东汉末年，政治腐败，宦官专权，引起了士人的不满，出现了品评人物、时政的"清议"之风，但导致了"党锢之祸"，加之三国时期，司马氏集团大开杀戒，儒士们开始远离政治，口谈玄学。所谓玄学，是指讨论远离具体事物的天道自然和宇宙本体，即超言绝象之形而上学①。而扬雄所著《太玄》，旨在揭示宇宙人事的规律，倡导思考玄远虚无缥缈之无限空间，正符合了魏晋时期的学术潮流。《太玄》对后世的影响颇大，如《汉书》扬雄自序有"大谭思浑天"而作《太玄》②。扬雄后期主张浑天说，"浑天说"即主张宇宙是无限的。并著《难盖天八事》，对盖天说予以致命打击。浑天说思想直接影响了后汉张衡的宇宙观，张衡感《太玄》之"妙极道数"，并作《思玄赋》以畅其志。又宋衷是研究扬雄《太玄》的大家，他本人及创建的荆州学派都是深受扬雄玄学的影响，荆州之学又与王弼正始玄学之间存在着重要的联系。扬雄强调"玄者，幽摛万类而不见其形"的特点③，这对魏晋玄学"无"本体的提出具有重要影响。再如扬雄注重义理的思辨思想，融合《易》《老》的创构，以老释易，对魏晋玄学尚简易，重义理的学术风气有直接的影响，对魏晋玄学"贵无论"的产生也具有重要意义。以上种种情况表明，东汉及魏晋掀起对《太玄》的研究热并给予扬雄高度评价是在情理之中。

中晚唐时期以韩愈为首的一群文人发动了"古文运动"。古文运动主要是针对当时与佛教有密切关系的骈文而发动，最终目的是复兴儒家之道，借古文以载道而已。"大历、贞元之间，文字多尚古学，效扬雄、董仲舒之述作，而独孤及、梁肃最称渊奥，儒林推重。"④ 扬雄的文风是符合古文的，因而受到推崇。在唐后期还掀起了对扬雄赋的模拟之风，如韩愈《进学解》拟《解嘲》，其《送穷文》以及柳宗元《乞巧文》《答问》《起废答》，王振《送穷辞》，孙樵《乞巧对》等拟《逐贫赋》⑤。故扬雄在中晚唐时期占领了一席之地。

（二）政治环境的影响

唐朝前期世人对扬雄的评价贬多于褒，单就政治环境来说，当时唐太宗、武则天及唐玄宗统治前期，政治较清明，社会稳定，经济发展较快，国富民强，出现了"贞观之治"和"开元盛世"，唐帝国空前繁荣昌盛。在这种环境下，要求文章著作有为现实服务，关注国家大事而不是个人遭遇；实现政治教化、讽劝的功能，而不是远离世

---

① 李军：《扬雄与玄学》，《中华文化论坛》1997年第1期，第64—67页。
② 王青：《扬雄评传》，南京大学出版社2000年版，第141页。
③ 李军：《扬雄与玄学》，《中华文化论坛》1997年第1期，第64—67页。
④ 马振铎：《儒家之光》，上海文艺出版社2007年版，第112页。
⑤ 赵俊波、何琴英：《论中晚唐人对屈原和扬雄的再评价》，《唐都学刊》2005年第1期，第21—24页。

俗，虚无缥缈的玄远思想。如上文所述，唐太宗和刘知几对扬雄的批判应在情理之中。在初盛唐时期，对扬雄的评价都带有功利主义的性质。而中晚唐对扬雄的评价却发生了重大的转变，尤其是安史之乱后，藩镇林立，宦官专权，政治黑暗，同前期相比学术界人士更多关注自己的命运，官场不济，命运多舛，很容易与扬雄的遭遇产生共鸣。扬雄有文才，但却生活在与其文化认知不相符的谶纬、迷信盛行的时代，久不得迁官，与唐后期文人境况类似。因此，中晚唐大多数文人对扬雄进行赞扬，如白居易《代书》则说刘轲"秉笔慕扬雄、司马迁为文"。

两宋之际，王朝更替。南宋初建，民族矛盾十分尖锐，政局动荡。为维护南宋的统治，儒家"三纲五常"伦理思想迅速上升。君主及朝廷重臣大多宣扬忠君思想，极力反对臣子一仕二主。宋神宗批评扬雄，"扬雄著《剧秦美新》，不佳也"①。陈公辅说道："王莽之篡，扬雄不能死，又仕之，更为《剧秦美新》之文，安石乃曰：'雄之仕，合于孔子无可无不可之义。'"继曰："使公卿大夫皆师安石之言，宜其无气节忠义也。"② 评判了扬雄及称赞扬雄的王安石。在当时诸如胡寅、罗大经等人都与陈公辅有相同的观点，认为臣子应坚持不事二主的节操，此为扬雄在南宋受到贬斥的政治原因。

（三）隐含学派与道统纷争

"古文运动"一直持续到了北宋中期，并出现了"古文八大家"。曾巩、柳宗元、王安石等都十分欣赏扬雄的文才，如王安石的《咏扬雄》："千古雄文造圣真，眇然幽息入无伦。"③ 上文已提到王安石各方面都很推崇扬雄，而他开创的"荆公新学"在北宋时期占据了官方学术统治地位。时局加之学派的优势，故扬雄在中晚唐及北宋时期受到高度赞扬。

与"荆公新学"同时存在的学派还有二程学，两者关于儒学之本末问题存在重大分歧，前者认为"经世致用"才是儒学之本；后者认为道德性命之学才是儒学之本，他们之间的斗争从未止息。王安石极赞扬雄，不排除二程及洛学门人带有学派纷争去贬扬雄之疑。南宋时，二程学派逐渐占据上方，加之儒学发展到南宋时演变为理学，朱熹等人在构筑理学体系时，打出了"道统"的旗帜。孔门之学有二：一为"文章"；二为"性与天道"，孔门的曾参一派是讲义理之学的，即"性与天道"，子思、孟轲继承之。朱熹认为孔门的"性与天道"为真正的"道统"，并以孔孟学说系统的继承者自居。他的门人黄榦的言论充分代表了朱熹的此种观点，曰："道之正统，待人而后

---

① 李祥俊：《北宋诸儒论扬雄》，《重庆社会科学》2005年第12期，第31—34页。
② ［元］脱脱等撰：《宋史》卷一八五，上海古籍出版社1986年版，第861页。
③ 沈伯俊：《在矛盾中追求超越的扬雄》，《今日四川》1988年第3期，第36—37页。

传。自周以来，任传道之责者，不过数人，而能使斯道章章较著者，一二人而止耳。由孔子而后，曾子子思继其微，至孟子而始著。由孟子而后，周、程、张子继其著绝，至熹而始著。"① 关于道统的继承脉络出现认识分歧。前人多有赞成扬雄继承了孟子衣钵，如韩愈常以扬雄继承人自居："己之道乃夫子、孟子、扬雄所传之道。"② 且扬雄自己也曾以孔孟并称，朱熹自认为他才是真正继承了儒学道统地位。朱学是在二程学说基础上发展而来的，笔者认为，南宋时期，程朱理学占据了官方统治地位大贬扬雄，时人随风而至也是可以理解的，因此，在南宋时扬雄被贬到了历史最低点。

（四）重要人物观点引导人物评价

虽然我们不主张英雄史观，但必须承认重要人物对历史发展具有重大影响力。大到影响社会发展、政治走向，小到影响人们的言论偏向。如刘知几对扬雄赋的批评显然受到唐太宗的影响；王安石、司马光算是北宋政坛的领军人物大肆讴歌扬雄，不免引起连锁反应，使北宋褒扬雄达到了顶峰；受二程影响，以后的洛学门人基本成为贬扬派。如杨时说："扬雄作《太玄》准《易》，此最为诳后学。后之人徒见其言艰深，其数汗漫，遂谓雄真有得于《易》，故不敢轻议，其实雄未尝知《易》。"③ 受南宋理学集大成者朱熹对扬雄评价的影响，南朝以至后人多以贬扬雄居多。

四、扬雄价值取向

时代、思维的局限，加之阶级立场的不同，古人对扬雄的评价呈现出众说纷纭的现象，这些观点有其存在的土壤，无可厚非。今天，我们重新审视扬雄的一言一行，应将其置于具体生活的时代背景中去考察，扬雄的价值取向主要表现在以下几个方面。

（一）恪守做人原则与操守

扬雄四十二岁自蜀到京师，虽以赋入政坛，仕途并不亨通。在进入官场后接连作四赋，本想凭借赋展示才华的同时开创更为广阔的政治仕途，结果却没多大变化，反而招致后人评价其赋只是华辞取悦圣宠而已。但据扬雄《自序》载，首以世系，兼及立身行事；次以《反离骚》系列，明其吊原之意；次以四赋系列，著其讽劝之旨④。可见其赋是有讽谏之功效的，只是因其"劝百而讽一"的特点，讽谏功能不易察觉而被忽视。故在后来发出"童子雕虫篆刻""壮夫不为"的感叹。其不知，在当时"以赋

---

① ［元］脱脱等撰：《宋史》卷四二九，上海古籍出版社 1986 年版，第 400 页。
② 赵俊波、何琴英：《论中晚唐人对屈原和扬雄的再评价》，《唐都学刊》2005 年第 1 期，第 21—24 页。
③ ［宋］杨时：《杨龟山集》卷一一，中华书局 1985 年版，第 117 页。
④ 陈朝辉：《扬雄自序考论》，《四川师范大学出版社》2006 年第 2 期，第 125—127 页。

取官"已不是最佳途径,学术风气早已发生急剧变化,先秦儒学只注重理论形态和理想勾画,与现实并无多大联系。汉武帝推行董仲舒的"罢黜百家,独尊儒术"之后,汉代新儒学逐渐形成。董仲舒通过"天人感应"将儒家理想与现实政治联系起来,从而派生出了祥瑞灾异说。后来董仲舒的"天人合一"理论与阴阳五行说相结合,进一步为统治者所接受。汉武帝时所立的五经博士,都考今文经学,今文经学成为官方正统学说,它又极力宣扬阴阳灾异观念,其本意在于警告统治者注重德治教化,并发挥出一定的积极作用,但后来讲究阴阳灾异的风气与图书象数之学结合,则演变为谶纬迷信了。官方明确规定考取五经博士为正规进入仕途渠道。因此,"以经取官"较"以赋取官"更为容易。而要想考取五经博士必须擅长今文经学,今文经学又与谶纬迷信紧密相联。诸如匡衡、师丹、李寻、孔光等人都擅长谶纬,具有先秦正统儒学思想的扬雄,强调儒学必须有用心于内的纯粹性、非功利性。注重理性主义,不愿踏入谶纬迷信的污泥之中。在不能凭借纯儒之学及赋取官的情况下,并不随波逐流,转而著书立说罢了,体现出一定的做人做事原则。

在其晚年连丧两子,生活贫困不堪之时,有蜀地富商愿资助银两十万,只希望在《法言》中载其事,但扬雄毅然拒绝了,宁愿生活清苦,也不愿违背儒门"不得志独行其事""贫贱不能移"① 的训示,尊崇先儒之道,体现出一定的人格操守,"非其意,虽富贵不事也"②。故在当时的学术氛围中没有多大的政治建树是可以理解的。

(二)恪守儒道出世与入世原则

扬雄是积极入世的,四十二岁之前蛰于蜀地,潜心修学,"博览无所不见"。待到入京之时,积极进言献策,只是面对"赋之不用"和政治前途一片渺茫之时,遂向成帝提出愿意放弃三年的俸禄,留在京师石室中博览群书,专心著书立说,以排解政治上的失意,达到内心的平衡。此举印证了春秋时代的"太上有立德,其次有立功,其次有立言"的古训③,他把政治上的建功立业放在首位,当政治抱负无法实现时,便转向著书立说,"欲求文章成名于后世",名声流传,却不能做到"心无旁骛",两耳不闻朝政事。一有机会便积极干政,一是在哀帝建平二年(前5)四十九岁时力谏朱博不宜为相,二是哀帝元寿元年(前2)五十二岁的他上书谏勿许单于朝,对汉匈友好关系的维系做出了重要贡献。从这两件事上可以看出扬雄并不是"清静亡为",而是有所为的;并不是安心著书,而是时刻关注着时事。只是当之后真正看透了官场险恶,

---

① 陈汉:《知实难逢人莫圆该——评刘勰论扬雄》,《广东技术师范学院学报》2003年第5期,第9—15页。
② [汉]班固:《汉书·扬雄传》,中华书局1962年版,第3514页。
③ 吴全兰:《论扬雄的心态特征》,《冀东学刊》1997年第2期,第26—30页。

"当涂者升青云,失路者委沟壑;且握权则卿相,夕失事则为匹夫"①。加之投阁事件之后,他才真正做到淡薄名利,"惟寂惟寞,守德之宅"。

扬雄以上的反复行为,是儒道出世与入世原则的折射。前文已提及扬雄从小就接受了先秦孔孟之道。儒家主张"邦有道则仕,邦无道则可卷而怀之"(《论语·卫灵公》),"穷则独善其身,达则兼善天下"(《孟子·尽心上》)。可见儒家倡导的积极入世,是以保身为前提的。道家亦有明哲保身的人生主张。如扬雄的老师严君平,既想为治乱世出一点薄力,又不想卷入政治漩涡中罹难。借筮卜以劝善,为匡正乱世而出力,但当看到西汉末年政局腐败,已回天乏术了,便放弃了兼济天下的念头,"隐遁炀和"了②。这种"遇时而伸,遭世而伏"的处世哲学深刻地影响着扬雄。扬雄《反离骚》序言中感叹屈原道:"以为君子得时则大行,不得时则龙蛇,遇不遇,命也,何必沉身哉?"③既体现了扬雄遵从儒道出世与入世原则,也反映出他具有较强烈的惜命观。又如《法言·问明》说:"或问'活身'。曰:'明哲'。或曰:'童蒙则活,何乃明哲乎?'曰:'君子所贵,亦越用明保慎其身也。'"反映出扬雄的"明哲保身"思想,他认为,"为可为于可为之时,则从;为不可为于不可为之时,则凶"④。结合扬雄的行事风格,我们就不难理解在他身上所体现出来的处世原则了。

(三) 先秦学说与大众价值观影响

对于扬雄仕新莽政权的异议,明显受到传统官方史学以及研究者个人感情的双重影响。具有强烈封建正统观念的班固只将王莽列为传记人物,置于《汉书》最末,后人评价曾在王莽政局中任过官职的扬雄时肯定多少要受正史的影响。我们在评价历史人物时,不应带有主观感情色彩,而应将历史人物置于其所生活的具体时代环境中去考察。

1. 五德始终说与《易经》影响

扬雄生活在谶纬迷信泛滥的西汉王朝,他虽反对谶纬迷信,但相信五德始终说。他在《元后诔》中云:"群祥众瑞,正我黄来。火德将灭,惟后于斯。"认为王莽是土德,"厉世运移,属在圣新。代于汉刘,受祚于天。汉祖受命,赤传于黄。摄帝受禅,立为真皇。允受厥中,以安黎庶"⑤。汉儒并不以仕一家一姓王朝为忠贞,而是以顺从天意、忠于天命为知识分子的根本使命。

---

① 辛小飞:《扬雄赋的个性特征》,《和田师范专科学校学报》2005 年第 5 期,第 94—95 页。
② 王青:《扬雄评传》,南京大学出版社 2000 年版,第 55 页。
③ 吴全兰:《论扬雄的心态特征》,《冀东学刊》1997 年第 2 期,第 26—30 页。
④ 王栋:《扬雄的修养论》,《湖南科技学院学报》2009 年第 11 期,第 100—102 页。
⑤ [汉] 扬雄著,张震泽校注:《扬雄集校注》,上海人民出版社 1993 年版,第 304 页。

《易经》颂扬"汤武革命",主张禅让或推翻腐败王朝。扬雄极为推崇《易经》,在他的哲学思想体系中便含有历史盛衰交替变化观。他认为尧、舜、成周时代是"泰和"盛世。周之后出现大乱,秦虽统一天下,但过于残暴,二世而亡,故周末至汉初,历史处于衰落期。汉朝又为盛世,故在《法言·孝至》里连发出两次"汉德可谓允怀矣"的赞叹。汉朝后期又出现了衰败之征,故大新王朝兴起:"逮至大新受命,上帝还资,后土顾怀,玄符灵契,黄瑞涌出……"① 先秦学说对扬雄的影响,使其认为西汉王朝的陨落,大新王朝的诞生,是符合历史发展规律的。

2. 追随时代主旋律

王莽在篡汉之前,已深得人心。下至习书的儒生,上至居高位的儒宗,如孔圣后裔、素有清声的大儒孔光,三朝重臣、经学大师刘歆都卷入了拥戴王莽的热潮中。这里面必定隐藏着一些深层次原因。

首先,在当时涌现了大量代汉的言论。西汉王朝统治后期,皇帝昏庸无道,外戚宦官上下拱手,交相弄权,政治极端腐败,经济凋敝,民生维艰,社会矛盾尖锐,人心思变。与此同时,西汉董仲舒的新儒学、祥瑞灾异说与当时流行的三统循环论相结合,认为汉朝气数将尽。如《汉书·谷永传》云:"陛下承八世之功业,当阳数之标季,涉三七之节纪,遭无妄之卦运,直六百之灾厄。三难异科,杂焉同会。"② 这是谷永在公元前29年的上策。加之历来都有五德始终说,当时社会上便流行两种主张,一是主张用改良的办法来缓和矛盾,二是主张改朝换代,另用有贤德的人来取代刘氏政权。

其次,与王莽个人的努力分不开。他洞察时局,在掌握重权后,马上献钱献地给贫民,救济灾民,个人则勤俭节约,严惩杀死奴婢的亲生儿子,增加太学生名额等,以笼络人心。在这样的背景下,大多数人认为王莽代汉已是理所当然。故扬雄的言行举止是符合当时大众化的思维与行为的。我们也不难理解前文《法言》中提到"周公以来,未有汉公之懿也,勤劳则过于阿衡"的十八字了。

3. 赞成新莽政权政策

在朝为官都想有一番作为。扬雄历经成、哀、平,"三世不徙官",始终为享受四百石秩的黄门侍郎。他并不是甘愿"默默无闻",不想"升官发财",而是时局不允许。王莽建立新朝第一年就将其迁为享受俸禄两千石秩的中散大夫。虽说扬雄在两朝中的影响力没多大变化,但至少官衔和俸禄有所提高。为官半生,到临死前有所提升,

---

① 张升秋:《扬雄历史观再认识》,《聊城大学学报》2002年第5期,第94—97页。
② [汉]班固:《汉书·谷永传》,中华书局1962年版,第3468页。

也应视为人生一大幸事。

而王莽建立新朝后施行的一系列复古措施，如实行井田制，轻徭薄赋，释放奴婢，恢复古代各种礼仪制度，五均六筦，改革币制，推行重农抑商，这些政策深受汉儒好评，且符合接近礼仪派儒生扬雄的本意。

综上所述，扬雄仕新莽政权，并作《剧秦美新》歌颂新朝都是可以理解的。

五、结语

纵观扬雄一生的处世原则，注定其只能沦为政治的边缘化人物。他虽一臣仕二朝，但进入新莽政权后，并未积极参与朝政，只是安心校书于天禄阁。人无完人，我们在评价扬雄时，不应求全责备，要跳出古人或一贬则全贬，一褒则全褒，或带着个人情感，或受大人物、正统观念的影响，或带着利禄需求等局限，进行客观评价。当然，我们也不能苛求前人对扬雄的评价，因为他们生活在当时的具体社会环境中，具有一定的阶级立场。评价扬雄，我们更应注重他的文学贡献。他的赋并不是简单的模仿司马相如，而是有所创新，建立了汉大赋的蕴藉风格。刘勰评说"理赡而辞坚"，其赋堪称蕴藉派之滥觞。《剧秦美新》中蕴含的美学思想，具有摒弃汉赋形式主义文风的进步性。扬雄还构建了一个庞大的哲学体系。在《太玄》中倡导因循革化论，认为"法度彰""礼乐著"时，可以因循而无为；反之，必须进行革新，即"可则因，否则革"。因循的原则是"新则袭之，敝则益损之"①。《法言》中倡导人事与因循天道同等重要的辩证法思想，认为天道要通过人为才能起作用，人为要取得成功必须遵循天道。这些哲学思想对后世的影响是极为深远的。扬雄素有"西道孔子"之称，在文学、哲学、天文学、文字学、历史学等领域有众多巨制与鸿篇，被评为四川省首批历史名人，是巴蜀大地及中原宋前的道统儒学思想的集大成者，在中国思想史上占有重要地位。就他的哲学思想而言，扬雄上承《易经》《老子》，下启王充、张衡乃至魏晋玄学；就他的社会政治思想而言，扬雄上继孔子、孟子和董仲舒，并给后来的封建正统思想家以深刻影响。

（作者单位：绵阳师范学院文学与历史学院）

---

① 张升秋：《扬雄历史观再认识》，《聊城大学学报》2002年第5期，第94—97页。

扬雄侨寓涪县时间考

蒲玉春

内容提要：扬雄汉成帝时"自蜀来游京师"，途中曾侨寓涪县（今四川绵阳），毋庸置疑。但"扬雄究竟在涪县呆了多长时间，都做了些什么"，因史无明载，而古今学者亦少有论及，于是便成为一段历史悬案。本文作者通过查阅大量文献资料，索隐钩沉，充分吸收借鉴前人相关研究成果，在此基础上得出了"扬雄侨寓涪县至少三年"的可靠结论，填补了扬雄生平事迹研究的一个空白，具有重大的学术价值和历史意义。

关键词：扬雄研究；生平事迹；寓涪时间

众所周知，扬雄汉成帝时"自蜀来游京师"，途中曾侨寓涪县（今四川绵阳），并留下读书台、子云亭和洗墨池等文化古迹，这是学界和社会都普遍认可的，毋庸置疑。至于扬雄莅涪和离开的大致时间，换句话说就是"扬雄究竟在涪县呆了多长时间，都做了些什么"，由于史书上和扬雄《自序》中都没有明确记载，古今学者也少有论及，于是便成为一段历史悬案！弄清楚这个问题，可以填补扬雄生平事迹研究的一个空白，对于进一步深化扬雄思想文化研究，具有重大的学术价值和深远的历史意义。本文拟对此进行探讨。

一、结论：扬雄侨寓涪县至少三年

扬雄侨寓涪县的时间虽无明确而直接的史料记载，并不意味着此事于史无考。根据笔者查阅大量文献资料，索隐钩沉，并充分吸收借鉴前人相关的研究成果，得出结论：扬雄侨寓涪县至少三年以上。具体的立论依据和推论过程如下。

据梁琳筠《扬雄生平及著述年表》①考证：公元前17年夏至公元前16年秋（汉成帝鸿嘉四年甲辰至永始元年乙巳），扬雄37岁至38岁。一路游学参访、途中经过绵竹，创作有《绵竹颂》，并于同年深秋，经费花光，且时近天寒，北上的气候凛冽，故暂停于涪城（今绵阳市）至次年春，数月间，以教书为计，积攒路费盘缠。

而《汉书·扬雄传》采纳扬雄自序，赞云："初，雄年四十余，自蜀来至游京师……待诏，岁余，奏《羽猎赋》，除为郎，给事黄门。"

查《汉书·成帝纪》元延二年载："正月，行幸甘泉，郊泰畤。三月，行幸河东，祠后土……冬，行幸长杨宫，从（纵）胡客大校猎，宿萯阳宫，赐从官。"也就是说汉元延二年（前11）春正月，汉成帝来到甘泉宫，郊祭泰畤；三月，汉成帝来到河东，祭祀后土；冬十二月（《羽猎赋》谓"玄冬季月"），汉成帝来到长杨宫，和来京朝拜的胡族客人大规模校猎，晚上留宿在萯阳宫，赏赐跟随官员……这就是扬雄写作四赋——《甘泉赋》《河东赋》《羽猎赋》和《长杨赋》的背景和因由。这一年，扬雄43岁。

至于奏赋的时间，学界比较一致的意见是：《甘泉赋》《河东赋》《羽猎赋》②写作于同一年，而《长杨赋》完成于次年。鉴于汉成帝校猎在冬十二月，奏赋的时间可能在本月，也可能在下月——也就是说很有可能"跨年"，即与《长杨赋》作于同一年，但这跟讨论扬雄来京大致时间无关宏旨。因为从总体时间来看，奏《羽猎赋》时，扬雄来京师担任待诏"岁余"，也就是说才一年多时间——如果扬雄汉元延元年冬十二月到长安、任待诏，不管是汉元延二年奏《羽猎赋》，还是次年初（即"岁交之际"）奏《羽猎赋》，称"岁余"都说得过去！由此可知，扬雄被荐待诏应在元延元年，时年42岁。徐复观《扬雄待诏承明之庭的年代问题》即认为其时间"不得早于元延元年"，也就是说扬雄担任待诏时的年龄不超过42岁③；则其到长安的时间应在此之前，年仅41岁。

鉴于古人不用周年记岁，生下来就一岁（是从受孕开始计算的，自有其合理之处）；而从出生年龄或者说实际年龄来看，扬雄自蜀来游京师，到达长安时四十出头（传扬雄出生于公元前53年三月十二日戊寅辰时），这跟扬雄《自序》所说雄四十余来游京师的说法完全相符——扬雄此说和《汉书·扬雄传》所载不诬！

张震泽先生在《扬雄集校注》中明确指出，"自成帝元延元年（前12）扬雄四十

---

① 微信公众号"扬雄文库"2021-01-25 21：12。
② 《羽猎赋》即《校猎赋》。颜师古注："此校谓以木自相贯穿为阑校耳……校猎者，大为阑校以庶禽兽而猎取也。"
③ 徐复观：《扬雄待诏承明之庭的年代问题》，《大陆杂志》1975年第6期。

二岁自蜀来至游京师"，并且扬雄到长安是在"此年冬十二月"①。

综上所述，如扬雄 38 岁（永始元年）秋季来到涪县并侨寓于此，而 42 岁（元延元年）冬季才来到长安，中间就间隔了整整四年；即便扬雄 41 岁（"四十余"）来到长安——算上扬雄出川旅途时间，我们就可以得出"扬雄侨寓涪县（今绵阳市）至少三年"的结论！

二、辩论：扬雄生平事迹的相关研究及其得失

关于扬雄生平事迹研究，李大明、王怀成《近百年扬雄研究综述》② 作了回顾和梳理。主要文献有：董作宾 1929 年发表的《方言学家扬雄年谱》、《论学杂志》1937 年连载的汤炳正《汉代语言文字学家扬雄年谱》。与扬雄游京师、待诏、奏赋、除郎等生平事迹有关的一些具体考证，20 世纪四五十年代先后有陆侃如《扬雄与王音王商王根的关系》（1947 年）、唐兰《扬雄奏甘泉河东羽猎长杨四赋的年代问题》（1948 年）、施之勉《扬雄奏〈甘泉〉〈羽猎〉二赋在成帝永始三年考》（1952 年）和《扬雄待诏承明之庭在永始元年考》（1975 年）等。徐复观则对扬雄待诏承明之庭的年代问题提出不同意见，认为其时间"不得早于元延元年"。杨福泉《扬雄至京、待诏、奏赋、除郎的年代问题》（2002 年），认为扬雄写奏《甘泉》《河东》二赋的时间应在汉成帝永始四年，并由此推断：扬雄至京的年龄，今传《汉书》本传"赞"文说"四十余"确实错了，应是"三十余"；先为王音门下史，后得王音和杨庄举荐，于永始二年或三年待诏；由于受到日食影响，永始元年即复的甘泉、河东郊祠，迟至永始四年方始实行。扬雄除为黄门侍郎，应在此年末奏《羽猎赋》和元延二年上《长杨赋》之间的元延元年③。

上述研究，以杨福泉《扬雄至京、待诏、奏赋、除郎的年代问题》最为详实和全面。不仅被《扬雄研究文选》全文转载，而且称"杨氏所论，较之前贤，似乎后出转精"④。但在笔者看来，杨氏所论，其失误也是显而易见的！

杨氏所论的最大失误，在于史料的选择和运用。他采信了班固的《汉书·扬雄传》而非扬雄的《自序》；《汉书·扬雄传》中"大司马车骑将军王音奇其文雅，召以为门下史"一节，为班固所加，与扬雄的《自序》和记述不符！

---

① ［汉］扬雄，张震泽校注：《扬雄集校注》，上海古籍出版社 1993 年版，"前言·扬雄生平"第 3 页。
② 《扬雄研究文选》，四川人民出版社 2022 年版。
③ 《扬雄研究文选》，四川人民出版社 2022 年版，第 29 页。
④ 《扬雄研究文选》，四川人民出版社 2022 年版，第 9 页。

众所周知,《汉书·扬雄传》前半部系采自扬雄《自序》,对此班氏在赞语中有明确交待,即文中所谓"雄之自序云尔",唯"赞曰"以后文字是班氏补充;一者出于扬雄自述,一者出于后人追记,从史料价值上看,自述更可靠。

扬雄《答刘歆书》说:"雄始能草文,先作《县邸铭》《王佴颂》《阶闼铭》及《成都城四隅铭》。蜀人有杨庄者,为郎,诵之于成帝,成帝好之,以为似相如,雄遂以此得见。"《文选·甘泉赋》李周翰注:"扬雄家贫好学,每制作慕相如之文,尝作《绵竹颂》。成帝时直宿郎杨庄诵此文,帝曰:'此似相如之文。'庄曰:'非也,此臣邑人扬子云。'帝即召见,拜为黄门侍郎。"两处所载,只在赋名和篇数上有分歧,但为杨庄所荐则一致。扬雄《自序》亦谓:"孝成帝时,客有荐雄文似相如者,上方郊祠甘泉、泰畤、汾阴、后土,以求继嗣,召雄待诏承明之庭。""客"即杨庄。

扬雄《自序》称"客"荐,《答刘歆书》又明云"杨庄"所荐:俱不言及王音。考《汉书·成帝纪》和《百官公卿表》,阳朔三年(前22)九月,王音为大司马车骑将军,扬雄时年32岁;永始二年(前15)正月己丑日王音卒,扬雄时年39岁。

当然,也有一种"可能是表示扬雄不愿谈到他和王音的关系",但这种可能性不大。王音是王莽从叔,王太后远房侄子,他虽是以外戚身份继王凤为大司马,但在王氏诸侯中还是比较贤明的。《汉书·元后传》说"王氏爵位日盛,唯音为修整,数谏正,有忠节,辅政八年,薨",是可信的。扬雄如果真是得力于王音,没有理由隐讳不言。又有人怀疑《汉书》"王音"是"王根"之误①或"王商"之误②,班氏明明说扬雄受荐后,"除为郎,给事黄门,与刘歆、王莽并",作为同僚又同庚的刘歆,对扬雄的出处进退,肯定清清楚楚,扬雄要在他面前掩遮真象,讳言王音(或王根、王商),岂不欲盖弥彰?显然,扬雄受知王音的说法是不可靠的!但说他"年四十余"才游京师,并以辞赋获得官职却是事实。

《汉书》本传说雄"为郎给事黄门";《陈遵传》称"黄门侍郎扬雄",知雄当时任为黄门侍郎。郎官本为皇帝近卫之官,无定员,备宿卫、侍从,与皇帝颇为亲近;郎也是汉代官僚"预科班",为郎者经过考核合格,可以作执掌实权的京官和地方官,当时叫"郎选"。因此汉代许多有名望、有成就的大僚多由郎选出身,绝少例外。可是扬雄就是这"例外"中的一个。他自40余岁来京师,43岁为黄门侍郎;直到71岁逝世,在京师共度过了30年的宦游生涯,共经历成帝、哀帝、平帝和王莽新朝四世两朝,只

---

① [宋]司马光:《资治通鉴考异》卷一"扬雄待诏"注云:"时王音卒已久,盖王根也。"
② [汉]扬雄,张震泽校注:《扬雄集校注》,上海古籍出版社1993年版,第443页。

在王莽初转过一次官,做过十年中散大夫,竟20年间未徙官①!

由于史料引用失误,导致杨氏之论逻辑出错:为迁就扬雄受知、受荐于王音,就把扬雄任待诏的时间提前到了王音生前,即永始元年(前16),扬雄时年38岁;而把扬雄写作《甘泉赋》《河东赋》《羽猎赋》的时间定在了永始四年(前13),扬雄时年41岁;把《长杨赋》的写作时间定在了元延二年(前11),扬雄时年43岁②……杨氏犯了先入为主和削足适履的错误。正如杨氏批评司马光《资治通鉴》为了自圆其说——鉴于《甘泉赋》《河东赋》《羽猎赋》作于元延二年,而《长杨赋》其"明年"作,因而将"长杨校猎"改系"元延三年"一样,犯了同样的错误。笔者在此指证,旨在秉持严肃认真的学术精神,辩明事实真象——对事不对人,还望学界前辈、方家理解。

三、余论:扬雄侨寓涪县期间的行踪与事迹

如果"扬雄侨寓涪县(今绵阳)至少三年以上"的结论成立,接下来就会遇到几个问题:扬雄寓涪期间,住在什么地方?究竟在做什么?又到过哪里?为何史书和地方志等文献资料上少有记载?

为了回答上述问题,笔者经过深入细致的研究,提出了一个解说框架,不揣浅陋,在此抛砖引玉,以就教于方家。

首先需要指出的是:扬雄自蜀游京师,不是像有论者所说,是"匹马出川",而是举家赴京。据梁琳筠《扬雄生平及著述年表》③载:扬雄26岁至28岁时学成归家,奉父母成婚;29岁至33岁期间,长子出世,并且已搬迁至成都居住,在"文翁石室"教书为业;大约43岁时,次子扬信(字子乌)出世,并在后来留下了"扬乌助玄"的典故;51岁时,因故连丧二子,剧悲,迁回蜀中葬之,更贫。由此可见,扬雄寓涪、出川时,至少是一家三口同行;迫于生计,扬雄不得不重操旧业,"以教书为计,积攒路费盘缠",而教书的地点,在涪县钟阳镇(即"州治西南三十里皂角铺",现绵阳市涪城区新皂镇);扬雄的家小,多半就安置在那里,并且生活了很长时间——因为在人地生疏、举目无亲的涪县钟阳镇,要靠教书积攒足够的路费盘缠,没有一年半载时间,是搞不成的。因此,古钟阳镇留下了扬雄读书台和洗墨池等遗址,后世文人学士亦多

---

① 以上参见舒大刚教授《蜀中大儒扬雄》。百度文库,链接:https://wenku.baidu.com/view/fa8cbab268ec0975f46527d3240c844769eaa0a7。

② 《扬雄研究文选》,四川人民出版社2022年版,第33页。

③ 微信公众号"扬雄文库"2021-01-25 21:12。

有题咏。

据清嘉庆《绵州志》载:"子云读书台,州境有二,一在州西南三十里皂角铺。州牧费元龙题坊云'古钟阳镇',其南不数武,扬子云读书台在焉。一即此(西山子云读书台)。"又,"绵西山观有子云亭,钟阳镇有读书台遗迹。"又,"洗墨池,在治南三十里钟阳镇,扬子云读书台下,东岳庙竹林中。"再,"台下洗墨池,故迹犹存。在今东岳庙左竹林中,池水已涸。州孝廉黄玉珍有《寻子云洗墨池》一绝:扬子墨池何处寻?镇南修竹自森森。遗踪倩得山灵护,一任沧桑变古今。"

民国《绵阳县志》所载类似,并说"台下有洗墨池在竹林中,迹皆模糊,故罕有知者。光绪三十一年州进士陈潼慨然为竖一碑,子云洗墨池均有记跋"。陈潼在《和余午峰学博三题拙集原韵四首》中说出了清理墨池建修元亭之由:"墨池重浚元亭筑,幸把儒风振古绵。"(乙巳假归重浚子云墨池并建亭以护……培护古迹,士气稍振)吴朝品对陈潼修饬洗墨池的事迹大加赞赏:"书台重扫莓苔迹,雅道欣同画荻坊。"(君手筑子云读书台与王刺史建画荻坊同一雅谈)又作《经畬修复钟阳镇扬子洗墨池诗以美之》:"书台零落墨池湮,旧迹今朝点缀新。太息清流逢浊世,依然余沈播芳尘。涪翁山望遥相对,孝子坊成可作邻(池前有苟孝子坊)。训纂方言留手笔,怀铅握椠又何人?"

扬雄寓涪期间的第二个寓所、居住地或者说根据地,就是"州治西七里凤岭仙云观(古西山观)"。传扬雄曾"侨寓绵州",结庐西山,潜心治学,"后人即其所至之地,标名氏以志芳躅"(嘉庆《直隶绵州志》),并建亭以资纪念,这就是著名的"扬雄读书台"和"西蜀子云亭",亭下有洗墨池、扬雄石刻坐像等文物古迹。清代绵州教谕、里人吴朝品《夔州望卧龙山怀工部草堂》诗注云:"绵州仙云观、钟阳镇,俱有扬子洗墨池。"

扬雄为何会寓居西山观?在笔者看来,这主要与他的求学经历和崇儒好道的兴趣爱好有关。扬雄一生有两位重要的老师:一位是母亲老家临邛的远亲舅爷林闾翁儒先生,扬雄16岁至18岁跟他学了三年古文奇字及輶轩语言(指周秦时期朝廷所派使者收集的各地方言资料),并获得先生弥留之际所赠送的"輶轩殊言梗概"及相关典籍的佚本残片等。另一位是同为郫邑的蜀中道学高人、隐士严君平先生[①],扬雄18岁至26岁期间,经林闾先生推荐,跟随严君平学《易经》《道德经》《庄子》等先秦典籍,习黄老、易卜之术。先生赐字"子云",是故有论者指出,"扬雄云游蜀中,来到绵州道

---

① 严君平本姓庄,名遵,字君平。班固著《汉书》时,为回避汉明帝刘庄名讳,改称严君平。《蜀中广记》和《高士传》称他"知天文,认星象,善占卜,通玄学",博学多才,无所不通,后来活到95岁高龄。

观蛰居，做学问，地利人和，这是一个特征，与他从事玄学理论、实践，密切相关、知行一致"①。

可以肯定地说，扬雄在西山观待的时间也不会短——有个一年半载，也是极有可能的！这从西山观后来更名为"仙云观"（"仙"指尔朱仙，"云"即指扬雄）；人们把扬雄读书的磐石称为"子云读书台"，并于磐石上筑亭以资纪念，命名为"子云亭"，且历代圮而复建；还留下了"玉女窥书"之类的故事并流传至今（今西山子云亭风景区有玉女泉、玉女湖等名胜）。

再后来，鉴于扬雄的高尚人格、巨大成就和杰出贡献，绵州士民从宋代起就将其列为"乡贤"，建思贤堂奉祀之。至于为何认扬雄为桑梓先贤，清嘉庆举人余飞南从绵州和成都的从属关系做过分析："子云为成都人，而绵自郡县以来，在汉为涪县，在西魏为潼州，在隋改绵州，在唐为巴西县，后复为绵州，皆属成都，则子云，固州之土著也。"（《重修玉皇殿碑》）而在笔者看来，这还应该跟扬雄寓涪时间实在不短，有很大的关系！因为思贤堂同时还奉祀了杜甫、李白、樊绍述、苏易简、欧阳修、司马光、苏轼、唐庚等八人——除了司马光和苏轼，其他六人在绵任职或者生活的时间，都不短！

而其实，扬雄赴京途中，曾在涪"结庐三年"的说法早就在绵阳民间流传，只是史料阙失（原因有很多，比如火灾、洪灾、地震、兵燹等等），无法确证，如此而已！

（作者单位：绵阳市人大常委会教科文卫工委）

---

① 李尧东：《绵阳西山观修复胜迹散记》，《绵阳文史丛书》之二，1995年9月，第224页。

稿　约

本刊为四川省扬雄研究会会刊。四川省扬雄研究会与成都市郫都区区委、区政府，为了响应党中央、国务院关于传承弘扬中华优秀传统文化的号召，为了落实四川省委、省政府《关于传承发展中华优秀传统文化的实施意见》的指示精神，决定创办《扬子学刊》以推动扬雄研究的深入开展。竭诚欢迎海内外学者赐稿和支持本刊工作。现将来稿的有关事宜敬告作者：

一、本刊为扬雄研究专刊，刊载研究扬雄生平、思想、著述、影响，以及扬雄文化的精髓及其现代价值等内容的论文。由巴蜀书社出版，暂拟一年出版一期。

二、本刊倡导以历史唯物主义为指导的学术态度、探求真知的学术精神、科学严谨的研究方法。鼓励学术创新，要求来稿务必审慎对待所持论点，做到持之有据、言之有理。

三、来稿请严格遵守学术规范，切忌抄袭与敷衍。文章篇幅长短不限，以七千至一万五千字为宜。行文风格不拘，白话、文言均可，但必须语句畅达。文章标题要求平实、准确，能概括正文内容，一般不得另加副标题。文章需提供内容提要和关键词（不需英文翻译），可加课题项目名称。引文不宜过长，应核对准确，并注明出处。注释一律采用页下脚注形式（不需文后参考文献），注释一般包括以下内容：作者（译者），书名或文章题目，出版社或刊名，出版日期或刊期；专著须注明页码，报纸须注明年月日和第几版。例：

① ［汉］扬雄著，张震泽校注：《扬雄集校注》，上海古籍出版社1993年版，第138页。

② 华学诚、徐妍雁：《扬雄〈方言〉及其研究述评》，《苏州大学学报（哲学社会

科学版)》2013 年第 1 期。

四、来稿涉及版权的部分（如图片及较长的引文等），请作者妥善处理；如果产生版权纠纷，本刊不承担版权责任。

五、来稿请用规范的简体文本制作电子稿件，请注明作者姓名、单位、电话、通讯地址，请将电子稿件发往指定的投稿邮箱。

六、本刊对来稿有权删改，如不愿删改，请在来稿中说明。

七、来稿被刊用后，本刊将参照国家稿酬标准酌付稿酬，并赠送样刊二本。

八、欢迎海内外同仁赐稿。

投稿邮箱：yangxiongyanjiu@126.com

本刊地址：成都市郫都区中信大道二段二号：郫都区文化馆二楼《扬子学刊》编辑部

联系人：王　方（手机 13550153296，邮箱 1079761069@qq.com）

购书联系电话：15882404001（林子靖）。

图书在版编目（CIP）数据

扬子学刊. 第六辑 / 四川省扬雄研究会编. -- 成都：巴蜀书社, 2024.10. -- ISBN 978-7-5531-2296-0

Ⅰ. B234.995

中国国家版本馆CIP数据核字第2024JB2640号

扬子学刊（第六辑）　　　　　　　　　　　四川省扬雄研究会　编

责任编辑	康丽华
责任印刷	田东洋　谷雨婷
出　　版	巴蜀书社
	成都市锦江区三色路238号新华之星A座36层　邮编610023
	总编室电话：(028)86361843
网　　址	www.bsbook.com
发　　行	巴蜀书社
	发行科电话：(028)86361851
经　　销	新华书店
照　　排	四川胜翔数码印务设计有限公司
印　　刷	成都壹起印数码印刷有限公司
版　　次	2024年12月第1版
印　　次	2024年12月第1次印刷
成品尺寸	185mm×260mm
印　　张	17
字　　数	350千
书　　号	ISBN 978-7-5531-2296-0
定　　价	88.00元

本书若有印装质量问题，请与工厂调换